U0574514

区域国别研究 · **通识系列**

中国（昆明）南亚东南亚研究院

林延明 等 —— 编著

印 度
不可思议的
孔雀之国

*I*NDIA

The Incredible
Peacock Country

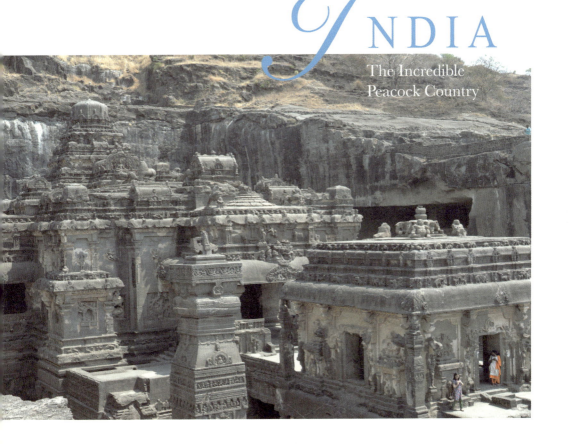

社会科学文献出版社
SOCIAL SCIENCES ACADEMIC PRESS (CHINA)

阿旃陀石窟 （林延明 摄）

埃洛拉石窟 （林延明 摄）

阿旃陀石窟内部 （林延明 摄）

德里门 （郭穗彦 摄）

印度门 （郭穗彦 摄）

维多利亚纪念馆 （林延明 摄）

泰姬陵 （林延明 摄）

恒河 （郭穗彦 摄）

大吉岭茶园 （郭穗彦 摄）

大吉岭喜马拉雅铁路 （林延明 摄）

印度古典舞 （郭穗彦 摄）

中国（昆明）南亚东南亚研究院
"区域国别研究·通识系列"
编 委 会

主 任 杨正权

副主任 沈向兴　陈光俊　侯 胜　陈利君　吴 莹

委 员（按姓氏音序排列）

曹津永　郭 娜　和红梅　胡庆忠　雷著宁

李吉星　梁晓芬　林延明　刘 婷　平金良

王 俊　王育谦　熊顺清　杨 晶　尤功胜

余海秋　岳 山　张 戈　赵姝岚

携手周边国家　共创美好未来

　　当前，百年变局向纵深演进，世界进入新的变革期，世界之变、时代之变、历史之变正以前所未有的方式展开，不确定、不稳定、难预料因素增多。面对波谲云诡的国际形势、错综复杂的周边环境、艰巨繁重的改革发展稳定任务，不断提高知外能力，准确认识世界发展大势，正确把握中国发展新的历史方位，科学研判世界形势变化和人类社会发展规律，是营造中国式现代化建设良好外部环境和推动构建人类命运共同体的迫切需要。

　　纵观人类历史，世界发展从来都是各种矛盾相互交织、相互作用的综合结果。习近平总书记指出，"认识世界发展大势，跟上时代潮流，是一个极为重要并且常做常新的课题"。加强面向南亚东南亚和环印度洋地区的区域国别研究，特别是深化对该地区国家的基础研究、战略研究和应用研究，深化对该地区不同国家的政治、经济、文化、社会、军事、人文、地理、资源等的全面研究，是贯彻落实习近平外交思想，为国家发展提供智力支持、为对外工作提供有力支撑、为经济社会发展提供咨询建议、为世界和平发展与全球治理体系完善提供公共产品的重要举措，对于推动中国与南亚东南亚和环印度洋地区文明交流互鉴、活跃民间交往、促进友好往来、推动政治互信、加强经济合作共赢、构建中国与南亚东南亚和环印度洋地区命运共同体等，都具有重大现实意义。

　　我国幅员辽阔、边界线长，周边是实现发展繁荣的重要基础、维护国家安全的重点、运筹外交全局的首要、推动构建人类命运共同体的关键。南亚东南亚国家和环印度洋地区是我国重要的周边国家和地区，是建设周边命运共同体的重中之重的国家和地区。习近平总书记强调，"要聚焦构建周边命运共同体，努力开创周边工作新局面"。我们要以全球视野审视南亚东南亚和环印度洋地区，以习近平新时代中国特色社会主义思想，特别是习近平外交思想为指导，高举人类命运共同体旗帜，紧扣党和国家工作大局和中心任务，统筹好中国面向南亚东南亚和环印度洋地区的国内国际两个大局、协调好发展安全两件大事，建设好和平、安宁、繁荣、美丽、友好"五大家园"，坚持与邻为善、以邻为伴，坚持睦邻、安邻、富邻，弘扬以和平、合作、包容、融合为核心的亚洲价值观，推进高质量共建"一带一路"，捍卫好安危与共、求同存异、对话协商的亚洲安全模式，携手南亚东南亚国家和环印度洋地区共创美好未来。

中国（昆明）南亚东南亚研究院是我国区域国别研究领域的新型智库。下设东南亚研究所、南亚研究所、印度研究所、孟加拉国研究所、越南研究所、老挝研究所、缅甸研究所、泰国研究所等，还设有巴基斯坦研究中心、柬埔寨研究中心、云南省南亚东南亚区域国际传播研究所等研究平台，主办《云南社会科学》《南亚东南亚研究》学术期刊和《华夏地理》杂志。建院以来，中国（昆明）南亚东南亚研究院在孟中印缅经济走廊建设、中南半岛经济走廊建设等领域形成了一大批在国内外有重要影响的研究成果，打造了"中国－南亚东南亚智库论坛""中缅智库高端论坛"等系列双多边智库交流品牌。

为了深入学习贯彻习近平外交思想、中央周边工作会议精神和习近平总书记考察云南重要讲话重要指示精神，加强面向南亚东南亚和环印度洋地区的区域国别基础研究，更好地为党和国家推进中国面向西南开放的大局服务，加快推进专门研究南亚东南亚和环印度洋地区的新型智库建设，中国（昆明）南亚东南亚研究院组织编撰"区域国别研究·通识系列"丛书，涵盖南亚东南亚及环印度洋地区相关主要国家，旨在为读者提供一套专门面向南亚东南亚和环印度洋地区的资料翔实、信息准确、通俗易懂的图书，提供一套让读者认识、了解、走近和热爱南亚东南亚和环印度洋地区国家的案头必备之书，为促进中国与南亚东南亚和环印度洋地区文明交流互鉴作好桥梁和纽带，是为序。

中国（昆明）南亚东南亚研究院

2025 年 4 月

目　录

前　言

说起印度，中国人可谓既熟悉，又陌生。熟悉的是，历史上的丝绸西去、佛陀东来，让我们在较早时期就知道，那远隔山海的天竺佛国，自古就是我们搬不走的邻居；陌生的是，当下的比邻而居、同时崛起，又让我们在很多时候疑惑，那不可思议的孔雀之国，仿佛总是与我们隔着一层神秘的面纱。

印度共和国（The Republic of India，India），是南亚次大陆最大的国家，东临孟加拉湾，西濒阿拉伯海，东北部同中国、尼泊尔、不丹接壤，东部与缅甸为邻，东南部与斯里兰卡隔海相望，西北部与巴基斯坦交界，首都为新德里。

古印度是四大文明古国之一，早在公元前 2500 年至前 1500 年就创造了印度河文明。公元前 4 世纪，孔雀王朝统一印度次大陆，开始推行佛教，并向外传播。约前 188 年，孔雀帝国灭亡后群雄割据、外族入侵，印度教和伊斯兰教兴起。1600 年，英国入侵莫卧儿帝国，建立东印度公司。1757 年以后，印度次大陆逐步沦为英国殖民地。1947 年 7 月，英国颁布《蒙巴顿方案》，实行印巴分治。同年 8 月 15 日，印度以自治领形式获得独立，1950 年 1 月 26 日印度宣布成立共和国。

印度宪法规定，印度为联邦制国家，总统是国家元首，但其职责是象征性的，实权由总理掌握。印度实行议会民主制，议会两院由联邦院（上院）和人民院（下院）构成，大选即人民院的选举。2024年，印度举行了独立以来的第 18 次大选，投票自 4 月 19 日开始，前后分 7 个阶段进行,于 6 月 1 日结束,共选出人民院的 543 个席位。6 月 4 日,印度大选结果揭晓,印度人民党(Bharatiya Janata Party,BJP,简称"印人党")主导的全国民主联盟赢得选举,但由于没有任何一个政党赢得半数以上席位,从而印人党与其盟党组织联合政府上台执政。

当前,印度人口已超过 14 亿,成为世界第一人口大国。在人口持续增长的同时,近年来印度经济发展尤其是增长速度也引人注目,印度已成为世界第一大外包服务接包国和仅次于美国的世界第二大软件大国。根据印度统计局发布的数据,2023—2024 财年,印度国内生产总值(GDP)达到 17382 亿卢比,同比增长 8.2%。

在社会文化方面,印度的文化多样性和社会多元性非常突出。作为世界上受宗教影响最为深远的国家之一,印度宗教众多、教派林立,被称为"世界宗教博物馆"。宗教的影响早已渗透到印度社会与文化的方方面面,对印度绝大多数国民思想观念的塑造和生活模式的形成起到了决定性作用。

当然,作为与我国比邻而居的南亚大国,印度无论是历史文化,还是现实国情,都不是短短几句话就可以说得清、论得明的。令人遗憾的是,时至今日,不少国人知道有印度这么一个国家,但对这个国家的认识更多的还是来源于影视作品或网络信息,对其认知要么充满了各种想象,要么管中窥豹、一知半解,这显然与印度之于我国的重要邻国地位不相匹配。

鉴于此,本书从国名的由来入手,着重介绍印度的历史文化、人口构成、政治经济、对外关系、社会生活以及风俗习惯,力求在有限的篇幅里向读者客观展现印度的历史与当下,为读者更深入了解印度、认知印度提供一些帮助。

第一章 自成体系的半岛地理

从古至今，诸多名人曾游览印度并给后人留下了他们的随笔。早在中国古代西汉时期的公元前 122 年，著名的外交家、旅行家、探险家张骞，就曾到中国云南等西南地区了解前往印度的道路情况。公元 5 世纪初，东晋高僧法显前往印度寻求佛教经文，在他的游记《佛国记》中详细记录了一路上的旅行经历，他在描述于阗、葱岭至北印度一带的地理情况时写道："自葱岭已前，草木果实皆异，唯竹及安石榴、甘蔗三物与汉地同耳。从此西行向北天竺，在道一月，得度葱岭。"7 世纪中叶，唐朝玄奘前往印度求经学法，他在《大唐西域记》中详细描述了他在印度的所见所闻。从历史中我们得以窥见印度的风土人情与中国是如此相异，以至令人向往。

第一节 复杂多样的地形地貌

印度，这片古老而神秘的国度，仿佛与中国的"西天"相呼应。在中国古典名著《西游记》中，唐僧师徒四人历经千辛万苦，前往西天取经，而这里的"西天"，正是隐喻印度这片充满智慧与奥秘的土地。印度，如同中国的"西天"，不仅地理位置遥远，更在文化上呈现出独特的魅力。它坐落于南亚次大陆，拥有丰富的自然资源和文化遗产，是东西方文化的交汇点。

印度位于亚洲南部，地形上是一个半岛，三面环海。印度半岛东

1

面是广阔的孟加拉湾,西面是阿拉伯海,半岛陆地向南逐渐收缩,像一把倒悬的尖刀刺进印度洋腹部。

喜马拉雅山脉横亘在印度北部,将其与亚洲大陆其他地区隔离开来。因此,这一地域也被称为南亚次大陆或印度次大陆。印度是南亚次大陆最大的国家,与巴基斯坦、中国、尼泊尔、不丹、缅甸和孟加拉国为邻,濒临孟加拉湾和阿拉伯海,海岸线长 5560 公里。

一 多样的地貌

印度地貌呈现多样化的形态,地势从北向南逐渐降低。印度本身大致可以分为四个地区,即大山区、印度河与恒河平原区、沙漠地区和南部半岛区。印度大山区地貌主要由喜马拉雅山脉和阿拉伯海岸山脉组成。喜马拉雅山脉是世界上最高的山脉,也是印度北部和东北部的主要地理特征。这个区域的地貌非常复杂,包括高山、山谷、冰川和湖泊等。阿拉伯海岸山脉位于印度西部,也是一个重要的地质地貌区,这里有许多干旱的山脉和山谷,以及一些河流和盆地。整体来说,印度大山区地貌非常壮观,吸引着众多游客和登山者前来探索。

喜马拉雅山脉上雪水消融,向南汇聚成河流,在次大陆北部形成了印度河与恒河平原。印度河与恒河平原长约 2400 公里,宽约 320 公里,平原区地势较为平坦,土壤肥沃,气候温和,适宜农业生产。这里也是印度人口密集的地区之一。印度河和恒河在平原区形成了广阔的河谷地带和肥沃的土地。这些河流在历史上为当地人民提供了水源和交通航道,同时也带来了洪涝灾害。而在古代,这些地区还曾经是印度河文明的发源地,如哈拉帕文化和摩亨佐 – 达罗文化等就是在这一地区发展起来的。整个平原区地貌简单而面积广阔,平原上分布着许多湖泊、沼泽和河流,形成了密集的水系。此外,森林、农田和城市也散布在整个地区。总体来说,印度河与恒河平原区以地形平坦、土地肥沃和水源丰富为主要特点。

　　沙漠地区主要分布在拉贾斯坦邦和古吉拉特邦。其中，拉贾斯坦邦的塔尔沙漠和锡兰沙漠是最为著名的沙漠地区。塔尔沙漠是印度最大的沙漠，位于拉贾斯坦邦西北部，面积超过 20 万平方公里。由于风化作用和洪水侵蚀，北部为沙砾沙漠，南部为岩石沙漠，夏季酷热。这里的地形以沙丘、沙漠草原和干枯的河床为主。著名的城市斋普尔（Jaipur）和焦特布尔也坐落在这片沙漠中。

　　另一处著名的沙漠地区是锡兰沙漠，位于古吉拉特邦东部与拉贾斯坦邦西部的交界处。这片沙漠地区覆盖了面积约 5000 平方公里的土地，地貌以红色的沙丘和岩石区域为主，景色壮观。这些沙漠地区的环境特点是干旱、高温和少雨，植被稀少，动植物适应了极端的环境条件。这里的居民主要以游牧、畜牧和农耕为生，保留了许多传统的生活方式和文化。

　　印度南部半岛区主要分为三个地貌单元：高地、沿海平原和中山地带。半岛区与印度河平原、恒河平原之间横亘着山脉与丘陵，其中最主要的是温迪亚山脉和萨特普拉山脉。温迪亚山脉和萨特普拉山脉是南、北印度的分界线。印度南部半岛区的高地主要位于德干高原（Deccan Plateau），是印度的中央高原。这一地区地势较为平坦，大部分地处海拔 600 米以上。高地上有许多洼地和低山，地形较为复杂。

　　印度南部半岛区的沿海平原主要分布在西岸和东岸两侧。西岸平原主要位于阿拉伯海沿岸，地势平坦，土壤肥沃，是印度著名的科孚地区。东岸平原主要位于孟加拉湾沿岸，地势较为低平，受季风影响较大，气候湿润。中山地带主要位于西岸，是德干高原与西部海岸平原之间的过渡地带。这一地区地势较为崎岖，有许多山脉和丘陵，如西高止山脉（Western Ghats）就是印度著名的山脉之一。山地间有许多河流穿流而过，形成了许多河谷和峡谷。在历史上即使是最强大的北部帝国也没能征服和统治这一区域，因为其与次大陆中心地带的恒河平原区相隔数千里，山高水远。

二 丰富的水资源

从印度方向看，喜马拉雅山脉像是一弯硕大的新月。印度次大陆的主要河流，如印度河（Indus River）、恒河（Ganges River）和布拉马普特拉河（Brahmaputra River），都发源于或流经喜马拉雅山脉。印度主要有三大水系：恒河水系、与邻国共有的布拉马普特拉河水系和印度河水系。

印度河发源于青藏高原，流经喜马拉雅山与喀喇昆仑山两山脉之间，流向西南而贯穿喜马拉雅山脉，右岸交汇喀布尔河，左岸汇流旁遮普（五河之意）地方之诸支流，经巴基斯坦而入阿拉伯海。印度河总长度2900~3200公里，流域总面积约116.5万平方公里，其中约45.3万平方公里位于喜马拉雅山脉及其山麓。印度河文明为世界上最早进入农业文明和定居社会的主要文明之一。在1947年印巴分治以前，印度河流域仅次于恒河流域，为该地区的文化和商业中心地带。印度河干流大部分在巴基斯坦境内，只有上游一部分干流和一些支流在印度境内。

恒河是印度的母亲河，是印度流程最长、流量最大、流域面积最广的河流。它发源于喜马拉雅山脉的恒冰川，流经北印度平原，最终在孟加拉国注入孟加拉湾。恒河全长约2500公里，是印度北部最长的河流。恒河承载着大量的泥沙和水，为印度北部提供了丰富的水资源，同时也是印度北部人们的灵魂之河。恒河流域是世界三大宗教之一——佛教的起源地。

布拉马普特拉河，在中国境内被称为雅鲁藏布江，是世界上海拔最高的河流，发源于中国西藏喜马拉雅山脉北麓的杰马央宗冰川。雅鲁藏布江在中国西藏出境后，穿过喜马拉雅山脉，进入印度东北地区后称布拉马普特拉河，流入孟加拉国后又称梅克纳河，最终注入孟加拉湾。据统计，这条跨国河流的干流自源头至入海口全长 3969 公里，流域总面积达 712035 平方公里。[①] 布拉马普特拉河的干流和支流形成了辫状的大水系，是印度东北地区的主要水系之一，为当地提供了丰富的水资源。

亚穆纳河、纳巴达河、戈达瓦里河、克里希纳河和马哈纳迪河等也是印度境内较为重要的河流，但它们各自不构成独立的水系，而是归属于更大的水系如恒河水系等。克里希纳河发源于印度西部的马哈拉施特拉邦，流经卡纳塔克邦、安得拉邦和泰米尔纳德邦，最终注入孟加拉湾。克里希纳河全长约 1400 公里，是印度西南部最长的河流之一。

这些河流水系为印度提供了丰富的水资源，支持着当地的农业、经济和生活。它们也承载着历史文化与宗教意义，被视为印度人民的重要精神与文化象征。

三　季风带来的充沛降水

在印度次大陆上，炎热几乎无处不在。印度大部分国土处于热带和亚热带，气候基本上属于热带季风类型。4—6 月，印度部分地区甚至会出现 40 多摄氏度的高温天气。之后的 7—9 月，从西南方向吹来的季风便成了次大陆人民最欢迎的"客人"，因为其带来了充沛的降水和相对凉爽的天气。

印度的气候条件因其广阔的国土面积而较为多样。印度大部分地区为季风气候，但也有其他类型的气候存在。印度北部的喜马偕尔邦、旁遮普邦等地区属于温带气候，在一年中经历四季，冬季寒冷，夏季温暖，春秋季节凉爽宜人。

印度西北部的拉贾斯坦邦和古吉拉特邦以及印度西南部的一些地

---

① 邓伟主编《南亚地理——资源与环境》，四川科学技术出版社，2016，第 134 页。

区属于干旱气候。这些地区夏季炎热，而冬季则相对较凉。降水非常少，导致干旱和沙尘暴。喜马拉雅山脉和其他山区地带为高山气候。这些地区的气温随着海拔的升高而降低。冬季严寒，夏季凉爽，降水主要以雪的形式出现。印度南部的一些地区，如卡纳塔克邦和安得拉邦，属于热带草原气候。这些地区夏季炎热，冬季相对凉爽，降水较为分散。

第二节　富饶多样的物产资源

印度自然条件优越，自然资源较为丰富，是世界上最大的云母片生产国，也是世界第五大煤炭和铁矿石生产国。同时，锰、铬、钛、菱镁矿、铍、锆、钍、独居石、白云石等矿产资源储量居世界前列。此外，印度也蕴藏有石油、天然气、铝土矿、铜、金、铅锌等其他能源和矿产，但储量不够丰富，采矿业产值共占其国内生产总值约3%。

一　强势增长的可再生能源

印度大力投资开发新的可再生能源（风能、光能），且其可再生能源产能正在迅速增长，复合增长率高于欧美及世界的综合水平。截至2021年1月，印度可再生能源（不包括大型水电）产能为92.54吉瓦（1吉瓦=100万千瓦），自2014年以来产能增长2.5倍。2014—2019年可再生能源项目吸引投资642亿美元。2022年，印度可再生能源市场继续保持强势增长，可再生能源装机容量接近15吉瓦，可再生能源产能全球排名第4位，其中风电产能居第4位，太阳能产能居第5位。太阳能行业是印度新能源增长主要拉动引擎，其年新增装机容量屡创历史新高。在政府扶持政策、雄厚项目储备及低成本结构等因素的共同作用下，太阳能技术成为印度绿色能源转型的首选技术。

二　潜力巨大的油气资源

印度的天然气储量并不算丰富，2022 年的估计储量约为 11386.7 亿立方米，最大储量位于西部近海和东部近海，其在估计储量中的占比分别为 29.6% 和 23.6%。[①]据研究，自 2020 年以来，印度的天然气产量保持增长势头，预计到 2025 年可达到 367 亿立方米，由此未来印度的天然气消费量预计也将大幅增长，从 2023 年的 650 亿立方米增至 2040 年的 1137 亿立方米。[②]

2011 年 1 月，印度油气勘探巨头印度石油天然气公司（ONGC）在位于西孟加拉邦东部的一个试点项目中发现了页岩气，这是印度首次发现的页岩气，也使得印度成为亚洲少数发现页岩气资源的国家之一。据估算，印度页岩气原地总储量为 8.3 万亿立方米，可采储量为 1.8 万亿立方米，坎贝盆地、阿萨姆邦－阿拉干盆地、布兰希达－戈达瓦里盆地等多个地区的勘探开发潜力巨大。[③]但是，由于技术水平有限，印度的页岩气资源尚未进入大规模商业化开采阶段。

总的来说，尽管印度的天然气储量并不算特别丰富，但其非常规油气资源，尤其是页岩气资源，具有较大的潜力。然而，要实现这些资源的有效开发和利用，还需要克服一些技术和环境方面的挑战。

三　类型丰富的矿产资源

印度煤炭资源丰富，截至 2022 年底，其煤炭总估计储量为

[①]《印度能源困境短期难解》，搜狐网，2023 年 7 月 13 日，https://www.sohu.com/a/697877881_121434705，最后访问时间：2024 年 12 月 24 日。

[②]《前沿观察 | 尽管天然气呈增长态势，但煤炭仍是印度电力结构的主要能源》，网易网，2024 年 10 月 26 日，https://www.163.com/dy/article/JFEVMD410514AOUF.html，最后访问时间：2024 年 12 月 24 日。

[③]《世界页岩气勘查开发进展》，中华人民共和国自然资源部网站，2016 年 1 月 27 日，https://www.mnr.gov.cn/dt/kc/201601/t20160127_2320933.html，最后访问时间：2024 年 12 月 24 日。

3614.1亿吨，其中探明储量占52%。在印度，煤炭储量主要集中在奥里萨、恰尔肯德和切蒂斯格尔等三个邦，合计占印度煤炭总储量的69%。印度的褐煤估计总储量为462亿吨，但探明储量占比较低，仅约为总储量的16%，主要集中在泰米尔纳德、古吉拉特和拉贾斯坦等三个邦。需要指出的是，印度采煤业的规模有限，因此煤炭产量虽在2012—2022年持续增长，但总体而言产量并不高。其中，焦化煤的产量呈现区间波动态势，复合年增长率为0.03%，未见明显增长；非焦化煤呈现稳步增长态势，复合年增长率为4.13%，成为煤炭产量增长的主要推动力。①

作为世界上重要的铁矿石生产国之一，印度的铁矿资源丰富，且多为优质铁矿。印度矿业部数据显示，近年来印度铁矿石的产量持续增长，2023—2024财年（2023年4月1日至2024年3月31日）的总产量达到了2.57亿吨。2024年仍维持增长势头，1—8月的产量为1.92亿吨，同比增长2.7%。从出口来看，2024年上半年，印度铁矿出口总量达到2026万吨，同比大幅增长20%。显而易见，就发展势头而言，印度铁矿石的供需都大概率将维持相对稳定的增长。②

与铁矿石类似，锰矿也是印度的优势矿种之一。据统计，印度已探明锰储量为5600万吨，按照当前的年产量，预计还能开采五十年之久。就类型而言，印度的锰矿主要分为三种类型：一是红土型锰矿床，以氧化锰为主，品位较高，主要分布在卡纳塔克邦和安得拉邦与奥里萨邦交界处，其中贾姆达科伊拉锰矿床的储量约3600万吨，是全球锰矿中的知名大矿；二是同生沉积变质型锰矿床，一般含锰达40%~50%，品位仅次于红土型锰矿，主要分布在中央邦；三是钾长锰

---

① 《印度能源困境短期难解》，搜狐网，2023年7月13日，https://www.sohu.com/a/697877881_121434705，最后访问时间：2024年12月24日。

② 《Mysteel解读：2024年印度铁矿石产量稳中有增，出口亮眼》，我的钢铁网，2024年10月17日，https://tks.mysteel.com/a/24101711/CFF647696361FE83.html，最后访问时间：2024年12月24日。

榴岩型矿床，品位较低，是非主要开发生产的对象。①

印度拥有 3.44 亿吨的铬铁矿资源，其中 1.02 亿吨被列为储量，占全球 5.65 亿吨铬铁矿总储量的 18.1%，是铬铁矿的净出口国。不过，在印度的铬铁矿储量当中，只有 65% 的储量可用于冶金用途，且奥里萨邦的苏钦达（Sukinda）山谷就占据了印度铬铁矿总产量的 99% 以上。在印度国内，铬铁主要被用于不锈钢与合金钢的制造等领域，生产商则主要包括塔塔钢铁公司、韦丹塔集团（FACOR）、金达尔（Jindal）不锈钢公司等。②

印度还是世界上铝土矿资源储量最为丰富的国家之一，据统计其铝土矿的年产量约为 6000 万吨，约占全球铝土矿总产量的 10%。印度的铝土矿主要分布在东部和中部的奥里萨邦、安得拉邦、恰尔肯德邦、马哈拉施特拉邦等邦，其中奥里萨邦的产量最大。铝土矿是生产铝的主要原料，被印度广泛应用于航空、建筑、汽车、电力等行业，为印度的经济发展提供了重要支撑。③

印度在 2019 年生产了 318.2 万吨的锰矿石，占全球总产量的 4.0%，位居世界第六。锰矿石是生产锰铁合金、锰钢和锰化合物的重要原料。同年生产了 66.1 万吨的锌，占全球总产量的 5.1%，同样位居世界第六。锌是一种重要的有色金属，广泛应用于电气、机械、化工等行业。

印度的矿产资源分布不均，煤炭集中于比哈尔邦、西孟加拉邦、奥里萨邦、马哈拉施特拉邦等地，黑色金属矿分布于奥里萨邦、中央

---

① 《中美印锰金属储量：印度 5600 万吨，美国 2400 万吨，中国是多少？》，网易网，2024 年 12 月 22 日，https://www.163.com/dy/article/JK22S3M605564203.html，最后访问时间：2024 年 12 月 24 日。

② 《以印度为背景的全球铬铁供需结构分析》，上海有色网，2023 年 11 月 30 日，https://news.smm.cn/news/102495081，最后访问时间：2024 年 12 月 24 日。

③ 《印度铝土矿产量》，上海有色网，https://www.smm.cn/mpdb/1705462053707_output_oversea_India。

邦、果阿邦、安得拉邦等地。印度矿产资源品类比较齐全，但人均矿产资源量不高。煤、铁、锰、铝等矿产是印度最重要的出口原料，但石油、天然气、磷、硫、钾和部分有色金属等矿产却很少。

四　特色鲜明的经济作物

印度地形平缓，国土面积大，地理位置优越，交通便捷，又是典型的热带季风性气候，土质肥沃，多为冲积土、热带黑土等，适宜农业发展。印度大部分土地可用于农业，而且一年四季都能种植农作物，有得天独厚的自然条件。

作为最古老的农耕文明国家之一，印度培育了种类繁多的农作物和引入培育动物。据 20 世纪末数据，农作物方面，印度已搜集到的水稻品种就达 5 万个以上，已发现的杧果品种超过 1000 个，已收集的茶树品种 1607 个，胡椒有 500 个品种；在引养动物方面，黄牛 26 个品种，山羊 20 个品种，骆驼 8 个品种，绵羊 40 个品种，马 6 个品种，鸡 18 个品种，水牛 8 个品种。

印度是世界上最大的农业经济体之一，其主要农作物包括甘蔗、水稻和小麦。其中，蔗糖在印度农业中占有重要地位，对经济的贡献尤为可观。2019 年，印度超过巴西成为世界第一的糖产量大国，甘蔗种植遍及全国，主要集中在恒河谷地，收割季节通常为每年 10 月或 11 月至次年 4 月或 5 月，但由于气候条件、种植时间及甘蔗生产情况的不同，不同年份的蔗糖产量和不同地区的收割时间会有较大差异。根据印度全国合作制糖厂联合会（NFCSF）发布的数据，2024 年度（截至 2024 年 12 月 15 日）全印共有 472 家糖厂开榨，累计压榨甘蔗 7192.4 万吨，产糖 608.5 万吨，平均产糖率为 8.46%。[①]

---

① 《印度：截至 12 月 15 日累计产糖 608.5 万吨，同比减少 18%》，沐甜科技糖网，2024 年 12 月 17 日，https://www.msweet.com.cn/eportal/ui?pageId=2590581&articleKey=312224 25&columnId=2590629，最后访问时间：2024 年 12 月 24 日。

印度的耕地面积约为 1.6 亿公顷，为全球粮食生产大国。在 1.6 亿公顷的耕地中，近 6 亿亩被印度用于水稻种植，使得每年印度稻米的产量和出口量都稳居世界前列。除了水稻以外，小麦、油籽等其他重要作物的种植面积与产量也比较高。据印度农业部统计，2023—2024 年度，受稻米和小麦丰收的推动，印度粮食产量达到 3.32 亿吨，同比增长 0.8%。其中，水稻和小麦的产量分别达到 1.38 亿吨和 1.13 亿吨，同比分别增长了 1.5% 和 2.5%，都创下了历史新高，而油籽产量则为 3966 万吨，同比下降 4.1%。[①] 此外，印度还是全球最大的辣椒种植国，其辣椒种植面积约占全球的 45%，但辣椒总产量并不高，只相当于全球的 25%，其每亩单产水平只相当于我国的一半。[②]

此外，印度还是生姜和秋葵的最大生产国，在土豆、洋葱、花椰菜、茄子和卷心菜生产方面排名第二。在水果中，该国产量居世界首位的是香蕉（26.29%）、木瓜（43.26%）、杧果（包括山竹和番石榴）（45.14%）。印度还是世界上最大的牛奶、椰子、生姜、姜黄、茶叶与黑胡椒生产国。还是世界上第二大小麦、稻米、砂糖、花生与淡水鱼产地。同时也是世界上第三大烟草生产国。

五　富饶的生物资源

印度是世界公认的生物多样性大国之一，拥有世界上近 8% 的记录物种。印度陆地面积仅占世界的 2.4%，却是 4.5 万种植物和 9.1 万种动物的栖息地。

印度的植物资源非常丰富。印度是世界上 17 个生物多样性最为丰富的国家之一，其拥有的多样性生物种类占全世界的 7%。许多植

① 《印度农业部预计 2023/24 年度粮食产量达到创纪录的 3.3222 亿吨》，世界农化网，2024 年 9 月 27 日，https://cn.agropages.com/News/printnew-32812.htm，最后访问时间：2024 年 12 月 24 日。

② 《印度是全球最大的辣椒种植国 种植面积占全球 45%》，搜狐网，2020 年 12 月 29 日，https://www.sohu.com/a/441305277_607873，最后访问时间：2024 年 12 月 24 日。

物物种均为印度所特有。印度森林类型包括热带湿常绿林、半常绿林、落叶林、热带干落叶林、亚热带松林、高山林、干燥高山灌木林、温带山地林、沼泽林、红树林及荆棘林。这些森林为大量的动植物提供了栖息地。

印度的动物群非常丰富，2020年的生物多样性指数为0.46，动物群有102718种。其中包括许多著名的大型哺乳动物，如亚洲象、孟加拉虎、亚洲狮、印度豹和印度犀牛。这些动物在印度文化中占有重要地位，通常与神灵联系在一起。此外，印度还有许多特有的物种，如印度狮、印度象、黑冠鹭鸨等。

印度漫长的海岸线孕育了丰富多样的生态系统，比如红树林沼泽、珊瑚礁、海草床、海滩、沙丘、盐沼和泥滩等。海洋和沿海生态系统在光合作用和生产力方面发挥着重要作用。在印度沿海和海洋生态系统中，已知的物种数量可达到17795种。其中，998种受法律保护，因为它们的自然种群因过度开采而枯竭。

第三节　美不胜收的自然景观

分布不均的降水和绵延千里的地形造就了印度风情万种的特色景观。覆盖印度约60%国土的热带季风气候区中大部分是广袤的热带草原，西北和东北边境的高山气候区遍布纯洁的冰川与缤纷的花谷，恒河平原的亚热带季风性湿润气候区有着大片的沼泽湖泊与草地，西部的沙漠气候区里绿地与荒漠交错，南部高原之上有磅礴的瀑布与峡谷，沿海低地的热带雨林气候区不乏迷人的海滩与岛屿……可以说，印度的自然景观包罗万象，永远不会让热爱自然的人失望。

一　山地风情

印度拥有7处经联合国认证过的世界自然遗产，1处自然与文化双重遗产，多数自然遗产都围绕着喜马拉雅山区分布。例如位于喜马偕尔邦的喜马拉雅国家公园保护区，公园里栖息着世界上4种濒危哺乳动物和3种濒危鸟类，这里是375种动物和832种植物的家园，[①]游客在这里可以徒步穿越宁静的高山牧场，这里参观的最佳季节是在夏秋季。喜马偕尔邦还有一个叫哈吉亚尔（Khajjiar）的小村庄，被称为印度的"迷你瑞士"。

干城章嘉峰国家公园（Khangchendzonga National Park）位于印度锡金邦（Sikkim）西北部，始建于1977年，核心区和缓冲区的面积加起来共计1784平方公里，既是一座国家公园，也是一处生物保护圈，于2016年7月17日被列入《世界遗产名录》，是印度第一处世界自然与文化双重遗产。干城章嘉峰国家公园地处喜马拉雅山脉中心，海拔8586米，该峰在世界第一高峰珠穆朗玛峰被确认之前曾被认为是世界最高峰。该公园因多样化的动植物而闻名于世，主要植被有橡树、冷杉、桦木、枫树等树木，动物则有麝香鹿、雪豹、塔尔羊、印度懒熊、喜马拉雅黑熊、喜马拉雅野驴、岩羊、鬣羚、喜马拉雅斑羚等罕见陆生动物以及约550种鸟类。[②]

玛纳斯野生动物保护区（Manas Wildlife Sanctuary）位于阿萨姆邦（Assam）的喜马拉雅山麓，玛纳斯河流经这里，滋养了众多生物，这里密布热带丛林和冲积草原，除此之外，该保护区同样生活着诸多濒临灭绝的物种，如印度犀牛、侏儒猪等。当地的最佳游览时间在冬季和早春，此时气候适宜，动物活动频繁。作为观鸟爱好者的天堂，这里生活着孟加拉鸨、大花犀鸟、大秃鹳等约500种鸟类，[③]每年的11

---

① "Great Himalayan National Park Conservation Area", World Heritage Convention, UNESCO, https://whc.unesco.org/en/list/1406, 最后访问时间：2025年3月16日。

② "Khangchendzonga National Park", World Heritage Convention, UNESCO, https://whc.unesco.org/en/list/1513, 最后访问时间：2025年3月16日。

③ "Manas Wildlife Sanctuary", World Heritage Convention, UNESCO, https://whc.unesco.org/en/list/338, 最后访问时间：2025年3月16日。

月至次年 4 月也是观鸟的最佳时期。

印度最著名的花谷国家公园（Nanda Devi and Valley of Flowers National Parks）位于喜马拉雅山脉西部，在旅游顾问网站 Tripadvisor 对北阿坎德邦 623 个旅游景点的排名中位居第 9，该公园在 2005 年被联合国教科文组织宣布为世界遗产。花谷一到花卉盛开之时，很可能是印度最美丽的山谷，这里特有的高山花卉群的芬芳令人流连忘返，动植物种群之间的和谐相处足以让人感叹大自然的神奇，高海拔让这里的空气格外清冽，湛蓝的天空让一切变得圣洁。

二　湿地资源

卡齐兰加国家公园（Kaziranga National Park）位于布拉马普特拉河谷一片沼泽地上，是印度教神话中的神秘土地，地处阿萨姆邦中心地带却罕见地没有人类活动，因而一直是印度人民的骄傲。由于地势平坦、沼泽密布，同时又没有人工痕迹，该公园对保护全球受威胁的候鸟物种发挥着至关重要的作用。该公园能保持这样的自然状态，得益于阿萨姆邦的封闭保护，正是当地政府观察到该区的独角犀牛因为狩猎而濒临灭绝，因而将该区保护起来，核心区居民逐步迁出，仅保留缓冲区少数村庄，封闭保护了 90 多年后，如今这里的独角犀牛已经占到世界现存总数的约七成。[①]

凯奥拉德奥国家公园（Keoladeo National Park）是南亚次大陆最重要的鸟类繁殖地和觅食地之一，最初是当地王公贵族的狩猎场。园区里生活着超过 370 种鸟类，包括大秃鹳、印度黑颈鹳等濒危物种，被认为是世界上鸟类品种最珍贵和最丰富的地区之一。[②] 为了表彰其

①　"Kaziranga National Park", World Heritage Convention, UNESCO, https://whc.unesco.org/en/list/337，最后访问时间：2025 年 3 月 16 日。

②　"Keoladeo National Park", World Heritage Convention, UNESCO, https://whc.unesco.org/en/list/340，最后访问时间：2025 年 3 月 16 日。

在国际水禽迁徙湿地中的重要性，以及它作为极度濒危鸟类越冬地的作用，联合国教科文组织在 1985 年将其列为世界自然遗产。每到 9 月至次年 2 月，候鸟们跟着季风如期而至，对于鸟类爱好者来说，这里就是观鸟的天堂。当地有规划清晰的徒步路线蜿蜒穿越整个公园，为游客提供了绝妙的观鸟条件。同时园区内有人力三轮车，可以前往湿地候鸟观赏区。

孙德尔本斯国家公园（Sundarbans National Park）地处恒河、布拉马普特拉河与梅克纳河三大河冲积而成的三角洲上，是世界上最大的三角洲综合体，同时也有着世界上最大的红树林区。丰富的森林资源和水资源带来了动物和植物的物种多样性，该公园是许多濒临灭绝的动物的家园，众多海洋动物也选择在这里度过孵化期后再返回大海。由于这里曾经遭受了过度开发和污染的威胁，为了保护这一重要的自然生态环境，印度政府在 1984 年建成了孙德尔本斯国家公园。

三 高原美景

在高原区，西高止山脉具有典型的高原山地景观，这是一座比喜马拉雅山脉更为古老的山脉，漫长的历史赋予了它独特的生物多样性与生态形成过程。西高止山脉西邻海岸平原，东接德干高原，是展现季风系统的最佳例证之一，例如，在西南季风期，湿润的海风随着地形抬升，为这片山脉西坡带来大量降水，高温高湿的环境为这片地区提供了植被生长的最佳条件，也因此使之成为世界上热带常绿林的最佳代表。

第二章　历史悠久的神秘国度

作为四大文明古国之一，印度拥有悠久漫长的历史，且历史发展进程独具特色，创造出了辉煌璀璨的文明成果。可以说，只有了解了印度的历史，才能读懂印度的当下。

第一节　东方情调的国名由来

在 2023 年 9 月的 G20 峰会上，印度总统府在向与会国代表发出的欢迎晚宴邀请函上，明确把发邀者的身份写作"婆罗多总统"（The President of Bharat），而不是通常的"印度总统"（The President of India），这立即引发国际舆论一片哗然，关于印度要改国名的各种讨论一度成为社交媒体的流量爆点。那么，为何印度政府要在如此重要的场合，不再按惯例沿用"India"一词称呼自己的国家，而非要使用梵文英译词"Bharat"呢？这就要从印度这个国家国名的由来与演变说起了。

一　梵文自称的婆罗多国

在历史上，印度不是一个国家，而是一个地理概念，泛指南亚次大陆。但是，古代印度人也并不把次大陆称为印度，而是称之为"婆罗多伐娑"（Bharata-varsha）。

在地理概念上明确使用"婆罗多伐娑"一词，最早见于公元前 1 世纪古印度羯陵伽国王迦罗卫罗（King Kharavela）的诃提衮帕铭文

（Hathigumpha inscription），但仅用于指北印度的特定范围，即摩揭陀以西的恒河谷地。在梵文史诗《摩诃婆罗多》《毗湿奴往世书》等印度古代文献中，都把次大陆称为"婆罗多伐娑"，意即"婆罗多族之国"或"婆罗多子孙之国"，所指的地理范围也有所扩大，已囊括了北印度的大片地域，但德干高原大部分以及南印度仍被排除在外。

公元6世纪，大唐高僧玄奘西行求经学法、游历印度，回国之后，玄奘本人口述、弟子辩机记录整理，撰成《大唐西域记》12卷，详述西域138国的历史由来、政治经济、民族宗教和社会风俗。其中记载称，在印度的诸多种姓、族类当中，"婆罗门特为清贵"，因此在次大陆上"从其雅称，传以成俗"，大大小小的国家实际上"无云经界之别"，因此可以将次大陆统称为"婆罗门国"。[①]

当然，印度古人自称其本土，还使用"瞻部洲"（Jambudvīpa）一名，最早见于约公元4世纪前后的佛教典籍和阿育王石刻。所谓"瞻部"，原为树名，因而瞻部洲是因树得名，为人类的居处所在，所指的地理范围十分广泛。在一些《往世书》中，"瞻部洲"可用于指代整个世界，而在佛典中则为四大部洲之一，印度仅为瞻部洲的一部分。[②]例如，家喻户晓的《西游记》在第一回就采用了《阿含经》的说法，称人间分为四大部洲，分别是东胜神洲、西牛贺洲、南瞻部洲、北俱芦洲。

玄奘在《大唐西域记》的绪论中，描述释迦牟尼所教化的索诃世界时，也提到了瞻部洲。玄奘认为，在索诃世界中，有一名为苏迷庐山的高山，唐人称之为妙高山，也即佛教中宇宙的中枢须弥山。在围绕着须弥山的七重金山外，还有一片名为"咸海"的大海。在海中，人们可定居生活的地方，"大略有四洲焉"。这四洲分别为"东毗提诃

---

① （唐）玄奘、（唐）辩机：《大唐西域记校注》（上），季羡林等校注，中华书局，2008，第162页。

② （唐）玄奘、（唐）辩机：《大唐西域记校注》（上），季羡林等校注，中华书局，2008，第163页。

洲，南赡部洲，西瞿陀尼洲，北拘卢洲”。[1]这四洲也就是西游记中所说的四大部洲，只不过由于梵语汉译的不同，名称有所区别。其中，地处“苏迷庐山”以南“咸海”当中的赡部洲，以名为赡部的树而得名，“印度即在此洲之上”。[2]

二　因河得名的国名流变

从人类文明的发端来看，世界上的古代文明大多诞生在大江大河流域，谓之“大河文明”。在南亚次大陆，自古以来就有一条在梵文中被称为“Sindhu”、在中国古籍中汉译为“信度”的大河，即孕育了次大陆已知最早城市文明——哈拉帕文化——的印度河。

公元前6世纪，波斯人从西北方进入次大陆，首遇这条大河，便以其梵文名称命名其所在之地，“Sindhu”遂成为外族对整个南亚次大陆的总称。

不过，在古伊朗语的读音中，存在“s”和“h”交替的现象，却没有“dh”一类的送气浊辅音，梵文词汇“Sindhu”实际上被读作“Hindu”，后来“Hindu”又因其首字母H弱化乃至失音而演变成“Indu”。

公元前327年，马其顿国王亚历山大入侵次大陆后，希腊人沿袭了波斯人的叫法，但在希腊语中没有“h”读音，故他们将“Hindu”的首字母省略，称印度河为“Indus”，称该河流域的居民为“Indoi”。

此后，波斯人和希腊人对次大陆的叫法被其他西方人沿袭使用。例如，中世纪，阿拉伯人侵入次大陆后，根据波斯语发音将这片土地称为“Hindustan”，汉译“印度斯坦”，意思就是“Hindu人生活的地方”或“Hindu人的国家”。

---

[1] （唐）玄奘、（唐）辩机：《大唐西域记校注》（上），季羡林等校注，中华书局，2008，第34—35页。

[2] （唐）玄奘、（唐）辩机：《大唐西域记校注》（上），季羡林等校注，中华书局，2008，第38页。

再后来，英国殖民者征服次大陆后，采取"分而治之"的统治策略，将他们直接统治的地区称为"British India"（英属印度），将依托土邦王公间接控制的地区称为"Princely India"（王公印度 / 印度土邦）。在两百余年的殖民统治下，印度人也逐渐接受了"India"这一名称。印度独立后，将国名正式定为"The Republic of India"（印度共和国），简称"India"（印度），同时在宪法中明确规定英文单词"India"等同于梵语英译词"Bharat"。因此，"印度"即为"婆罗多"。当然，如今对于"Bharat"一词，汉译多为"巴拉特"，这是需要说明的。

三　玄奘正音的印度之名

中国人至迟在西汉时期就已经知道印度之名，在《史记》中称之为"身毒"，系梵语"Sindhu"的音译，是张骞在大夏时从大月氏人那里得知的"印度"的名称。

根据《史记·大宛列传》记载，张骞受汉武帝之命出使西域，在大夏（今阿富汗阿姆河一带）看到了"邛竹杖"和"蜀布"，并且得知是由大夏的商人到"身毒国"（今印度）买回来的。

另据《史记·西南夷列传》记载，张骞通西域归来后，向汉武帝详细禀报了西域风土人情状况，并进言"大夏在汉西南，慕中国，患匈奴隔其道，诚通蜀，身毒国道便近，有利无害"。正是在接纳了张骞建议的基础上，汉武帝才对西南夷的道路进行了大规模的开发和修建，贯通了著名的蜀身毒道的境内各段。

后来，在《汉书》《后汉书》《三国志·魏书》《宋书》《梁书》等古籍中，中国古人对印度的称谓，除"身毒"外，还有"申毒""辛头""信度""身度""天竺""贤豆""欣都斯"等称谓，皆属"Sindhu"或"Hindu"的同音异译，也就是不同时代的不同译者选用了不同的汉译，读音上都十分接近，但用字不雅的特点也十分明显。其中，被我国所熟知的"天竺"一名，根据季羡林先生的考证，最早见于《后汉书·西域传》，为伊朗语"Hindu"或"Hinduka"的译音，是由早期来自安息、康居等地的僧人，在传播佛教的过程中传入我国。[①]

公元7世纪上半叶，我国唐代高僧玄奘西行求经学法，历时17年之久，跋涉5万余里，游历五天竺，遍访百余国。归国后，玄奘在其编撰的《大唐西域记》的"印度总述"中指出，关于"天竺"的称谓可谓"异议纠纷"，以往称之为"身毒"或"贤豆"都不对，且"印度之人，随地称国，遥举总名，语其所美，谓之印度"，也没有一个统一的称法。对此，玄奘主张按照"正音"原则，将混乱不堪的称谓统一改为"印度"，最终解决了中文译名的混乱，确立了"印度"的译名并沿用至今。

四　争议颇多的国名更改

2023年9月5日，印度总统穆尔穆以"婆罗多总统"而非"印度总统"的名义向参加G20新德里峰会的各国领导人发出晚宴邀请。同时，在峰会举行期间，印度总理莫迪的座位标牌也是"婆罗多"而非以往的"印度"。实际上，莫迪政府及印人党一直以来试图更改与英国殖民主义有联系的官方词汇。印人党认为"India"这个名字是英国殖民者引入的，是"被奴役的象征"，支持更名。同时，包括阿萨姆邦首席部长在内的多位政要在社交媒体上发声支持印度将印度国家英文名改为"婆罗多"。

但印度反对党认为，莫迪此举有着明确的政治目的。2023年7月，由印度国民大会党（Indian National Congress，INC，简称"国大党"）领导的包含26个党派的印度国家发展包容性联盟（Indian National Developmental Inclusive Alliance，缩写为INDIA）成立，将在2024年的全国选举中挑战莫迪领导的印人党。当代印度历史学家拉文德·考尔

---

① （唐）玄奘、（唐）辩机：《大唐西域记校注》（上），季羡林等校注，中华书局，2008，第162—163页。

接受采访时称，这可能是莫迪政府决定将国名更改为"婆罗多"的原因之一。国大党领导人沙希·塔鲁尔发文称："我希望政府不要愚蠢到完全抛弃'India'，因为'India'在过去几个世纪里积累了不可估量的品牌价值。"

印度改名"婆罗多"正值 G20 峰会期间，印人党借 G20 这个东风，将自身的印度教民族主义立场广而告之，为 2024 年大选积攒选票。印人党的目标是团结印度教徒，鉴于印度教徒的民族众多，莫迪政府的目标是让具有人口数量优势的印度教徒成为一个整体，为此，该党的执政策略是淡化种姓差异，同时加大对"伊斯兰恐惧症"的宣传。印度教民族主义已经成为当前印度社会的主流意识形态，印人党、国民志愿服务团、世界印度教大会等印度教民族主义组织一直在持续推动重塑印度民族，最终建立印度教统治国家的目标。以国大党为首的反对派联盟 INDIA 则认为改用"婆罗多"是莫迪政府将印度教理念强加于国民，以激化印度境内印度教与伊斯兰教的矛盾。国名之争实则演化为政党选举的工具。[①]

第二节　分多合少的古代历史

早在公元前 2000 年左右，印度河流域就孕育了南亚次大陆已知最早的人类文明，即哈拉帕文化，由于发现的遗址主要集中在印度河流域，故也称印度河文明。这个文明代表了印度次大陆史前文明的最高成就。其最大的特点是城市规划建设的完善，城市经济的空前繁荣。

一　次大陆最早的城市文明

哈拉帕文化陆续有 250 多处遗址被发现，它们分布的地域范围很

[①] 环球情报员：《印度，为什么想改国名为婆罗多》，2023 年 9 月 20 日，https://mp.weixin.qq.com/s/SOILJ8kvY9OhLFQVmXOP3A，最后访问时间：2023 年 11 月 4 日。

广，东起今印度的北方邦，南达今印度的古吉拉特邦，西到今巴基斯坦的俾路支省，北抵今巴基斯坦的旁遮普省，北部以哈拉帕为中心，南部以摩亨佐－达罗为中心，东西约跨1550公里，南北约跨1100公里，地域辽阔，达到了170多万平方公里，面积超过古埃及文明和苏美尔文明的总和。最繁荣的时候曾经有多达1056个城市，人口更是达到约500万之众。

　　哈拉帕文化的城市是独特的，具有鲜明的特点——先进。城市是按照统一规则和计划精心建成的，布局呈格子形，宽阔的主街环绕着长方形的街区；埃及的建筑是用石头建造的，美索不达米亚的建筑是用晒干的砖建造的，哈拉帕的城市建筑是用窑砖建造的。整个印度河流域只有两种标准尺寸的砖模，可见各地的度量衡是一致的；上、下排水系统齐全、精致；有大型的公共设施，如粮仓、浴场等，市民从事各行各业，均有相应所属生活和工作区域，井井有条且秩序井然；城市中找不到王宫、神庙。在哈拉帕文化延续的1000年中，城市建设的规则处于静止不变的状态，每次遭到洪水毁灭性的破坏后，重建的新城市总是跟原来的城市一模一样。这种整齐的布局和有条不紊的组织似乎贯穿了整个印度河流域文明地区。

　　城市的繁荣使哈拉帕的商业盛极一时，国际贸易特别频繁。遗址里发现的大量文物充分证明了它与波斯、两河流域、中亚，甚至缅甸、中国都有贸易往来。在波斯湾的巴林岛（古代称为狄尔蒙）发现了许多哈拉帕文明物品，这表明巴林岛是美索不达米亚和印度河流域之间海上贸易的中转站。从楔形文字的记载和两河流域出土的文物来看，当时哈拉帕文化出口的商品主要有铜、木料（如柚木）、石料（如闪长石、雪花石膏）、象牙制品、天青石、红玛瑙、珍珠等。哈拉帕商业贸易的繁荣，得益于哈拉帕人建立的完善的度量衡体系。

二 文化繁荣的吠陀时代

公元前 1500 年至公元前 600 年是印度次大陆历史上的吠陀时代。吠陀是"知识"的意思，是一种神圣的、宗教的知识，它包含了众多的宗教书籍中所涵盖的各种各样的知识，所以在那个时候，古印度就有了吠陀教。吠陀教是古婆罗门教的前身，信奉众多神祇，如因陀罗、阿耆尼、瓦尔娜等。吠陀教通过祭祀来祈求神祇的保佑。吠陀文献中的《梨俱吠陀》《雅占吠陀》《娑摩吠陀》和《阿闼婆吠陀》就是这个时期祭祀仪式的记录。

吠陀时代的开始也是雅利安人入侵印度次大陆的开始。雅利安人是从中亚地区向南迁徙的游牧部落，他们最终进入了印度次大陆。在这一过程中，雅利安人同印度当地的居民进行了长期的战争，最终占领了德干高原和恒河平原，并在此地占据了广阔的地盘。他们带来了自己的语言、宗教和社会制度。他们的语言梵语成为吠陀文献的语言。随着战争的扩大和频繁，以及经济的发展，雅利安人内部也开始发生分化，一些部落开始过渡为国家，"罗阇"变为世袭君主。

吠陀时代可以分为早期吠陀时代（前 1500—前 900 年）、后期吠陀时代（前 900—前 600 年）两个时代。吠陀时代的经典著作（也是宗教经典）总共有四部，被称为"四吠陀"。早期吠陀时代有《梨俱吠陀》，后期吠陀时代有《娑摩吠陀》《夜柔吠陀》《阿闼婆吠陀》。这个时期以吠陀文献的创作为特征，这些文献是印度最古老的宗教文献。

在吠陀时代，印度社会主要分为四个阶层，即婆罗门（祭司）、刹帝利（军事贵族）、吠舍（商人和农民）和首陀罗（奴隶），这个阶层制度后来发展成为印度的种姓制度。

吠陀时代也是印度文化的繁荣时期，在这个时期，印度的文学、音乐、舞蹈、绘画等艺术形式都得到了极大的发展。许多经典文学作品，如《摩诃婆罗多》都是在吠陀时代创作的。

三 孔雀王朝统一北印度

吠陀时代之后，印度次大陆进入列国时代，时段大约为公元前600年至前322年。这一时期与我国历史上的春秋时期大致重合，特点相似。此时，印度次大陆上形成了"十六国争雄"的局面，最终摩揭陀国（Magadha）击败拘萨罗，印度次大陆进入摩揭陀王国时期。当时摩揭陀国的统治者来自难陀家族（Nanda），然而实施暴虐政策的难陀王朝并没有得到国内臣民的广泛拥护。

公元前320年，旃陀罗笈多·孔雀推翻了难陀家族的统治，登基建立了新的王朝。因旃陀罗笈多出身于一个饲养孔雀的农民家族，故这个王朝被称为孔雀王朝，旃陀罗笈多在我国古籍中则被称为月护王。月护王不仅获得了摩揭陀王国的全部领土，还从亚历山大大帝的部将所建立的塞琉古帝国手中夺回了印度西北部的旁遮普地区，建立起印度历史上第一个统一帝国。孔雀王朝时期是印度历史上的一个黄金时代，实现了政治稳定、经济繁荣和文化昌盛，成为当时世界上最强大的王国之一。

孔雀王朝的统治方式主要是以中央集权为基础的专制统治。君主在帝国中具有至高无上的地位，他将全国统一在"一把黄罗伞"（Ekachattra）之下。王朝统治者通过建立官僚制度、强化军队组织等手段，确保了政府的稳定和统一。孔雀帝国的首都位于华氏城（今巴特那），城市中设有六个管理委员会，分管户籍、卫生、工商等事务。临近首都的方圆数百公里受中央政府的直接管辖，更远的地方则被划分为四大行省，由君主的亲信（通常是王子）担任总督副王，代为统治。

孔雀王朝时期的经济蓬勃发展，这主要得益于孔雀王朝建立了一个奴隶制中央集权的统一帝国，这一时期是印度古代奴隶制经济的典型发展时期。中央集权的统治有助于资源的集中使用，提高了行政效率和经济管理的水平。尽管受到当时环境和制度的影响，孔雀王朝时期的人口数量总体上不是很多，但在旃陀罗笈多统治末期达到了 1870万人，到了阿育王统治中期，更是达到了 2560 万人。

四　阿育王的征服与统治

讲到孔雀王朝，对佛教发展有所了解的朋友一定会想到阿育王。阿育王（Asoka），是印度孔雀王朝的第三任国王，他一生的业绩可以明显分成两个部分，前半生是"黑阿育王"时代，主要是经过奋斗坐稳王位和通过武力基本统一了印度；后半生是"白阿育王"时代，他在全国努力推广佛教，终于促成了这一世界性宗教的繁荣。

阿育王在位的公元前 273 年至前 232 年，王朝建立了一支庞大的军队，在征服了周边邻国的基础上，使孔雀王朝的国力趋于强盛。为了继续扩张其祖父旃陀罗笈多所建立的帝国版图，阿育王决心征服位于印度次大陆南部的强大国家——羯陵伽国。公元前 261 年，阿育王攻占了羯陵伽，将孔雀王朝的版图扩张至最大，控制了次大陆近九成的地域，并将其统治延伸至今斯里兰卡、巴基斯坦等地区。

在羯陵伽之战中，阿育王大举进攻并最终征服了羯陵伽，但战争异常残酷。据记载，在这场战争中有 15 万人被掳走，10 万人在战斗中被杀，还有更多的人死亡。尽管取得了胜利，但战争的惨烈让阿育王深受触动，他从此放弃了暴力征服的方式，转而皈依佛教，并将其作为治国的哲学。这一转变不仅影响了阿育王本人，也影响了整个帝国的治理策略和未来的发展。羯陵伽之战不仅标志着印度半岛第一次实现了疆域的统一，还促成了阿育王治国方略的转变，使孔雀帝国进入了一个更加和平与繁荣的时期。阿育王在此后的统治中推崇佛教的慈悲与非暴力原则，成为"伟大的阿育王"，在印度历史上留下了深刻的印记。

阿育王最广为人知的是他在位期间推广佛教，并倡导仁慈和宽容，加强了国家的文明化、道德化和人道化。他本人是佛教的支持者和信仰者，积极传播佛教的教义和信仰。他大力支持佛教艺术的发展和繁荣，修建了大量的佛塔和佛寺，充分促进了佛教的繁荣和发展。

提到阿育王对佛教的贡献，不能不提起阿育王石柱。这些石柱上刻有阿育王颁布的讲敕，内容包括他对佛教的信仰和对人民的关怀。石柱上的文字采用了梵文、希腊文、阿拉米文和巴利文书写，展示了阿育王多元文化的统治理念。阿育王石柱是印度古代建筑的杰作，被联合国教科文组织列为世界文化遗产。这些石柱见证了阿育王统治时期的和平和繁荣，为后世了解古印度历史和文化提供了重要的线索。

五　丝路之上的贵霜帝国

公元前 187 年至公元 3 世纪末，印度历史进入巽伽至贵霜时代。推翻希腊和安息政权的贵霜人就是中国史书所记载的大月氏人。大月氏属游牧部落，初居中国西部敦煌、祁连山一带，公元前 170 年左右被匈奴击败，西迁中亚阿姆河流域，公元前 125 年征服巴克特利亚（大夏），统治了整个阿姆河和锡尔河流域，并将巴克特利亚部落分为五个部落，迁往东部山区，设五部翕侯统治，各翕侯应该是原大夏的贵族，贵霜是其中一部。公元 1 世纪中叶贵霜部翕侯丘就却统一五部，建立贵霜帝国。

丘就却死后，其子阎膏珍继位，进一步南下进兵印度，占领了恒河上游地区。贵霜帝国最伟大的帝王迦腻色伽大约在公元 2 世纪初即位，帝国在他的统治下达到极盛。在其鼎盛时期，贵霜帝国的疆域扩张到了极致，东起印度河流域，西至阿姆河流域，南达印度次大陆的北部，北抵中亚的草原。这个庞大的帝国地理位置优越，因而成为东西方文化交流的重要桥梁。这一时期，贵霜帝国成为与罗马帝国、安息和汉朝并称的古典世界的四大帝国之一。

贵霜时期，帝国的统治者们展现出了卓越的治理能力。他们建立了中央集权的行政体系，有效地管理着这个多民族、多宗教的庞大帝国。其中，迦腻色伽一世统治时期被认为是贵霜帝国的黄金时期。在他的领导下，帝国内部稳定，并通过联姻、征服等手段扩大了领土。

贵霜帝国的繁荣得益于其丰富的自然资源和发达的贸易网络。帝国的中心地带是肥沃的农业区域，产出了大量的粮食和其他农产品，出口胡椒、棉织品、珠宝等。同时，位于"丝绸之路"要冲的贵霜帝国，商贸十分发达。贵霜是中国丝绸和漆器、东南亚的香料、罗马的玻璃制品和亚麻织品等贸易商品的中转地，因此"通行费"收入也颇为丰厚。对商路的掌控，为贵霜的快速崛起提供了经济保证。

文化上，贵霜帝国是一个多元文化的熔炉。佛教在这里得到了极大的发展，成为国教。在皇帝的赞助下，佛教艺术和建筑达到了顶峰。融合希腊、印度传统的犍陀罗艺术产生、发展、成熟于贵霜时代。贵霜的文化艺术和建筑对中亚有很大影响。犍陀罗艺术于魏晋时期沿丝路传入中国。贵霜帝国还是佛教传播的中心，许多重要的佛教圣地如巴米扬、贾尔瑟克等都位于其境内。

在建筑技术上，贵霜人采用了先进的拱顶和穹顶结构，这些技术后来影响了整个亚洲的建筑风格。在天文学、数学和医学等领域，贵霜学者也有着自己的贡献，他们的研究成果在当时世界上占有一席之地。

然而，正如历史上许多强盛的帝国一样，贵霜帝国也未能永远维持其辉煌。随着时间的推移，内部的政治斗争、民族矛盾以及外部的入侵压力逐渐削弱了帝国的力量。最终，在 5 世纪时，贵霜帝国走向了衰落，被嚈哒人所灭。

六　笈多王朝的繁荣景象

在笈多王朝之前，印度长期处于诸侯割据的状态，大小王国林立，互相征伐。这种政治上的分裂，不仅削弱了对外来入侵的抵抗力量，也阻碍了内部的经济发展和社会进步。正是在这样的背景下，笈多家族凭借其军事和政治才能，逐渐统一了北印度，建立了强大的笈多王朝。

公元 320 年至 540 年间，这个以华氏城（今巴特那）为首都的王朝，开创了一个被后世誉为"印度的黄金时代"的时期。在这一时期，政治统一、经济繁荣、文化交流频繁，科学和艺术也取得了巨大的成就。

在"超日王"旃陀罗笈多二世的领导下，笈多王朝实现了除旁遮普西部和克什米尔以外北印度的统一。这种统一并非简单的征服或吞并，而是通过灵活的地方管理体系和宗教宽容政策来实现的。地方诸侯被赋予了一定的自治权，而对各种宗教信仰的尊重，则让不同文化背景的人们都能在这个大熔炉中找到归属感。统一的政权带来了安定的社会环境，为经济和文化的繁荣提供了肥沃的土壤。

农业作为经济的基础，得到了极大的发展。灌溉系统的完善、农具的改进和农作物品种的多样化，大大提高了农业生产力。手工业同样兴盛，纺织品、珠宝和金属工艺品等，不仅满足了国内的需求，还远销海外。贸易的发展促进了货币经济的兴起，铜币和金银币的流通，标志着商业活动的高度活跃。海上和陆上的丝绸之路，使得印度与远东、中东甚至罗马帝国的贸易往来日益频繁。

随着经济的繁荣和交通的发展，印度的文化影响力逐渐扩散到邻近地区甚至远方的国家。佛教和印度教的传教人员远行至东南亚、中亚和中国，传播印度的宗教和哲学思想。"超日王"时期，中国高僧法显曾到过印度，并写了一部原名为《历游天竺记传》的《佛国记》。同时，外来的文化元素也被吸纳和融合，形成了独特的印度文化风貌。这种文化的互动和融合，不仅丰富了印度本土的文化生活，也促进了东西方文明的交流。

在数学、天文学、医学和工程学等领域，印度学者取得了令人瞩目的成就。数学家创造了"0"的概念，天文学家编纂了精确的历书，医生编写了医学论著。艺术方面，阿旃陀石窟和埃洛拉石窟的壁画，以及精美绝伦的佛像和印度教神像，都是这一时期艺术水平的见证。这些艺术作品不仅展示了高超的技艺，更蕴含了深邃的宗教和哲学意义。

尽管笈多王朝在其鼎盛时期显得无比强大，但佛陀·笈多以后（约公元 500 年）发生经济危机，各地封臣叛离中央，国家陷于分裂。嚈哒王卷土重来，吞并笈多王朝大部分领土，严重破坏了北印度政治、经济、文化，导致其瓦解为许多封建小国，北印度再度处于政治分裂局面，笈多王朝名存实亡，退缩回摩揭陀成为地方小国，史称后期笈多帝国。

七　最后一个王朝——莫卧儿帝国

莫卧儿帝国（Mughal Empire）的建立源于帖木儿帝国的崩溃。帖木儿是著名的突厥征服者，他的帝国在中亚和西亚地区具有广泛的影响。然而，随着帖木儿帝国的衰落，其后裔巴布尔选择南下入侵南亚次大陆，于 1526 年建立了莫卧儿帝国。"莫卧儿"意即"蒙古"。

莫卧儿帝国实行中央集权制度，皇帝掌握最高权力，集政治、军事、经济、法律和宗教大权于一身。中央设有大臣会议，负责决定国策，下设的官员分管财政、军事、工商业和宗教司法等事务。帝国的行政制度实行军事化，所有文武官吏按照军事方式编制，其俸禄根据品级高低领有大小不等的军事封建领地。这种制度有效地维护了帝国的统一和稳定，确保了皇帝对地方的绝对控制。此外，莫卧儿帝国还建立了一套有效的税收制度，为帝国的财政提供了稳定的收入来源。

然而，尽管莫卧儿帝国试图建立中央集权，但其实际政治状况却相当复杂。由于莫卧儿帝国是一个外族政权，它无法采取直接深入的管理方式,而是采取了"以印治印"的手法,将土地划分给印度的封建主管理。这种管理方式使得帝国在初期就未能建立起高度统一的中央集权。

莫卧儿帝国鼎盛时期的农业、手工业和商业都得到了显著的发展。农业是帝国的经济基础,通过兴修水利、推广新的农作物种植技术等措施,农业生产得到了极大的提高。同时,帝国还鼓励手工业的发展,特别是纺织业和金属加工业,这些手工业产品不仅在国内市场畅销,还远销海外。商业方面,帝国与欧洲各国建立了广泛的贸易关系,推动对外贸易的繁荣。此外,帝国还积极发展海上贸易,开通了与东南亚、中东和东非等地的航线,进一步扩大了帝国的经济影响力。

在文化方面,莫卧儿帝国实行了一种文化融合政策。帝国鼓励各种文化的交流和发展,从而形成了独特的莫卧儿文化。这种文化既保留了印度原有的文化元素,又吸收了中亚和西亚的文化特色,使得莫卧儿帝国的文化呈现多元性和包容性。

帝国在胡马雍时期曾一度衰落,后在第三代皇帝阿克巴时期进入全盛时期。阿克巴是一位具有远见和智慧的统治者,他实行进步的内政改革,采取宽容的宗教政策,协调印度教和伊斯兰教的关系,使帝国在文化和宗教上呈现多元化的特点。在他的统治下,帝国的领土不断扩张,几乎囊括了整个南亚次大陆以及阿富汗等地。

到了第五代皇帝沙·贾汗时,莫卧儿帝国空前强大,但由于沙·贾汗大兴土木和赋税繁重而发生内部纠纷,1657年沙·贾汗被其子奥朗则布推翻。奥朗则布时期的莫卧儿帝国领土达到最广大的状态,但沙·贾汗时期遗留下来的一系列问题导致莫卧儿帝国衰落。

莫卧儿帝国的衰落也与外部势力的介入有关。随着欧洲殖民者的到来,特别是英国殖民者的侵略,莫卧儿帝国逐渐失去了对印度次大陆的控制。旁遮普农民起义和其他地方势力的反抗也削弱了帝国的统治力量。最终,在1858年,随着英国对印度的全面控制,莫卧儿帝国正式覆灭，英属印度成立。

第三节　英国殖民的"皇冠宝珠"

英国自工业革命以来，在近一个世纪中，凭借其经济发展的独占优势，建立起了"日不落"帝国。通过贸易、殖民统治等手段从世界各国榨取财富。各国的财富年复一年、源源不断地流向英国。在世界各国中，英国对印度财富榨取量最多。英国通过投资、外贸和其他收入从印度榨取了巨额财富，也难怪在英国殖民统治者和工商业、金融业大亨眼中，印度成了帝国王冠上"最璀璨的明珠"。[①]

一　东印度公司性质的转变

第一个在印度建立立足点的欧洲国家是葡萄牙，其殖民地位于莫卧儿帝国的领土之外。此后荷兰人也积极介入，成立荷兰东印度公司，由国家授权垄断对东方的贸易并打败了葡萄牙人。到了18世纪，在印度追求利益的欧洲强国主要是英国和法国。经过一番斗争，英国人占得上风，把法国的存在削弱到只剩下几个小殖民地。经营英国在印度事务的主要实体是英国东印度公司。

然而，英国东印度公司的性质并非始终如一。最初，它可能是一个纯粹的商业组织，专注于贸易和商业活动。但随着英国对印度殖民扩张的需要，东印度公司的性质逐渐发生了变化。它逐渐变成了一个集商业、政治和军事于一体的殖民机构。在印度，东印度公司不仅开展贸易活动，还负责殖民统治，并在一定程度上凌驾于印度政府之上。由于莫卧儿帝国的分裂，这个商业贸易企业步步蚕食各独立印度王公的领土，并最终成为印度的实际统治者。

---

① 林承节：《殖民统治时期的印度史》，北京大学出版社，2004，第191页。

1600 年 12 月 31 日，英国女王伊丽莎白一世授权英国东印度公司负责东方贸易。英国东印度公司在出发前进行了周密的计划和准备。他们挑选了一批经验丰富的船长和水手，并配备了当时最先进的航海仪器和武器。船队的船只也经过精心挑选和改造，以确保能够在长途航行中经受住风浪的考验。他们选择沿着已知的海上航线航行，即绕过非洲好望角的路线，这条路线是由葡萄牙航海家达·伽马在 1499 年首次开辟的。

1608 年，第一批船只于今古吉拉特邦的苏拉特城入港抵达印度。四年之后，英国商人通过打败葡萄牙人的斯沃利之战，获得莫卧儿王朝贾汉吉尔的信任。1613 年，东印度公司在苏拉特设立商馆，这是英国人在莫卧儿帝国设立的第一个商馆。1615 年，英王詹姆士一世任命托马斯·罗伊为驻印度的大使，并与莫卧儿帝国签署了一项贸易协议，其中包括：东印度公司可以在印度设立一个贸易据点，以偿还从欧洲运来的货物。公司主要从事棉花、丝绸、硝石、靛青和茶等日用品的贸易。到 17 世纪中叶，东印度公司在印度的地位初步巩固后，就开始谋求贸易特权，并先后在孟买、加尔各答和马德拉斯建立了据点或代理，作为日后扩大侵略的基地。

二　英国殖民者对印度次大陆的征服

在征服印度的过程中，东印度公司主要通过在当地招募雇佣兵的方式进行武力扩张。招募来的人按照欧洲军队的组织形式进行训练，装备欧式武器，被称为"土兵"或"西帕衣"（印度兵），其用度支出完全由印度承担。这支军队充当了东印度公司在印度殖民侵略的"打手"。英国东印度公司以武力迫使印度屈服，通过不断发动战争，巩固并扩大在印度的势力范围。

1757 年普拉西战役成为东印度公司开启大规模侵略印度的标志性事件。罗伯特·克莱武指挥的东印度公司军队以 3000 人的兵力和微弱伤亡的代价击溃了 5 万人的孟加拉军队，随后控制了该地区，孟加拉的财产遭到洗劫。占领孟加拉后，东印度公司在印度次大陆有了一个坚实的据点，并为以后征服印度打下了根基。

1774 年东印度公司又发动了洛西拉战争。在这场战役中，黑斯廷斯总督采取了残酷的"三光"政策，即"烧光、杀光、抢光"。除此之外，东印度公司还与印度南部、长期亲法的迈索尔土邦开始了频繁战争。东印度公司先后于 1767—1769 年、1780—1784 年、1790—1792 年同迈索尔发生过三次较大规模的战争。迈索尔在经历了旷日持久的战争之后，力量越来越弱，终于在 1799 年被完全征服，首都沦陷后，东印度公司的军队对其进行了大规模的掠夺。

东印度公司先后于 1775 年和 1803 年对马拉塔人发动战争，逐渐蚕食了马拉塔人的土地。1817 年，在同马拉塔人进行第三次战争后，东印度公司终于获得马拉塔土邦的控制权。到了 1830 年，东印度公司几乎直接或间接统治了印度全境。

1815 年，东印度公司支持印度土邦王公入侵尼泊尔，1816 年 3 月，尼泊尔宣布投降，接受东印度公司的统治。1824 年，缅甸首府仰光被东印度公司侵占，1852 年东印度公司侵占印度东南沿海地区，1885 年彻底占领缅甸全境，并将其划为英属印度的一个省。1842 年英印军队攻入阿富汗的喀布尔后对其进行了大规模的掠夺，喀布尔几乎沦为人间地狱。随后，东印度公司又趁机侵占位于巴基斯坦、旁遮普和印度洋之间的信德地区。在 1845—1846 年、1848—1849 年，东印度公司又发动对旁遮普地区锡克人的两次战争，最终控制了该地区。至此，以东印度公司为代表的英国殖民者，彻底征服了印度次大陆及其周边地区。

三　"分而治之"的殖民策略

在英国的统治下，印度一分为二：一部分由英国直接统治，称为

"英属印度"；另一部分是附属国体系，叫"印度土邦"。英属印度即英国在 1858 年到 1947 年在印度次大陆建立的殖民统治区，这个区域包括了现今的印度、孟加拉国、巴基斯坦和缅甸。这一时期的开始，源于 1857 年的印度民族起义，这次起义导致英国东印度公司结束了其代管使命，并将权力移交给了维多利亚女王。

在这个殖民统治体系内，存在着一种特殊的政治实体——印度土邦。这些土邦名义上是独立的，但实际上处于英国的控制之下。它们由王公（摩诃罗阇）、王侯（罗阇）和行政长官（纳瓦布）所统治。这些土邦领主们必须接受条约，承认英王的共主地位和最高统治者的身份。虽然他们享有较大的自治权，但这种自治实际上是在英国的控制和监督下进行的。土邦领主们无权与其他土邦或外国发生联系，但在土邦内部则拥有很大的自治权。

这种土邦制度在印度历史上是一个古老的存在，各土邦王公拥有自己的世袭领地和军队，相当于独立王国。然而，英国入侵印度后，用强大的武力控制了印度各个地区，并建立了英属印度殖民地。在这个过程中，英国逐渐削弱了土邦王公们的权力，并将其纳入自己的殖民统治体系之中。

例如，海得拉巴土邦是印度殖民地时期最大的土邦，存在于 1724—1948 年。它拥有自己的货币、造币厂、铁路和邮政局，首府设在海得拉巴。这个土邦幅员辽阔，涵盖了印度德干高原的大部分地区，面积达到 213191 平方公里，比英格兰和苏格兰加在一起还要大。其居民近 2000 万人，主要信奉印度教，而统治者却是一位穆斯林。海得拉巴土邦的统治者长期以来温顺地接受英属印度总督的保护，并在一系列重大问题上追随英国，以换取英国对其统治的支持。

又如，克什米尔土邦位于南亚次大陆的北部，是青藏高原西部与南亚北部交界的过渡地带，历史上一直是印度教文化和伊斯兰教文化的交汇区域。在英属印度时期，克什米尔土邦是英国殖民统治下的一部分，但保持着一定的独立性。19世纪，克什米尔土邦先后处于杜兰尼王朝、莫卧儿帝国、锡克帝国的统治之下。然而，随着英国殖民势力的扩张，克什米尔土邦逐渐受到英国的影响和控制。克什米尔地区因其重要的地理位置和人口构成（以穆斯林为主）而在英属印度时期具有特殊的地位。

在印巴分治及独立时，克什米尔的归属问题并未得到解决，导致了长期的冲突和不稳定。印巴两国在克什米尔地区发生了多次武装冲突，直到1949年划定停火线，才暂时平息了冲突。然而，克什米尔问题至今仍然是印巴关系中的一个重要议题，两国在该地区的争端和摩擦时有发生。

四 声势浩大的印度反英大起义

辛德满运动（1857年），是印度反对英国殖民统治的第一次大规模暴力反抗。此次大起义的导火索是"涂油子弹事件"。当时，英国殖民当局为了加强控制，发给印度土兵一种涂有牛脂和猪油的子弹。由于印度土兵大多信奉印度教或伊斯兰教，他们认为使用这种涂有牛脂和猪油的子弹是对他们宗教信仰的严重侮辱。因此，印度土兵拒绝使用这种子弹，并与英国当局发生了激烈的冲突。

起义首先在密鲁特爆发，印度殖民地的其他地区纷纷响应，起义主要集中在中印度和北印度一带，产生了三大中心，分别是德里、坎普尔和勒克瑙。起义的领导者是印度封建王公，他们利用人民对英国殖民统治的不满情绪，组织起大规模的反抗行动。然而，由于英帝国力量较强，印度与宗主国的斗争最终失败了。英国殖民者采取了残酷的镇压手段，对起义军进行了残酷的屠杀和迫害。

这次起义的爆发并非偶然，而是长期积累的民族矛盾和社会不满的集中爆发。英国殖民者对印度的残酷统治和经济掠夺，以及印度人民对自由和独立的渴望，共同构成了起义的深层次原因。同时，起义也推动了印度民族独立运动的发展，为后来的印度独立奠定了坚实的基础。

五　国大党的成立

1885 年印度国民大会党的成立是印度独立运动史上的重要里程碑。该党成为印度独立运动的主要组织，通过和平抗议、政治运动和抗英斗争，为印度的独立和民主作出了巨大贡献。

英属印度中后期，由于上百年比较彻底的英国殖民统治，本土印度人的上层社会普遍接受英国的西方化教育及英国的政治模式。这为印度上层社会人士提供了一种新的视角和工具来审视和改变自身的社会政治地位。同时，英国殖民者为了缓和印度人民与殖民者之间的矛盾，曾试图通过改革和承诺来安抚印度人民。而印度民族主义者对于争取民族权益和独立的渴望并未因此平息。他们开始积极酝酿成立民族主义政党，以更有组织、更有力量的方式来对抗英国的殖民统治。

在这样的背景下，英国总督杜富林与退休的前殖民官员休谟经过一番策划，决定游说印度上层社会和资产阶级知识分子，说服他们成立一个改良主义的政党。印度民族主义者也在积极筹备成立民族主义政党。经过积极活动，成立改良主义政党一事进展十分顺利。

于是，1885 年 12 月 28 日，印度国民大会党在孟买正式成立。出席大会的除了资产阶级及其知识分子的代表外，还有买办商人、地主和高利贷者等。这一政党的成立，为印度民族独立运动提供了一个重要的组织和领导平台，也标志着印度民族独立运动进入了一个新的阶段。

需要注意的是，尽管国大党在其成立初期并没有明确提出民族独立的主张，而是要求在英属印度机构中有更大的代表权，进行行政改革等，但随着时间的推移，其立场逐渐变得更为激进，致力于实现印度的独立。

六 甘地领导的非暴力运动

介绍印度的独立运动，就势必会提起现代印度的精神领袖——甘地以及他领导的三次大众运动。甘地出生于印度的一个土邦，父亲曾是高层官吏，这使得他从小接受到良好的教育。他曾在英国留学，受到了西方文明的熏陶，但同时也深切体会到了印度人民在殖民统治下的苦难。他积极投身于反种族歧视的斗争，逐渐赢得了社会的广泛尊重和崇高的威望。

甘地深信，非暴力运动是争取民族独立的最佳途径。他倡导非暴力抵抗，通过和平的方式表达印度人民的诉求和愿望。他的这种理念在印度社会中引起了广泛的共鸣，越来越多的人加入他的行列，共同为印度的独立而奋斗。

在 1920 年 9 月，甘地提出了非暴力不合作计划，这是第一轮大众运动开始的标志性事件。他呼吁印度人民采取和平的方式来反对英国的统治，包括拒绝在政府机构、法院和学校工作，抵制英国商品，甚至拒绝缴纳税款。这些行动旨在给英国殖民者带来经济压力，迫使其重新审视对印度的统治政策。

运动初期，印度人民积极响应甘地的号召，非暴力不合作运动迅速蔓延至全国。然而，随着运动的深入和影响力的扩大，英国殖民者开始感到不安，并采取了更为严厉的镇压措施。他们逮捕了包括甘地在内的许多运动领导人，并试图通过暴力手段来平息这场运动。

1922 年 3 月 10 日，甘地因领导这场运动而被捕入狱，这标志着第一轮大众运动的结束。尽管面临巨大的困难和压力，甘地始终坚持非暴力的原则，他鼓励印度人民保持冷静和理智，继续以和平的方式反抗英国的统治。他的坚定信念和勇敢行为赢得了印度人民的广泛尊敬和支持。

甘地领导的第二次非暴力不合作运动体现了"四两拨千斤"的智慧。1929 年，在甘地和国大党主席尼赫鲁的推动下，国大党的政治斗争纲领从争取自治领地位改为了追求完全独立。为了达到这一目标，甘地首先瞄准了英国在印度实行的"食盐专卖法"。

运动开始时，甘地发起了著名的"食盐进军"，甘地精心挑选了78 名非暴力主义信徒，其中包括来自真理学院的学员。他们于 1930 年 3 月的一个清晨，从艾哈迈达巴德的萨巴玛蒂真理学院出发，开始了这场长途跋涉。

他们沿着预定的路线徒步前进，行程共计 241 英里。在长达 24 天的行程中，他们经历了炎炎烈日和艰苦的环境，但始终保持着坚定的信念和决心。沿途的印度群众，特别是农民，纷纷加入甘地的队伍，使得队伍规模逐渐扩大。当队伍于 4 月 5 日抵达丹地海滩时，已经有一千多人跟随甘地。在那里，甘地举行了盛大的仪式，他亲自在海滩上取海水制盐，以此象征性地破坏和反对殖民政府的食盐专营制度。

然而，尽管运动初期取得了显著的成效，沿海各地纷纷响应甘地的号召，自制食盐并展开反英国殖民统治的斗争，但英国殖民当局很快便调整了策略。他们与甘地进行了谈判，并最终达成了《甘地 – 艾尔文协定》。根据协定，甘地停止了不合作运动，当局则释放了部分政治犯，并允许沿海人民煮盐。虽然这一协定在一定程度上缓和了局势，但也标志着第二次非暴力不合作运动走向了低潮。

第三次也是最后一次大规模的运动发生在 1942 年，当时英国深陷第二次世界大战，且遭受重大损失，其对印度的压迫日益深重，印度人民渴望独立。甘地领导的印度国民大会党在此背景下提出了"退出印度"的要求，以此作为对英国殖民统治的直接挑战。

甘地通过发表演说和领导示威活动来唤起印度人民的觉醒。他提出了"要么行动，要么死亡"的口号，鼓励人们积极参与到这场非暴力抵抗中来。然而,在甘地发表演说后不到 24 小时,国大党的各级主要领导人几乎全部被投入监狱,甘地本人也被软禁。这一突发事件使得运动一度陷入群龙无首的状态。

尽管如此,运动并未因此停止。随后出现了大规模的群众集会和游行示威,以及工人罢工等活动。这些行动给英国殖民者带来了沉重的打击,使得他们不得不重新审视对印度的统治政策。然而,随着运动的深入,一些地下组织开始控制局势,他们采取了更为激进的行动,如破坏物资中转站、纵火政府大楼、破坏电力设施等。这些行动逐渐背离了甘地的非暴力抵抗原则,使得运动逐渐失去控制。最终,由于武装势力松散而弱小,"退出印度"运动在 1943 年停止。

七 《蒙巴顿方案》的由来

二战后,英国国力大幅衰减,此时的英国内忧外患,面临严重的经济、人力和物质损失。为了缓解国内压力,英国需要变卖海外资产并承担巨大的外债。这使得英国难以继续维持对广大殖民地的统治。同时随着二战的结束,印度人民要求民族独立的呼声更加高涨。印度国大党和穆斯林联盟等政治力量也在积极争取独立,使得英国的殖民统治面临巨大挑战。

英属印度内部还存在严重的宗教矛盾。印度教徒和穆斯林之间的冲突日益激化,这使得印度作为一个统一国家的可能性变得越来越小。英国需要寻找一种解决方案,既能维持其在印度的利益,又能应对其日益衰落的现实。

在印度国内印度教徒和穆斯林纷纷躁动,形势千钧一发之际,英国提出了《蒙巴顿方案》。《蒙巴顿方案》的主要内容是将印度分为印度教徒的印度和伊斯兰教徒的巴基斯坦两个自治领,英国分别向两者移交政权。这一方案旨在通过分治来解决印度国内的宗教和政治矛盾,同时最大限度地保护英国在印度的经济利益。

八　尼赫鲁的重要作用

尼赫鲁在印度独立的历史进程中发挥了重要作用。首先，作为印度国大党的领袖，尼赫鲁在《蒙巴顿方案》出台前后，始终坚定地站在争取印度独立的最前沿。他与英国当局进行了多次谈判，力主印度的独立和统一。当英国当局提出印巴分治方案时，尼赫鲁虽然对此持有异议，但他也认识到这是实现印度独立的一种现实途径。

尼赫鲁通过自身的政治智慧和影响力，成功地在印度国内推动了《蒙巴顿方案》的实施。他积极争取国大党内部的支持，同时也与其他政治力量进行协商，确保计划的顺利推进。在《蒙巴顿方案》实施后，尼赫鲁也致力于维护印度的稳定和统一，防止分治带来的社会动荡和冲突。

1947 年 7 月，英国通过《蒙巴顿方案》，并将英属印度划分为两个自治领——印度和巴基斯坦。经过长期的斗争和努力，印度最终在 1947 年 8 月 15 日成功脱离英国殖民统治，正式独立建国。这是印度民族独立运动的最终胜利，也是印度历史上的重要转折点。1950 年 1 月 26 日，印度宪法正式生效，印度成立共和国，同时仍然是英联邦成员。

九　殖民统治的双重影响

马克思在《不列颠在印度的统治》中指出，英国在印度要完成双重的使命：一个是破坏性的使命，即消灭旧的亚洲式的社会；另一个是建设性的使命，即在亚洲为西方式的社会奠定物质基础。

一方面，英国殖民者摧毁了印度的手工业和农业自给自足的经济体系，打破了印度社会的传统结构。这种破坏在某种程度上为印度的社会革命扫清了道路，但也给印度人民带来了巨大的痛苦和灾难。同时，英国掠夺了大量财富，直接导致了印度的贫穷和落后。

具体来说，在殖民统治时期，英国通过东印度公司及其在印度的代理机构，对印度进行了系统性的经济掠夺。英国利用贸易壁垒、不平等的贸易协定以及税收制度等手段，将印度变为自己的商品市场和原材料供应地。对印度的农业结构进行了大规模的改造，这导致了传统农业体系的崩溃，农民失去了土地和生产资料，陷入了贫困的境地。印度的农产品、手工艺品和矿产资源被大量运往英国，以满足其国内的消费和工业生产需求。

根据一些历史记录和学者的研究，英国从印度掠夺的资产数量是巨大的。例如，一份呈报英国议会的表报记录显示，从 1757 年到 1766 年这十年间，东印度公司及其职员从印度搜刮了 600 万英镑。而到了 18 世纪末，英国从印度掠夺的财富更是高达 10 亿英镑。

此外，英国还通过控制印度的金融和货币体系，进一步加深了对印度的经济掠夺。英国殖民者发行了大量的印度卢比，并在印度建立了银行和金融机构，以控制印度的货币流通和信贷市场。这使得印度经济在很大程度上依赖于英国的金融体系，进一步削弱了其自主性和独立性。同时，印度主要依赖英国的市场和贸易体系进行对外贸易，这使得印度的经济发展容易受到外部经济波动的影响。

虽然英国殖民统治在一定程度上推动了印度的工业化进程，但这种发展是畸形和不健康的。由于殖民者主要关注从印度获取原材料和初级产品，而不是促进印度的全面工业化，因此印度的工业发展主要集中在一些低附加值、劳动密集型的产业上。这限制了印度工业的长期竞争力和可持续发展。

从 19 世纪开始，英国殖民者开始了对印度的文化侵略。他们首先采用"文化征服"的手段，大量翻译了西方名著，建立起印度传统文化研究中心，并大力支持印地语和英语学校的建设。为了进一步控制和同化印度人民，殖民者还采取各种措施加强对印度人民思想观念、生活方式和行为规范等方面的控制。他们强制推行英国人提出的

"新秩序"和"文明生活方式"等口号。这些要求消除种姓制度、改变印度社会结构、消除传统宗教影响、实行西方文明生活方式等的内容都是殖民者用来巩固其殖民统治的工具。

英帝国主义对印度的影响不仅体现在经济、政治和文化领域，还对社会结构和民众关系造成了深远的影响。殖民时期的种族和阶级划分导致了印度社会的分裂和不公平。通过操纵种族主义和种姓制度，英国殖民者加剧了社会不平等和分裂，造成了持久的社会紧张局势。

另一方面，第一次世界大战后到第二次世界大战前的 20 年间，印度工业取得了长足发展。一战后各种公司雨后春笋般出现，其增长速度之快、规模之大是前所未有的。这些公司并不都是工业企业，商号、银行、航运、保险公司都被包括在内，一身兼跨几个领域的也不少。但是兴办工业的公司在公司总数中所占比例越来越大，这是战后公司增长中的一个突出现象。印度资本在棉纺织业仍占绝对优势，英国人在棉纺织业中的投资也有增加。黄麻工业继续由英资占绝对支配地位，但已不再是垄断地位。1919 年比尔拉家族在加尔各答建立了第一家印度黄麻公司。

钢铁工业方面，一战中得到较大发展的塔塔钢铁厂，一战后产量继续增加。但战后初期高潮未能持久，20 年代中期开始了动荡时期。这一时期，有动荡也有发展。整体来说，没有出现企业大面积破产现象。大工业中，这一时期有较大发展的是制糖业、水泥业。这两个部门很快发展为印度工业的新支柱。其他部门也有发展，但比较缓慢。

一战后印度银行业也有相当发展。由于大战中英、印资本家赚得大量利润，战后银行存款额成倍增长。1935 年殖民当局建立了起中央银行作用的印度储备银行。储备银行被授予所有中央银行职能，包括发行钞票以及成为"银行的银行"，同时被禁止直接参与各种商业信贷活动（期票贴现除外）。印度现代银行系统的发展至此趋于完备。储备银行的建立更进一步巩固了英国资本在银行业中的统治地位。

第一次世界大战后到第二次世界大战前这约 20 年中，印度的交通建设有了进一步的发展。二战前已修建铁路 34600 英里，战后又开始新的修建。所有新铁路的修建一律由国家承担，总之是向着国家管理所有铁路的方向前进。在航运业方面，英国继续控制着远洋贸易。第一次世界大战表明，印度要作为英国的供应基地，没有自己的远洋船队是不行的。但英国造船业主不愿印度造船业发展有损自己利益。英国商人也担心印度有了自己的船队后就再也不能控制印度的外贸。这段时期，在交通建设方面最引人瞩目的新进展是1932 年印度首次开辟了国内航空线。

总的来说，一方面，英国的殖民统治给印度带来了许多负面影响，如经济剥削、文化压迫和种族歧视等，为日后留下了诸多历史隐患。另一方面，英国在印度的统治客观上推动了印度的现代化进程。如铁路、电信、道路等基础设施的建设和现代化的工业体系的建立，这些都为印度的发展提供了必要的支撑和基础，但这种现代化是不完整和不充分的。印度在独立后需要面对殖民统治遗留的产业结构失衡、社会不公等问题，这些问题的解决需要付出巨大的努力和时间。

第四节　星罗棋布的文化遗产

印度历史悠久，源远流长，历代王朝为其留下了大量璀璨的文化遗产。印度于 1977 年 11 月 14 日成为联合国教科文组织世界遗产委员会成员国。截至 2023 年 9 月 25 日第 44 届世界遗产大会结束，印度拥有 43 项世界遗产，包括 35 项文化遗产，7 项自然遗产，1 项文化与自然双重遗产，遗产数量名列世界第 6 位。^①印度政府对文化遗产的保护也颇有经验，大量得到世界遗产大会认证的古遗迹遗址都得到了良好的管理与保护。

一 庄严肃穆的皇家陵寝

著名的胡马雍陵（Mausoleum of Humayun）位于德里的东南郊，建于 1570 年，是莫卧儿王朝第二代皇帝胡马雍的陵墓，也是印度现存最早的莫卧儿时期建筑。公元 1556 年，莫卧儿王朝统治者胡马雍从楼梯上摔下身亡，而在遗体保存期间，王朝与拉其普特人（Rajput，又称拉杰普特人）的战争达到顶峰，为了保护胡马雍的遗体，王室决定将其运往旁遮普邦的卡拉纳尔。悲伤的王后贝加贝古姆从麦加朝圣回来后决定建造一座宏伟的陵墓。胡马雍和王后的石棺被安放在寝宫正中，两侧宫室放着莫卧儿王朝五位帝王的石棺。陵园融合了伊斯兰教和印度教建筑风格，整个建筑庄严肃穆、亮丽清新，堪称印度乃至世界建筑史上的精品，著名的泰姬陵也是以此为范本所建。

泰戈尔曾言，泰姬陵是"永恒面颊上的一滴眼泪"，如今这座奇迹建筑已成为印度的象征。泰姬陵（Taj Mahal）位于阿格拉市区东侧，是莫卧儿王朝皇帝沙·贾汗为了纪念已故妻子穆塔兹·玛哈尔而兴建的陵墓，自 1631 年玛哈尔逝世，直至 1653 年才最终完工，前后历时 22 年。有传言说沙·贾汗曾想在泰姬陵对面修建一座相似的黑色大理石陵墓，希望死后也能与心爱的妻子相守，但因他晚年被儿子囚禁而未能实现愿望。陵墓主体全部用清雅的纯白色大理石建造，并用成千上万块玻璃、玛瑙镶嵌，还用黑色大理石镶嵌了优美繁复的经文。泰姬陵不仅代表了莫卧儿时代建筑成就的最高峰，更是有"印度明珠"之称，被誉为"世界新七大奇迹"之一。

---

① "India", World Heritage Convention, UNESCO, https://whc.unesco.org/en/stateparties/IN，最后访问时间：2025 年 3 月 16 日。

二 巍峨矗立的城堡名筑

莫卧儿王朝留下了众多城堡名筑，阿格拉堡就是其一。阿格拉堡（Agra Fort）位于阿格拉市区东侧亚穆纳河畔的小山丘上，建于公元1573年，因为是用红砂石建造而成，故又称阿格拉红堡。这里曾经是莫卧儿王朝的皇城所在地，距泰姬陵约3公里。沙·贾汗晚年被儿子奥朗则布因禁于此，怀着无限思念之情，在八角亭上眺望泰姬陵度过八年余生，郁郁而终。阿格拉堡属于典型的伊斯兰建筑风格，是印度伊斯兰艺术顶峰时期的代表作。城堡外有护城河环绕，大片的草地让这里成为当地人休闲放松的最佳场所。它是世界文化遗产和印度著名的旅游地，参观价值极高，如果在傍晚时分前来，可以欣赏到壮观的日落景象，将天地渲染成恢宏磅礴的红色世界。

如果说泰姬陵展现了帝国第五代皇帝沙·贾汗似水柔情的一面，那么德里红堡（Red Fort）则是这位皇帝刚强权势的象征。该堡是沙·贾汗时代建造的宫殿，融合了伊斯兰、波斯、蒙古和印度文明风格，城堡内有许多精美绝伦的宫殿、亭台楼阁和精致的清真寺，整个建筑主体呈现红褐色，因而称"红堡"。红堡对印度人而言就相当于故宫之于中国人，虽被战乱损毁了一部分遗迹，其规模仍然比阿格拉堡恢宏，在印度共和国日和独立日的升旗仪式上倒是能窥出几分昔日的辉煌气派。另外，红堡每晚都会举行有声灯光秀，以现代技术向游客展示莫卧儿帝国的历史。

风之宫（Palace of the Winds）位于斋普尔市东北部，毗邻城市宫殿（City Palace），兴建于1799年，是印度建筑史上的杰作，也是斋普尔的一个地标性建筑。它原本是城市宫殿的一部分，延伸到妃嫔所在的后宫，如此设计是为了既能让妃嫔们观看下面的街道，又不被外面的人看见。风之宫独特的五层楼外观就像一面巨大的粉红色的"墙"，上面密密麻麻布满了953扇蜂窝状的窗户，用红砂石镂空制成，使得宫殿任何地方皆有风可吹入，因此得名风之宫。每到清晨日出时，金色光芒中的宫殿显得特别壮观，而在夜晚明月照耀下又别有一番韵味。

三 多姿多彩的宗教艺术

如果你对印度的历史和宗教文化有着深入探索的兴趣，那么你一定不能错过埃洛拉石窟。埃洛拉石窟（Ellora Caves）坐落于印度的马哈拉施特拉邦，建造于公元 6 世纪至 10 世纪，共有 34 座石窟，集古印度佛教、印度教和耆那教的石窟于一体，1983 年被列入《世界遗产名录》。其中，第 32 号窟被称为"因陀罗瑟帕"，属耆那教石窟，建筑雕刻精美华丽，在双层列柱大殿的壁龛中，还雕刻有一尊高达 17 米的耆那教创始人大雄的石雕，顶上覆有三层华盖，造像精美，反映了耆那教苦行主义的教义；第 16 号窟被称为"凯拉萨神庙"，属印度教石窟，建于公元 8 世纪晚期，前后费时约 120 年，长 84 米、宽 47 米、高 32.6 米，镂空整块山岩而凿成湿婆神战车，最终在移走约 240 万吨岩石后修造成世界上最大的单体石窟寺，雕刻繁复且壮丽豪华，代表了印度岩凿神庙的巅峰。

相比于埃洛拉石窟的宗教多样性，阿旃陀石窟（Ajanta Caves）集中展示了印度的佛教瑰宝。阿旃陀石窟的历史可以追溯到公元前 2 世纪，其中最精美的壁画可以追溯到公元 5 世纪的笈多王朝。这个石窟群集印度古代建筑、雕刻和绘画之大成，融三者于一体，是古代印度佛教的艺术瑰宝。其中，壁画是阿旃陀石窟艺术成就最高的遗迹，内容大多是表现佛的诞生、出家、修行、成道、降魔、说法及涅槃等生平故事，同时也反映了古代印度宫廷生活和德干高原社会风貌等方面的信息。公元 638 年，我国唐代高僧玄奘在南印度的摩诃剌陀国（该国领域相当于今印度马哈拉施特拉邦）游历时，发现了阿旃陀石窟群，后在《大唐西域记》中对其进行了记述，并对自己参观过的一个石窟，即今天的阿旃陀第 16 号窟，进行了具体介绍。值得注意的是，随着佛教在古代印度的衰落，阿旃陀石窟群逐渐被人忘却，直到 19 世纪初英国殖民者在追打老虎到达此地时才被偶然发现，重新引起世人瞩目。可以说，阿旃陀石窟群最终于 1983 年被列入《世界遗产名录》，在史料文献方面的依据，正是得益于玄奘所著的《大唐西域记》。

位于孟加拉湾附近的科纳拉克（Konarak）有一座神庙，由 13 世纪的羯陵伽国王那罗辛诃·提婆建造，是婆罗门教的圣地之一。神庙主殿造型奇特，用红褐色石头雕砌而成的整个主殿看上去犹如一辆巨大的战车，表现的是太阳神苏利耶驾驶战车的形象。"战车"外表刻满了花纹图案和雕像，神庙内外遍布表现当时宫廷生活的浮雕，此外还有各种神像、传说中的人物像和表现民间生活的画面。从结构上看，神庙主殿内设有三尊由黑石雕成的太阳神像：正面对着庙门的是印度教中的创造神梵天，代表朝阳；在两侧的分别是保护神毗湿奴，代表正午的太阳，以及寓意破坏的再造之神湿婆，代表夕阳。神奇的是，无论太阳角度如何变化，阳光始终照射在这三座雕像身上。

作为一个多元文化和多宗教的古老国家，除了以上主要介绍的几个著名遗址，印度还有众多被列为文化遗产的宗教遗址，例如，位于中央邦的桑吉佛教古迹，展示了孔雀王朝时期的佛教文化；比哈尔邦的那烂陀寺考古遗迹，曾是古代印度东部佛教最高学府和学术中心，据传原是释迦牟尼的大弟子舍利弗诞生及逝世之处；果阿邦的教堂修道院，见证了基督教在亚洲的传播历史；卡卡提亚王朝的卢德什瓦拉神庙，生动展示了当地的舞蹈习俗；以及被誉为"早期印度砖石结构佛教寺庙的光辉典范"的摩诃菩提寺，是印度次大陆现存年代最久远的寺庙之一。

四　散落各地的文明遗址

位于印度孟买市的贾特拉帕蒂·希瓦吉站（Chhatrapati Shivaji

Terminus），原名维多利亚站（Victoria Terminus），是一座历史悠久的火车站，建造时间可以追溯到 1888 年，花了 10 年才投入使用，据称印度的第一班火车便由此发出。作为 19 世纪的"大工程"，车站是典型的维多利亚哥特式建筑，又与印度的传统建筑风格产生了融合，内部雕刻与壁画由孟买艺术学校师生参与设计，与其说是车站，外观更似一座富丽堂皇的教堂。作为历史遗留的印记，它见证了孟买的发展和变迁，吸引着世界各地的游客前来参观。

印度盘山铁路也称大吉岭喜马拉雅铁路（Darjeeling Himalayan Railway），始建于 1879 年，至 1881 年全线完工通车，从海拔约 100 米的西里古里（Siliguri）开始，一路盘山爬升约 88 公里后最终抵达海拔约 2200 米的终点站大吉岭。作为历经 143 年的印度最早铁路之一，大吉岭喜马拉雅铁路被视为盘山铁路系统的经典之作。《世界遗产名录》形容该铁路用大胆创新的施工方式，解决了穿越蜿蜒崎岖的山岭及自然风景区建立高效铁路的问题，同时充分保持了该地区原有自然风貌的完整。[①] 该铁路目前仍在运营，但铁轨离路边的房屋非常近，有些路段甚至横穿公路而过。一路环山缓慢开行的小火车目前已经蜕变为旅行体验专用的了，通常只挂四节车厢，火车头是烧煤炭的内燃机车，配备火车司机和司炉工各一名。据悉，每天还有一班仍由蒸汽车头拉动的火车，往返大吉岭与西里古里之间，为当地居民出行提供便利。

作为四大古国之一古印度的发源地，印度还有众多文化遗产，例如，哈拉帕文化是南亚次大陆最早的古文明之一，位于古吉拉特邦的多拉维拉古城（Dholavira）是哈拉帕文化的南部中心，也是印度河流域最庞大也最强盛的经济和政治中心，遗址内可以看到当时处于领先水平的城市规划与建筑技术；古吉拉特邦的尚庞 – 帕瓦加德考古公园

---

① 《印度的高山铁路也是世遗宠儿》，搜狐网，2017 年 6 月 6 日，http://www.sohu.com/a/146846526_528916，最后访问时间：2024 年 4 月 11 日。

（Champaner-Pavagadh Archaeological Park）历史更为丰富，其包含了从青铜时代到 16 世纪的多个历史时期，园内有精致的清真寺和伊斯兰建筑；同样位于古吉拉特邦的艾哈迈达巴德历史名城（Historic City of Ahmadabad）则展示了从印度文化到伊斯兰文化的历史变迁，破败的外表未能掩盖其作为艾哈迈达巴德市心脏的风华；位于卡纳塔克邦的亨比古迹群作为印度南部最后一个印度教帝国遗迹，其建筑风格展示了帝国鼎盛时期的艺术成就和宗教文化。

五 现代潮流的艺术建筑

在看遍了肃穆的历史遗迹之后，也许你会想游览更具现代感的艺术性建筑。

勒·柯布西耶（Le Corbusier）是 20 世纪最著名的建筑师之一，他在印度设计的昌迪加尔（Chandigarh）国会建筑群被联合国教科文组织列为世界文化遗产。昌迪加尔立法议会大楼的门廊呈牛角形，户外巨大的水池能够在阳光下呈现出丰富的光影变化。秘书处大楼外部采用裸露的混凝土建造，长达一百多米的高等法院的拱形屋顶同样采用混凝土，整体外观呈现灰白色，极具视觉冲击力，特地留出的墙洞与拱形通道还能在炎热环境下极大改善空气流通状况。作为昌迪加尔最著名的标志，开放纪念碑以双手张开的样式代表"宽容的接受"与"无私的给予"，体现了柯布西耶对和谐社会的愿景。

位于孟买的维多利亚哥特装饰艺术建筑群（Victorian Gothic and Art Deco Ensembles of Mumbai）实际上由两部分组成，一部分是建于 19 世纪后期的维多利亚哥特风格建筑群，另一部分是 20 世纪中叶在填海形成的海滨建造的印度装饰艺术风格建筑群。这两组建筑群以中心的椭圆广场（Oval Maidan）为中轴形成相互对照的空间，整个建筑群见证了孟买在百年中从早期殖民地向国际化贸易都市发展的两个重要阶段在建筑风格和城市空间上的鲜明对比，以及外来艺术风格与本土文化的融合。[①]

六　保护遗产的政策措施

印度政府对文化遗产的保护是多方面的。印度早在 1861 年就成立了印度考古调查局，负责保护和维护被宣布具有国家重要性的 3695 个古迹和考古遗址。[②] 同时，印度在文化部设立了国家文化基金会，通过基金会对文物保护项目提供资金或捐赠。

除了印度官方的保护措施，一些非政府组织也在积极筹措文化遗产保护基金，其中影响力最大的印度国家文化遗产信托基金会更是在英国与比利时设立了机构，通过国际合作为印度文物保护争取更多资金保障。

此外，政府部门也很注重激发印度民众对文化遗产保护的积极性。例如，印度政府规定，每年的 5 月 18 日为"博物馆日"，11 月 19 日至 25 日为"世界遗产周"。每到此时，印度文物界就大力进行文保宣传，激发民众对本国文化遗产的兴趣，一系列鼓励民众了解文化遗产、参与保护文化遗产的活动以免费参观、知识问答等各种形式展开，以提高民众保护民族文化遗产的意识。此外，印度还在大学开设考古教育课程和历史文化教育课程，以培养年轻一代对祖国历史文化的自豪感和保护文化遗产的责任感。[③]

2023 年被印度旅游局定为"游在印度"之年，而截至 2023 年 12 月，印度已经迎来了 923 万外国游客，当年印度旅游业收入在世界国

---

① 《从世界遗产审议看世遗大会与推荐机构的分歧》，澎湃新闻，2018 年 7 月 6 日，https://www.thepaper.cn/newsDetail_forward_2234998，最后访问时间：2024 年 4 月 12 日。

② "Archaeological Survey of India"，https://asi.nic.in，最后访问时间：2025 年 3 月 16 日。

③ 《印度文化遗产保护的三大经验》，人民网，2015 年 3 月 3 日，http://culture.people.com.cn/n/2015/0303/c172318-26624460.html，最后访问时间：2024 年 3 月 11 日。

际旅游收入中的份额达到了 1.64%。[1] 据估计，到 2030 年，印度的旅游业将贡献 2500 亿美元的 GDP，联合国世界旅游组织发布的《2023年全球旅游业晴雨表》报告中，印度被列为复苏势头强劲的国家之一。[2] 印度，这个位于南亚的大国，以其丰富的历史文化遗产、独特的宗教风情和美丽的自然风光吸引着全世界的游客。无论你是历史爱好者，还是自然探索者，或者是宗教信仰者，印度都能为你提供一次难忘的旅行体验。

---

[1]　印度投资部网站，https://www.investindia.gov.in/sector/tourism-hospitality，最后访问时间：2024 年 3 月 11 日。

[2]　《全球旅游业加速复苏（国际视点）》，人民网，2023 年 2 月 16 日，http://world.people.com.cn/n1/2023/0216/c1002-32624651.html，最后访问时间：2024 年 3 月 11 日。

第三章　世界第一的人口大国

印度是一个人种构成多元、民族纷繁复杂、人口规模庞大的国家，素有"世界人种博物馆"之称，尼格利陀人、原始澳大利亚人、蒙古人和欧罗巴人在这片土地上共同繁衍生息，相互交融；其民族构成除了按语族划分的藏缅语族、印度语族、达罗毗荼语族、蒙达语族外，还有基于补偿性正义原则单列出的表列种姓、表列部落，因此也有"民族博物馆"之称。由于新冠疫情影响，印度国内原定于2021年进行的人口普查未能如期进行，故印度当前的确切人口数量尚不可知。但是，印度已超越中国成为世界第一人口大国却是不争的事实，并且印度人口的指数级增长趋势也引起了国际社会的普遍关注。

第一节　万花筒般的人种构成①

人种是指具有共同起源和共同遗传特征的人群，印度独特的地理环境、优越的气候及物产条件为其多元的人种构成奠定了基础。

一　黑、黄、白人种三分法

根据不同人种的外表形态特征和分布区域，印度人大致可被分为主要居住在印度北部的白种人，主要分布在印度东北七邦的黄种人和主要分布于南部的黑种人。

---

① 参见孙士海、葛维钧《印度》，社会科学文献出版社，2010，第32~34页。

白种人主要为雅利安人的后裔或为他们的混血种，今天的克什米尔人、旁遮普人、孟加拉人、拉贾斯坦人，巴基斯坦的信德人、俾路支人、帕坦人以及斯里兰卡的僧伽罗人等均属此类，其中血统较纯的有拉其普特人、查特人，主要分布在旁遮普邦和拉贾斯坦邦等地。

黄种人主要分布在印度东北部地区，按照族属可分为藏缅语诸族、傣－泰民族两大类。其中，操汉藏语系藏缅语族语言的诸族，成分最为复杂，分布也最为广泛，加洛人、那加人、米佐人、梅泰人、门巴人、夏尔巴人等均属于藏缅语族。傣－泰民族主要为分布在阿萨姆邦一带的阿萨姆人。

黑种人则主要为尼格利陀人、原始澳大利亚人、地中海高加索人种（也称达罗毗荼人）的后裔。今天，在喀拉拉邦和库奇山区的安加米那加人、南印度森林居民乌拉里人和安达曼群岛的原住民身上都还可以看出尼格利陀人的外貌特征；居住在印度西部、中部和东部广阔地带的蒙达人、高尔人、桑塔尔人和比尔人就被普遍认为是原始澳大利亚人的后裔，生活在南印度的琴楚人、库龙巴人和耶拉瓦人也是原始澳大利亚人的后裔；而泰米尔纳德邦、安得拉邦、卡纳塔克邦和喀拉拉邦的居民多是达罗毗荼人的后裔，如泰米尔人、泰卢固人、马拉雅兰人。

二 印度人种六分法

按照不同人种进入印度的时间顺序进行梳理，1935 年 B.S. 古哈提出印度人可被分为尼格利陀人、原始澳大利亚人、蒙古人、地中海人、雅利安人和阿尔卑斯迪纳拉人六大类。

尼格利陀人即"黑人"，是最早来到印度的一个具有鲜明特色的种族实体，也是现在印度人口最稀少的种族。人种特征是皮肤呈中等乃至深度黑色，头发纤细卷曲，身材矮小，前额小而突出，鼻子扁平，嘴唇宽厚，肩窄腿短，胡须和体毛不多，臂长。

之后大规模迁入印度的种族是原始澳大利亚人，亦称"前达罗毗荼人"。他们在体貌特征上与尼格利陀人有相似之处，头发乌黑而卷曲，鼻扁平唇宽厚，皮肤偏黑。

第三波迁入印度的外来种族是蒙古人，一般分为古蒙古人和藏蒙古人两大类。由于地理环境的改变，古蒙古人的体貌特征已不再十分鲜明，而藏蒙古人则带有皮肤黄色、五官扁平等明显特征，生活在锡金和不丹的主体民族即是藏蒙古人。

地中海人被认为是公元前第三千纪印度河流域城市文明的创造者，曾广泛分布在印度次大陆的中部、北部和西北部，外貌特征是长脸型，中等身材，卷发呈浅褐色，唇薄，皮肤为浅褐色。阿尔卑斯迪纳拉人在肤色上比地中海人白皙，他们主要分布在比哈尔邦和奥里萨邦以东和阿萨姆邦以西的地区。

印度－伊朗人即古代雅利安人，具有身材高大，眼眶深陷，鼻梁高挺，皮肤较白等特征。他们约在公元前第二千纪中叶从西北部进入南亚，逐渐接受了当地文化并与之混合。

第二节　持续增长的人口规模

尽管因新冠疫情等的影响，本应在 2021 年进行最新的人口普查，至今尚未启动，印度人口数据存在"不确定性"。但是，根据联合国人口司的数据预测，当地时间 2023 年 4 月 14 日，印度的人口达到 14.2478 亿，超过中国的 14.1175 亿人口（2022 年末数），已经成为世界上人口数量最多的国家。[①]

---

① 《超越中国成为世界第一人口大国，印度的未来将如何？》，澎湃新闻网，2023 年 4 月 15 日，https://www.thepaper.cn/newsDetail_forward_22699292，最后访问时间：2025 年 3 月 25 日。

一　持续增长的人口数量

1947 年印度刚刚独立时的人口大约为 3.5 亿；1967 年人口达到 5.2 亿；1987 年人口达到 8.1 亿；2007 年人口达到 11.9 亿[①]。从 2011 年印度第 15 次人口普查的数据来看，以 2011 年 3 月 1 日零时为标准时点，印度人口已突破 12 亿，为 1210193422 人，其中男性 623724248 人，女性 586469174 人；人口总识字率为 74.04%，人口密度为 382 人 / 平方公里，成人性别比（每 1000 男性对应的女性人数）为 940，儿童性别比为 914。[②] 在接近 12.11 亿的总人口中，0—14 岁人口为 3.74 亿，占比 30.9%；15—59 岁人口为 7.35 亿，占比 60.7%；60 岁以上人口为 1.02 亿，占比 8.4%。[③] 尽管现在增长速度已经放缓，但按照现有的人口规模，印度的人口数量在未来几十年仍将持续增长，到 2064 年达到 17 亿的峰值。[④] 简言之，独立以来，印度人口规模持续扩大，尽管近年来增长速度有所放缓，但人口总量仍将保持增长的趋势。

二　不均匀的人口分布

印度全国的人口分布也很不均匀。根据印度及各主要邦 2011—2035 年生育率预测，未来十年人口预计增长的三分之一将来自该国北部的两个邦——比哈尔邦和北方邦。北方邦 2001 年普查人口为 166197921 人，到 2011 年普查时达 199812341 人，其间人口增长

① "Population estimates and projection," World Bank, https://data.worldbank.org/indicator/SP.POP.TOTL?end=2022&locations=IN&start=1960&view=chart&year=2022, 最后访问时间：2024 年 11 月 27 日。

② "Population Census 2011," Population Census, https://www.census2011.co.in, 最后访问时间：2024 年 11 月 27 日。

③ "Population Statistics-Trend of Working Age-Population," Ministry of Statistics and Programme Implementation, https://mospi.gov.in/sites/default/files/publication_reports/women-men22/PopulationStatistics22.pdf, 最后访问时间：2024 年 11 月 27 日。

④ 赵萌：《印度即将成为世界第一人口大国》，《世界知识》2023 年第 9 期，第 57 页。

20.2%。比哈尔邦 2001 年普查人口为 82998509 人，到 2011 年普查时达 104099452 人，其间人口增长 25.4%。这两个邦是印度最贫穷、最不发达的邦，严重依赖农业，如北方邦拥有印度 17% 的人口，但工业就业岗位只占印度的 9%。

与之相反，印度南部各邦经济更加繁荣，识字率也高得多，但人口增长率已经稳定并开始下降。未来十年，喀拉拉邦和泰米尔纳德邦等南部各邦可能需要应对人口老龄化问题。例如印度南部的喀拉拉邦，65 岁以上的人口在过去 30 年里翻了一番，目前达到 12%，预计到 2025 年，喀拉拉邦五分之一的人口将超过 60 岁。

由此可见，当前印度各地人口分布特别是生育率存在相当大的差异，社会经济发展水平与生育率成反比，与老龄人口占比成正比，明显限制了人口红利的释放空间，还有可能因较大的社会差距而产生地区间矛盾，造成印度社会动荡。

三　印度政府的人口控制政策

尽管人口规模持续扩大，但印度政府早在 20 世纪中叶就出台了相应的人口控制政策。1952 年，印度政府推出"全国计划生育政策"，对生育两胎的男子实行强制绝育，还向育龄妇女提供各种避孕药具和计生服务，由于财政、人力、医疗资源等限制，该政策未能实现预期目标，到了 60 年代，印度的总和生育率仍然高达 6.0。1966 年，印度政府将绝育列为政府工作的重点，同样收效甚微；1975 年，时任印度总理英迪拉·甘地再次强力推行绝育政策，推出了计划生育法、优待少生政策等，但直到 1980 年，印度的总和生育率仍高达 4.9。

但进入 20 世纪 80 年代后，印度的生育率出现了下降趋势，且下降速度之快出人意料，以至于 90 年代后就有学者主张印度人口政策应从控制转向发展。然而，印人党政府似乎仍将控制人口作为第一要务。2000 年 5 月，在印度人口跨越 10 亿大关之时，当时的印人党政府发布了修订后的国家人口政策，并成立由印度总理担任主席的"国家人口委员会"以推进"二孩政策"。此后一段时期，印度人口生育率和增长率仍保持大幅下降趋势。[1] 2020 年 12 月公布的第五次"印度全国家庭健康调查"结果表明，2019—2020 年度印度的总和生育率已降至 2.2，绝大部分邦的生育率已远低于 2.1 的更替水平。

学界普遍认为印度生育率下降的主要原因并非政府政策得力，而是印度经济发展带来的社会变革：印度家庭收入不再仅与劳动力数量挂钩，教育投入回报率和子女抚养成本均大幅上升，医疗资源的增加和妇女教育水平的提高也使得节育手段能够被进一步推广和接受。[2]

四 年轻的人口结构

印度不仅人口规模大，而且人口结构年轻，40% 的印度人口在 25 岁以下，平均年龄仅为 29 岁。根据 2011 年人口普查数据，印度的人口金字塔呈典型的扩张型，上窄下宽，青少年人口比重大，其中 10—14 岁儿童占比最大，超过 1.3 亿。根据经济合作与发展组织（OECD）2021 年发布的数据，印度的劳动年龄人口超过 9 亿，预计未来十年将达到 10 亿。[3] 这支规模庞大且工资水平相对较低的劳动力队伍大多会说英语，具有数字素养，以创业精神而闻名，是印度经济快速增长的"人口红利"。

但如何有效利用"人口红利"加速推动经济增长和社会发展，使庞大的人口规模不成为"负担"，是印度面临的一大难题。大量年轻人涌入劳动力市场却缺乏相应的就业机会，业已成为印度社会愈加明显的"定时炸弹"。早在 2019 年 8 月的"独立日"演讲中，当时刚刚再次当选的印度总理莫迪就将印度人口快速增长的现象称为"人口爆炸"，他

① 杨怡爽：《印度究竟是否需要控制人口》，《世界知识》2021 年第 21 期，第 61 页。
② 杨怡爽：《印度究竟是否需要控制人口》，《世界知识》2021 年第 21 期，第 61 页。
③ 杨瑛：《印度今年有望成为世界第一人口大国》，《解放日报》2023 年 1 月 26 日，第 4 版。

表示，"人口爆炸"影响了印度的持续发展，并对此感到忧心："如果人们不接受教育，不健康，那么无论是家庭还是国家都不会幸福。"[1]

对当前印度来说，阶层分化、教育资源分配不均、女性就业率低等问题，都牵制着其经济社会发展。根据经济合作与发展组织的数据，25岁以上的印度人中，有46%没有完成小学教育，只有不到50%的印度适龄劳动力进入劳动力市场，女性的比例甚至更低[2]。世界银行的数据显示，2021年女性的劳动力参与率（对活跃劳动力和找工作的人数的估计）仅为19%，还不到整体劳动力参与率46%的一半，而印度整体劳动力参与率已经是亚洲最低之一[3]。能否将潜在的"人口红利"转变为经济增长动力，从根本上说取决于印度政府能否出台有效的经济、社会、教育等方面的政策。[4]

第三节　未经识别的民族成份

印度政府没有进行民族识别，实行的是"一个国家，一个民族"的政策，即强调一个单一的"印度民族"（India Nation），但在事实层面，印度是一个民族构成十分复杂的多民族国家。按语族划分，属印度语族的有：印度斯坦人、孟加拉人、古吉拉特人、旁遮普人、阿萨姆人、奥里雅人、比哈尔人、锡克人、克什米尔人、马拉地人。属达罗毗荼语族的有：泰米尔人、泰卢固人、坎拿达人、马拉雅拉姆人、贡德人、曾楚人。属蒙达语族的有：桑塔尔人、蒙达人；属藏缅语族

---

[1]　裘雯涵：《印度"人口爆炸"，是红利还是负担？》，《解放日报》2023年4月21日，第8版。

[2]　Hannah Ellis-Petersen, "India overtakes China to become world's most populous country," *The Guardian*, April 24, 2023, https://www.theguardian.com/world/2023/apr/24/india-overtakes-china-to-become-worlds-most-populous-country，最后访问时间：2024年11月27日。

[3]　杨瑛：《印度今年有望成为世界第一人口大国》，《解放日报》2023年1月26日，第4版。

[4]　杨瑛：《印度今年有望成为世界第一人口大国》，《解放日报》2023年1月26日，第4版。

的有：加洛人、那加人、米佐人、梅泰人、米基尔人。另有属孟高棉语族的卡西人等。

一 印度语诸族

印度语族中，印度斯坦人系印度人口最多的民族。根据印度2011年人口普查数据，印度斯坦人人口约有5.6亿，约占印度人口总数的46.3%，主要分布于恒河中上游的印地语地区，如北方邦、中央邦、哈里亚纳邦、比哈尔邦和拉贾斯坦邦等地。印度斯坦人绝大多数人信奉印度教，主要操印地语。由此可见，印度斯坦人是一个总的称谓。[①]印度2011年人口普查数据显示，印地语母语使用人口达5.28亿。

孟加拉人信仰伊斯兰教，分布于西孟加拉邦、奥里萨邦和比哈尔邦等地。根据印度2011年人口普查数据，印度的孟加拉人人口约有0.93亿，约占印度人口总数的7.7%。孟加拉人是雅利安人与当地土著民族融合的后裔，基本上属于欧罗巴人种印度帕米尔类型，东北部受蒙古人种、西南部受达罗毗荼人种影响较大。印度2011年人口普查数据显示，孟加拉语母语使用人口达0.97亿。

马拉地人分布于德干高原西北部，属雅利安人与达罗毗荼人的混血后裔。根据印度2011年人口普查数据，马拉地人人口约有0.91亿，约占印度人口总数的7.5%。该民族大部分人信仰印度教，种姓制度森严。印度2011年人口普查数据显示，马拉地语母语使用人口达0.83亿。

古吉拉特人主要分布在印度古吉拉特邦及相邻各邦，属欧罗巴人种印度地中海类型。根据印度2011年人口普查数据，古吉拉特人人口约有0.56亿，约占印度人口总数的4.6%。古吉拉特人操古吉拉特

---

① 任佳、李丽编著《印度》，社会科学文献出版社，2016，第12—13页。

语，多信仰印度教。印度 2011 年人口普查数据显示，古吉拉特语母语使用人口达 0.55 亿。

奥里雅人主要分布在奥里萨邦和西孟加拉邦西部的坎德莫尔地区。根据印度 2011 年人口普查数据，奥里雅人人口约有 0.46 亿，约占印度人口总数的 3.8%。奥里雅人操奥里雅语，大多数人信仰印度教，少数人信仰佛教。印度 2011 年人口普查数据显示，奥里雅语母语使用人口达 0.38 亿。

旁遮普人主要分布在旁遮普邦，为雅利安人后裔。根据印度 2011 年人口普查数据，旁遮普人人口约有 0.28 亿，约占印度人口总数的 2.3%。旁遮普人操旁遮普语、印地语、乌尔都语，大部分人信仰印度教、锡克教。印度 2011 年人口普查数据显示，旁遮普语母语使用人口达 0.33 亿。

二　达罗毗荼语诸族

泰米尔人是印度最古老的民族之一，属达罗毗荼人种，主要居住于印度南部的泰米尔纳德邦。根据印度 2011 年人口普查数据，泰米尔人人口约有 0.89 亿，约占印度人口总数的 7.4%。泰米尔人操泰米尔语，绝大多数泰米尔人信仰印度教。印度 2011 年人口普查数据显示，泰米尔语母语使用人口达 0.69 亿。

泰卢固人又称"安得拉人"，主要分布在安得拉邦及其邻邦，根据 2011 年人口普查数据，泰卢固人人口约有 1.04 亿，约占印度人口总数的 8.6%。泰卢固人大部分人信仰印度教，使用泰卢固语，属达罗毗荼语系东南语族，受梵语影响很大。[①] 印度 2011 年人口普查数据显示，泰卢固语母语使用人口达 0.81 亿。

坎拿达人系达罗毗荼人后裔，主要分布在南印度卡纳塔克邦。根

---

① 任佳、李丽编著《印度》，社会科学文献出版社，2016，第13页。

据印度 2011 年人口普查数据,坎拿达人人口约有 0.47 亿,约占印度人口总数的 3.9%。坎拿达人坎拿达语,大多数人信仰印度教。印度 2011 年人口普查数据显示,坎拿达语母语使用人口达 0.44 亿。

马拉雅拉姆人主要分布在喀拉拉邦,根据印度 2011 年人口普查数据,马拉雅拉姆人人口约有 0.47 亿,约占印度人口总数的 3.9%。马拉雅拉姆人操马拉雅拉姆语,信仰印度教、基督教和伊斯兰教。印度 2011 年人口普查数据显示,马拉雅拉姆语母语使用人口达 0.35 亿。

三 蒙达语诸族

桑塔尔人居住在从西孟加拉延伸到奥里萨邦的地区,操桑塔尔语。根据印度 2011 年人口普查数据,桑塔尔语母语使用人口达 737 万。

蒙达人居住在阿萨姆邦、奥里萨邦、比哈尔邦和西孟加拉邦,聚居区是比哈尔邦的乔塔那格普尔高原,操蒙达语。"蒙达"一词是梵文,有头人和酋长的意思。

四 藏缅语诸族

加洛人主要居住在梅加拉亚邦的加洛山区。加洛族名称的由来向来有争议,本民族不使用这一名称,他们总是称自己为阿契克,意为山地人,或曼德,意为勇士,抑或称阿契克曼德,意为"山地勇士"。根据 2011 年人口普查数据,加洛人约有 100 万人。

那加人跨境而居,分布在印度和缅甸。印度的那加人散居在印度东北的那加山区和敦尚边区以及曼尼普尔邦。1960 年 7 月,印度政府与那加人达成共识,同意将那加山区与敦尚边区合并,为那加人单独建邦。1961 年,印度总统签发《那加兰(过渡条款)规程》〔Nagaland(Transitional Provision)Regulation〕,成立了过渡性的那加兰邦政府。1963 年 12 月 1 日,那加兰邦正式成立。根据印度 2011 年人口普查数据,那加人数量超过 250 万。

米佐人主要居住在印度东北地区的米佐拉姆邦，米佐人自称为"佐"或"德佐"，米佐则是他称，意为"山地人"或"高原人"。根据印度 2011 年人口普查数据，米佐人数量约在 83 万至 100 万。

梅泰人主要聚居在印度东北地区的曼尼普尔邦，少部分分布在阿萨姆邦、特里普拉邦和孟加拉国。根据印度 2011 年人口普查数据，梅泰人口约 176 万人。

米基尔人主要分布在阿萨姆邦的山区，人数较少且不同程度地受到阿萨姆族的同化。米基尔为他称，他们自称"阿冷"，意为"人"。根据印度 2011 年人口普查数据，米基尔人约有 53 万人。

五　"表列种姓"与"表列部落"

基于印度复杂的社会现实，独立后印度实行了保留制度（Reservation System），基于补偿性正义原则，给予历史性受歧视和压迫的群体不同程度、不同范围的保留权力。1950 年的印度宪法，为遭受历史不公，被印度教社会歧视、压迫的"贱民"和处于主流社会边缘的部落民在政府职位、教育机构及立法机构中保留一定比例的名额，这些种姓和部落被列表公布，因此得到"表列种姓"（scheduled castes）"表列部落"（scheduled tribes）的官方名称。[1]

表列种姓主要指达利特、贱民或者被甘地所称的哈里真。在 1951 年印度人口统计时有 0.51 亿，占到当时印度总人口的 14.4%；他们长期遭受严重歧视，被社会隔离，从事的是最低级、最脏差的工作。印度 2011 年人口普查数据显示，表列种姓达 2.01 亿人，占印度总人口的 16.6%。

表列部落则是指那些在印度北部、东部、中央地区和南部从事原始游牧或狩猎生活的部落，因为居住在偏僻、隔离的地理区域，经济

---

[1]　吴晓黎：《印度政治语境中的部落民》，《世界知识》2021 年第 11 期，第 65 页。

社会发展较慢，在 1951 年统计时有 0.19 亿人，占当时印度总人口的
5.3%。印度 2011 年人口普查数据显示，表列部落达 1.04 亿，占印度
总人口的 8.6%。

因将表列种姓和表列部落纳入特留权的基础不同，因此特留权
实现的目标也不同，前者是鼓励同化和融合，而后者是要保持其的
独特性。

第四节　共存发展的六大宗教

作为世界上受宗教影响最为深远的国家之一，印度宗教众多、教
派林立，被称为"世界宗教博物馆"。当前，六大宗教，即印度教、伊
斯兰教、佛教、基督教、锡克教、耆那教，在印度共存发展、各具特
色，宗教的影响早已渗透到这个国家社会与文化的方方面面，对印度
绝大多数国民思想观念的塑造和生活模式的形成起到了决定性作用。

一　多神信仰的印度教

但凡提及印度的宗教，总绕不开印度教。据统计，全印超过 80%
的人口信仰印度教，印度教徒总数已超过 10 亿。[1] 作为印度的主体宗
教，印度教对印度社会文化的影响无疑是最大的。

印度教是世界上最古老的宗教之一，起源于印度河流域，迄今已
有 4000 多年的历史。公元前二千纪中叶，印欧语系的雅利安人穿过
阿富汗，进入印度河流域，征服了当地的土著民族达罗毗荼人。在雅
利安文化与达罗毗荼文化"相互冲突、磨合而又相互影响和融汇"的
过程中，印度教的古老形式——婆罗门教——孕育而生。[2]

---

[1] "India Census Tables in 2011," Census of India, March 31, 2011, https://censusindia.gov.in/
census.website/data/census-tables，最后访问时间：2024 年 11 月 27 日。

[2] 刘健、朱明忠、葛维钧：《印度文明》，中国社会科学出版社，2004，第 82 页。

雅利安人侵入印度次大陆的史料主要保存在吠陀以及解释吠陀的经典及史诗当中，故这一时期被称为"吠陀时代"。"吠陀"意即"知识"或"求知"，我国古代意译为"明论"，是多种要素的结合体，包括圣歌、咒文、祈经、祭辞、祷文等。其中，《梨俱吠陀》作为古印度最古老的一部诗歌集，成书年代最早，约为公元前12世纪至前9世纪，这一时期为早期吠陀时代或吠陀时代前期。

正是在这一时期，婆罗门教的教义与习俗已基本融入印度河流域居民的日常生活。从特点上看，这一时期的婆罗门教信奉多神崇拜，盛行祭祀之风，而且还以"瓦尔那"划分不同社会集团并确立社会等级制度，这些特征都为日后印度教的兴起奠定了基础。

公元前1000年至前600年间，继《梨俱吠陀》之后，婆罗门教的新典籍陆续出现，至公元前7世纪，以四部吠陀本集和各类梵书、森林书、奥义书为基础，婆罗门教的教义仪轨进一步发展完善，此前尚处于"幼年时期"的婆罗门教也走向成熟，形成了吠陀天启、祭祀万能、婆罗门至上的三大纲领。

所谓"吠陀天启"，就是把四部吠陀本集以及后来的各类梵书等宗教经典视为"天神的启示"，并要求信徒绝对遵从。祭祀万能，顾名思义是指祭祀无所不能，不仅可以禳灾去祸，还能伏魔降妖，从而保证家庭安康、社会繁荣、国家昌盛。婆罗门至上，则是因为无所不能的各类祭祀均由婆罗门祭司控制和主持，故而婆罗门在当时的古印度社会生活中占据了至高无上的地位。

狭义上，吠陀指的就是四部吠陀本集，即《梨俱吠陀》、《娑摩吠陀》、《夜柔吠陀》和《阿闼婆吠陀》。其中，《梨俱吠陀》，或译作《赞诵明论》，系印度现存最古老且最重要的诗集，分为10卷，共收录1028首、10552节赞颂诸神功德的诗歌；《娑摩吠陀》，或译作《歌咏明论》，系祭祀神灵时婆罗门祭僧按音节歌唱讽咏的歌咏集，绝大多数颂歌均从《梨俱吠陀》中摘出；《夜柔吠陀》，或译作《祭祀明论》，系祭祀时祭司所咏唱的咒文及其注解等内容的集成，有黑、白两种本子传世，黑本既有经文也附有说明，白本则仅有经文；《阿闼婆吠陀》，或译作《禳灾明论》，成书年代最晚，内容多为日常禳灾祈福以及退治恶鬼、病魔、毒兽、怨贼等的巫术梵咒。

广义上，除了上述四部本集之外，吠陀还包括各种梵书、森林书和奥义书。其中，梵书也称婆罗门书、净行书，系用梵语写成，内容为解释吠陀本集以及讲解吠陀祭祀仪式的散文集，主要记载了各种祭祀的来龙去脉与仪式规制，同时也保存了大量神话传说和古代帝王的故事；森林书音译阿兰耶迦、阿兰若迦，取"森林中遁世者所读所诵"之义为书名，系梵书的附属部分，主要内容旨在阐述祭祀理论以及人与自然、人与神灵的关系等哲学问题，为婆罗门教徒在森林等地隐居生活、遁世修行时学习所用；奥义书，系用梵文写成的古印度一系列哲学文献，因内容精深奥妙故以此奥义为书名统称，已知的奥义书约有108种，记载了古印度历代圣贤对弟子传道授业解惑的观点，主要探讨人的本质和世界的终极原因，以找到真我、追求"梵我合一"为其核心内容。

公元4—5世纪，在笈多王朝的推崇和保护下，婆罗门教迎来了大发展的契机，在"从佛教和耆那教冲击下的萎靡不振状态中摆脱出来"的同时，通过内部改革，例如大量吸收佛教和耆那教的教义教规，以及融合民间信仰形式，从而"改变了原来墨守成规的僵化状态"，最终转化成为一种新的宗教——印度教。[1]在婆罗门教的改革和印度教的形成过程中，有一位历史人物不得不提，那就是印度教历史上最伟大的改革家商羯罗。

商羯罗，生卒年月因史料缺乏而难以确定，大致活跃于公元8世

---

① 刘健、朱明忠、葛维钧：《印度文明》，中国社会科学出版社，2004，第387页。

纪晚期至 9 世纪初期。商羯罗出生于婆罗门家庭，自幼天资聪慧，据称 8 岁即能背诵吠陀，少年时离家北上求学，拜入著名的吠檀多不二论大师乔荼波陀的弟子牧尊门下，刻苦研学吠檀多哲学。学有所成后，商羯罗游历印度各地，以知识渊博、思维敏捷、能言善辩而声名渐起。32 岁时，精通多门学问的商羯罗因长期劳累、积劳成疾，最终在喜马拉雅山下的基达纳特英年早逝。

商羯罗的一生虽然短暂，但却致力于印度教的改革和复兴，尤其是通过改革吠檀多哲学，使吠檀多不二论哲学上升成为婆罗门教六派正统哲学之首，"成为印度教的权威体系和主导思想"，同时还创立了名为"十名教团"的僧侣社团，广泛建立宗教寺院，普及印度教的宗教知识，"结束了印度教没有宗教组织的历史"。① 印度首任总理尼赫鲁曾给予商羯罗高度评价，称他是"一个奇特的混合物——一位哲学家、一位学者、一位不可知论者、一位神秘主义者、一位诗人、一位圣人，还要加上他是一位实际的改革家和能干的组织者"，赞誉商羯罗"在短短 32 年的生命中"，"做了许多位长寿人的工作，而在印度遗留下他那直至今天还有很显著的强大智力和丰富人格的印记"。②

经过商羯罗的改革，印度教在继承婆罗门教主要教义的基础上，最终发展成为一个综合了各种宗教元素、独具印度次大陆特色的新宗教。与婆罗门教类似，印度教也是多神信仰的宗教。但是，既是至高神又是造物主的三大主神，即主管创造世界的梵天、主管维系世界的毗湿奴以及主管破坏世界的湿婆，地位却不容动摇，而且不少印度教徒都只崇奉一位主神。

当然，除了上述三大主神，印度教在吸纳各个宗教因素和整合民间信仰的过程中，也产生了五花八门、异常多样的大小神祇及其化身

---

① 刘健、朱明忠、葛维钧：《印度文明》，中国社会科学出版社，2004，第 393 页。
② 〔印〕贾瓦哈拉尔·尼赫鲁：《印度的发现》，齐文译，世界知识出版社，1956，第 236 页。

和配偶。因此，印度教的万神殿最为纷繁复杂，今天人们在印度街头也随处可见印度教徒供奉的各种神祇。

例如，印度底层民众信仰最为广泛的湿婆大神，兼具生殖与毁灭、创造与破坏双重性格，以男性生殖器"林伽"为最基本象征，具有三面相、舞王相、恐怖相、温柔相等各种相貌。印度教徒认为，印历五月下半月的第三天夜晚是湿婆的诞辰，而这一天也是印度的湿婆节。当天，信奉湿婆的印度教徒要举行盛大庆典，聚集在湿婆神庙，诵读赞美湿婆的经诗，并且拜祭湿婆林伽。

象头神，梵名汉译犍尼萨，系湿婆大神和雪山神女帕尔瓦蒂的精神之子，被印度教徒认为是智慧之神、破除障碍之神、命运之神、学识之神以及财神，造型为象头人身，象征吉祥和成功。由于在印度民族主义运动中，激进派的领袖提拉克曾利用对象头神的祭祀，掀起过反对英国殖民统治的起义运动，象头神遂成为印度民族神的象征，如今在印度国内信仰广泛，可谓最具人气之神。

杜尔迦，在佛教中又名难近母，造型特点是身有八臂，各持武器，跨坐狮子或老虎，由于在印度神话中消灭了魔王玛海什苏拉而一战成名，成为印度家喻户晓的女战神。今天，每年9月至10月间举行的杜尔迦女神节，就是为了纪念和庆祝女神战胜魔王，尤以西孟加拉邦最为隆重。节日期间，在西孟邦首府加尔各答等地，到处可见印度教徒在户外搭建的安放杜尔迦女神塑像的神棚。在节日的最后一天，杜尔迦女神的信徒们还要簇拥着女神塑像，举行盛大的游行和庆祝活动，以把女神塑像沉入河中为庆典的结束。由于杜尔迦女神节的庆典长达十天九夜，信众搭建的神棚又各具特色，因此该节庆已发展成为印度东部以及东南部地区最为盛大的户外文化艺术节。

公元9世纪至今，印度教盛行于印度。可以说，印度教在信仰、哲学、伦理等方面异常复杂的综合性与多样性，突出体现了印度文化的多元性。正因如此，马克思曾评价印度教说："这个宗教既是纵欲享乐的宗教，又是自我折磨的禁欲主义的宗教；既是林伽崇拜的宗教，又是佳格纳特的宗教；既是和尚的宗教，又是舞女的宗教。"

不过，虽然印度教的信仰和习俗异常复杂多样，但通过一些外部标志物，我们还是能够比较方便地辨别出印度教徒。例如，在宗教活动中，大多数印度教徒的前额都有特定样式的标记，尤其是男性教徒，要戳破前额的表皮，再涂上祭火的灰、檀香膏、姜黄或铅丹等，绘成代表不同教派的各种形状，以此表明自己的所属教派，此即所谓的"吉祥记"。

受此宗教习俗的影响，在平日生活里，印度妇女，特别是已婚妇女和儿童，通常都要用朱砂、糯米和玫瑰花瓣等捣成糊状颜料，在两眉之间前额正中点一个红点，这就是被称为"迪勒格"的吉祥痣，除作为一种宗教符号，更代表着消灾辟邪、喜庆吉祥的美好祝愿。如果到印度旅行，在当地人的欢迎仪式上，主人也会为客人点吉祥痣，以示欢迎和敬意。

二　信奉真主的伊斯兰教

据统计，印度有 11.7% 的居民信奉伊斯兰教，这个比例仅次于印度教。[①]伊斯兰教信众主要分布在印度的印控克什米尔地区、北方邦、阿萨姆邦、西孟加拉邦、喀拉拉邦和比哈尔邦等地区。因此，伊斯兰教对印度的文化和生活都有着重要影响。

伊斯兰教早在公元 8 世纪就已传入印度，当时阿拉伯帝国占领了印度西部的信德地区，并以此为基地向印度内陆渗透，至此，伊斯兰教开始在印度发展和传播。

印度伊斯兰教徒生活中的点点滴滴也体现出了伊斯兰教的教义和准则。在印度，伊斯兰教徒依然严格坚持一神论，只信仰一位真主

---

① "India Census Tables in 2011," Census of India, March 31, 2011, https://censusindia.gov.in/census.website/data/census-tables，最后访问时间：2024 年 11 月 27 日。

（安拉），并倡导信徒们应当如同兄弟一般亲近，每个人都应享有平等权利，并且构建一个无种族差异的社会。

穆斯林在印度世俗生活中所崇尚的典籍是哪部呢？那就是《古兰经》，这是伊斯兰教的根本经典，也是第一部关于伊斯兰教的法源。《古兰经》共有 114 章 6236 节，其中，大部分内容是真主的唯一性及其仁德、做人的本分以及将来的报应；此外，多为关于立法的题材，即制定信条以及礼拜、斋戒、进香、斋月等仪式和规定。还包括关于不洁之物的教规，关于金融和军事法令，关于刑事、民事法律，杀人、报复、盗窃、高利、结婚、继承等问题的规定。

伊斯兰教大规模传入印度是从突厥人到来开始的。公元 11 世纪，突厥人在极短的时间内就消灭或降服了大部分北印国家，建立了印度历史上第一个伊斯兰帝国——德里苏丹国。突厥贵族通过武力征服的方式来传播伊斯兰教，其政策远比当初的阿拉伯人激进。

在 1526 年，巴布尔打败德里苏丹国，建立了莫卧儿帝国。阿克巴大帝时代，帝国倡导一种融合印度教与伊斯兰教的宗教改革，印度教徒也被允许担任政府官员。到了奥朗则布皇帝治世时期，帝国放弃了莫卧儿帝国初期尤其是阿克巴时代的宗教宽容政策，加强伊斯兰教的宗教地位，企图使印度完全伊斯兰化。在莫卧儿帝国时代，由于对伊斯兰教的保护和推崇，伊斯兰教在印度的影响力不断增强，在此过程中，有一位帝王功名显著，那就是阿克巴。

阿克巴 1542—1605 年在位，是莫卧儿帝国真正的建立者和最伟大的皇帝。他在漫长的统治期间征服了印度北部全境，并把帝国的版图第一次扩展到印度南方。由于帝国对拉其普特人采取怀柔政策，大多数好战的拉其普特部族都归顺了帝国的统治。对异教的宽容是阿克巴的显著特点，他不仅免除了非穆斯林的人头税，还试图倡导一种融合印度教与伊斯兰教的宗教改革。以苏巴（省）为单位的全国行政制度形成后，印度教徒也被允许担任政府官员。阿克巴时代的印度是伊斯兰世界最强大的帝国之一。

在印度，伊斯兰教徒按教规规定进行礼拜。教徒一天必须做五次礼拜：破晓时一次，叫晨礼；中午一次，叫晌礼；下午一次，叫晡礼；日落后一次，叫朗礼；入夜后一次，叫霄礼。每星期五午后集中到清真寺内作集体礼拜，谓之“聚礼”，阿拉伯语称“主麻”。除此之外，穆斯林还会实行斋戒，每年都必须封斋一个月，封斋日期在伊斯兰历的九月，这一月称为“斋月”。

三　曲折发展的佛教

佛教起源于公元前 6 世纪的印度。由于当时印度社会和经济发展较快，阶级分化明显，新旧社会势力斗争激烈，而斗争也反映在意识形态上，沙门思潮就是意识形态斗争的集中表现，佛教便是沙门思潮的代表之一，是在反婆罗门教过程中所产生的新宗教，其创始人为乔达摩·悉达多，最早在摩陀国诞生。

佛陀的教导强调人类内在的觉悟和智慧，核心目标是实现解脱，达到对苦难的完全解脱和觉悟，强调个体的修行和内心觉醒，而不依赖于神的干预，也教导慈悲、不伤生和平等的道德价值观。佛教深受低阶层人士的喜爱，因此其发展迅猛，吸引了众多婆罗门教徒转向信奉佛教，佛教因此得到了广泛的接纳。

公元前 187 年，在孔雀王朝时期，佛教受到了大力扶植，一方面王朝广建寺塔，另一方面指导僧团活动。这个时期，佛教开始在东南亚、中亚以及中国、日本、朝鲜、越南等地区广泛传播，并逐渐演变为全球性的宗教。而对佛教发挥巨大宣传和支持作用的人，不得不提到阿育王。

阿育王于公元前 268 年正式灌顶即位。执政初期，阿育王的主要活动是镇压叛乱，巩固政权，并继续扩大疆土。最终，阿育王建立了古代印度最大的帝国，其版图东起布拉马普特拉河、西至今巴基斯坦西境及阿富汗的一部分，北自迦湿弥罗（今克什米尔），南抵佩内尔河。在阿育王的统治下，孔雀王朝已经比较成功地实现了语言和文字的统一，并且阿育王长达40年的统治基本上是稳定的。但他到晚年后变得昏聩而迷信，常把大量财物滥施给佛教僧伽，以致影响了财政平衡和皇室收入。最后他丧失权力，郁闷而死。

大约公元前2世纪中叶，印度次大陆再次陷入分裂状态，孔雀王朝的末代国王被杀，王朝灭亡。佛教的传播也因此受到影响。

到了公元1世纪中叶，游牧民族贵霜人从印度西北部入侵，建立了国家。贵霜统治者接受了佛法，佛教在印度重新兴盛起来，这时佛教中开始出现一股改革的浪潮，出现了大乘佛法，主张拯救更多的人。在这个时期，大量佛教僧人来到中国传教并翻译佛典。贵霜帝国作为当时的佛教中心，在这方面起过巨大的作用。

然而在公元3世纪，贵霜帝国崩溃，北印度再一次被分割成了许多小国。在4世纪，北印度创建了一个大型帝国——笈多王朝。然而由于古代的婆罗门教在公元二三世纪以后，吸收了佛教和耆那教的某些教义，糅合了各地的民间信仰，逐渐向印度教转化。因此印度教在笈多时代获得了稳定的发展。[1]笈多诸王都是印度教的信徒，而且佛教开始被印度教所同化，这使得佛教在印度加速衰退。

在5世纪中期，北印度遭到中亚鞑靼人的攻击，使得曾经辉煌的笈多王朝陷入衰败和崩溃。印度再次被分割成许多小国，这些小国之间相互攻击，导致经济陷入混乱。因此在笈多王朝之后，印度教和佛教都开始陷入沉寂和衰退的境地[2]。

在7世纪之后，阿拉伯人开始不断地侵入印度，他们信奉伊斯兰教，大规模地焚烧佛寺，佛教信徒受到迫害，佛教遭受了毁灭性的打

---

① 刘健、朱明忠、葛维钧：《印度文明》，中国社会科学出版社，2004，第113页。
② 朱明忠：《佛教在印度的产生、发展与消融》，《南亚东南亚研究》2021年第3期，第146页。

击。在公元 8—9 世纪之后，印度教的繁荣、佛教各派别的僧侣堕落，加上外族的频繁侵扰，特别是伊斯兰教徒的武装占领，导致许多僧侣遭受了屠杀，许多关键的寺庙和文化遗产遭受破坏，印度佛教也因此开始走向衰退，直至 13 世纪初期逐渐走向灭亡，直到 19 世纪才有所恢复。

如今，印度仍是佛教的圣地之一，但佛教在这片土地上的发展已经相对较为平静。现在印度的佛教徒很少，仅占印度总人口的 0.8%。绝大部分集中在马哈拉施特拉邦、比哈尔邦等地区。然而，佛教在印度的历史与文化中留下了深深的印迹，它是印度多元宗教文化的重要组成部分。

印度佛教与我国宗教有着密切关联。佛教是我国现有五大宗教中历史比较悠久，影响也比较大的一个宗教。据史书记载，玄奘西行求法，往返十七年，旅程五万里，所历"百有三十八国"，带回大小乘佛教经律论共五百二十夹，六百五十七部。归国后受唐太宗召见，住长安弘福寺，后又住大慈恩寺。

小说《西游记》的创作，正是取材于大唐朝贞观年间玄奘法师到天竺（今印度）取经的传奇故事，唐僧的原型就是玄奘。

四　教派众多的基督教

公元 4 世纪，叙利亚聂斯托利派传教士多马将基督教传入印度喀拉拉邦。从此，印度基督教徒的生活和文化深受《圣经》及其教义影响。

印度基督教徒所遵循的教义主要有以下三点：创世论，是基督教关于创造和维持世界的教义，是基督宗教的核心思想；三位一体学说，是基督教的基本信条之一，基督教认为神只有一个，但包括圣父、圣子、圣灵三个位格；原罪论，认为人在神面前都是罪人，需要基督来拯救。

而《圣经》，则包括了公元前 12 世纪的犹太和邻近民族的所有人文历史资料。《圣经》中有着许多典故：世上的盐、替罪羊、金牛犊、象牙塔、以眼还眼以牙还牙和伊甸园等。

到 1931 年，印度有天主教徒 200 多万，新教教徒 300 多万，主要分布在喀拉拉邦。然而到了 20 世纪 90 年代后期，基督教被视为外来宗教受到限制。

虽然如此，在印度这个全球人口最多的国家，基督徒虽只占其人口总数 2.3%[①]，但信徒总量仍然相当可观，足以使其跻身基督徒人数最多的 25 个国家之列。在印度，基督教的传播主要集中在南部和东北部，大约 60% 的基督徒生活在三个特定地区：印度东北地区各城市，如那加兰邦和曼尼普尔邦的城市，西部的果阿邦以及南部的喀拉拉邦和泰米尔纳德邦。

受宗教习俗影响，在饮食方面，由于基督教食禁较为宽松，所有基督教徒平时和常人一样，只是在特定期间有若干规定。基督教徒在大斋期间经常禁食，在整个大斋期间放弃部分或全部餐食。星期五吃鱼而不吃猪、牛、羊等肉。另外，在每顿饭前进行祈祷、画十字架、向上帝祈求恩典等。由于《圣经》里有"最后的晚餐"故事，周五的集体用餐和 13 个人一起用餐等行为，都被视为不可接受的。

在圣诞节前夜，也就是我们熟悉的平安夜，印度基督教徒们会前往教堂参加"午夜弥撒"。仪式结束后便开始互赠礼物，共享美味大餐，当然大部分都是含有丰富香料的印度特色美食，有烤肉、烤火鸡、烤蔬菜、甜点……圣诞节期间，印度的基督教徒们还会在自家的屋顶上摆放一排排小油灯，这一庆祝仪式也十分具有印度特色。其中，别具一格的还数印度的圣诞树。由于地理环境限制，在印度难以获得传统的松树，因此印度基督徒们往往选取香蕉树或杧果树，甚至

[①] "India Census Tables in 2011," Census of India, March 31, 2011, https://censusindia.gov.in/census.website/data/census-tables，最后访问时间：2024 年 11 月 27 日。

是用任何他们易于获得的树木来代替。

五　主张平等的锡克教

锡克教起源于 15 世纪的印度，当时的印度人主要信仰印度教和伊斯兰教，印度教的种姓制度让印度底层人民受尽了苦难，伊斯兰教的传入又引发了更多的社会矛盾。在这种背景下，锡克教的创始人那纳克上师提出了人人平等、平等待人的口号，获得了大量印度底层百姓的支持。

到了 1666 年，以平等互助为宗旨的锡克教，突破印度教围堵逐渐成为具备教义、戒律和责任的大型教团组织，信众数量不断增加。直至今日，印度有锡克教徒 2000 多万，约占印度总人口的 2%[①]，主要分布在旁遮普邦、泰米尔纳德邦和加尔各答市。

锡克教教义主要有以下几点：锡克教徒严格信仰一神论，认为神只有一个；对神的观念坚定；信仰业报轮回说，人要解脱，需要靠神的眷顾，也需要上师的指点；尊崇上师，奉其为神使，并信奉上师，上师具有无上权力，其继承者由前任指定。[②]

世界任何一种宗教都有自己神圣的经典，锡克教也不例外。锡克教的经典著作有二部，一部是成书于第五代祖师阿尔琼时期的《阿底·格兰特》（Adi Granth）。另一部则是成书于第十代祖师格宾德辛格（Gebindsinger）时期的《十祖圣典》。

《阿底·格兰特》是每个锡克教徒必读的圣书，《阿底·格兰特》篇幅宏大，是吠陀的 5 倍。共收集 3384 首赞歌、15575 诗节。主要阐述了锡克教教义，宣扬祖师的生平与事迹，还汇集了始祖那纳克所

---

① "India Census Tables in 2011," Census of India, March 31, 2011, https://censusindia.gov.in/census.website/data/census-tables，最后访问时间：2024 年 11 月 27 日。

② 王孟懿：《锡克族与 1857 年印度民族大起义——论锡克教民族主义及其角色》，《黔南民族师范学院学报》2008 年第 2 期，第 52 页。

作的赞歌。而锡克教的另一部著作《十祖圣典》只是一部介绍锡克教十个祖师生前的情况的书。在锡克教的金庙里没有神像崇拜，只供奉圣典《阿底·格兰特》。

就算是在多宗教国家印度，也是能十分轻易地识别出锡克教徒的，他们的特征鲜明，有着"五K"特点，包括木梳（Kangha）、剑（Kirpan）、长发（Kesh）、内裤（Kaohha）、手镯（Kara）。木梳，锡克教徒不出家弃世，所以要将头发梳整齐；剑，和士兵佩的一样，一个人不应当挑起暴力，但也不应该在挨打后献上另一边脸；长发，就像苦行僧一样不剪头发；内裤，洁净的标志；手镯，用纯铁打制，表明他们的身份。

根据锡克教传统，锡克人从小到大都必须蓄头发、留胡须，并且包着头巾。他们反对妇女戴面纱，要求妇女也穿起长衣与男子一起劳动。锡克男子留长发，但从不把头发披散开来，而是用一块长3~5米的包头布把头发裹好，不露头顶。锡克人尚武，每个成年男子都有一把精美的腰刀，叫作锡克长刀。这把刀要终身佩戴，须臾不离。

六　苦行主义的耆那教

耆那教，又称耆教（印度非婆罗门教的一派），是印度传统古老宗教之一。产生于公元前6世纪，同佛教一样，耆那教也质疑婆罗门教在思想领域的垄断地位，也是当时沙门思潮的一个重要流派。

相传耆那教有24祖之说，其中多数无可考证，至第23祖白史婆时，耆那教开始初步形成教团，至第24祖筏驮摩那时，耆那教开始正式兴起，他早于佛教的创始人释迦牟尼出生，耆那教的中心教义主要由他建立，即"七谛说"：灵魂、非灵魂、注入、束缚、排斥、寂静、解脱。宣传种姓平等，主张五戒、灵魂解脱。

耆那教拥有许多宗教历史文献，最古老和最重要的经典是安伽（Anga）"十二支"。它记录了大雄及其他祖师的言行，是由留守在北印度的信徒在华氏城的一次结集中整理而成。然而对于这套经典，耆那教"天衣派"的教徒认为是伪造，而"白衣派"认为是真传。两派传承经典不同，但基本教义是一致的。

孔雀王朝时代耆那教受到阿育王的支持，在公元 4 世纪之前发展迅速。但 4 世纪后，由于印度教兴起、伊斯兰教势力进入次大陆，耆那教渐渐衰落。不过，它并没有完全灭亡，在群众中仍有一定影响并延续至今。如今，印度居民信仰耆那教的比例为 0.5%，教徒主要集中在西印度，尤其是古吉拉特邦和卡纳塔克邦。虽然印度耆那教教徒人数不多，但多从事商业活动，大部分人属于高收入人群，并以慈善机构闻名全印度。

耆那教有句有名的谚语："放火者杀害生灵，灭火者杀害了火焰。"耆那教严格的教义一大特点就是极端的非暴力（ahimsa）。毋庸置疑，耆那教徒一定都是素食者，严格遵守教规的耆那教徒甚至不吃所有有根的植物，因为担心在收割时伤害到甲虫和蚯蚓。他们不穿或者用皮革制品，也不会从事农业或建筑业。由于粗话是言语暴力，所以都不会说。

印度耆那教的僧人剃头方式很有特色，他们直接把所有的头发都薅掉，而不用刀去剪。耆那教对待周遭的生灵以最仁慈的态度，甚至不去耕种，怕伤到泥土里的虫，而偏偏耆那教徒对自己严加约束。圣雄甘地的"非暴力"是一种正义之举，但是他们有些做法又走向了另一个极端，使得直到如今，印度人都喜欢用绝食这种自虐的手段来唤醒同胞，以此表达抗议，这与耆那教的传统思想有着千丝万缕的联系。

由于戒律上的分歧，耆那教分裂为"天衣派"和"白衣派"。二者的生活方式也有着许多不同。"白衣派"因其教徒身着白衣，以示廉洁而得名。它主张男女平等、重在苦行。耆那教宗教仪式一般在耆那教的寺庙里举行，每个信徒必须身着白袍，一手托钵，一手拿着牌子，口戴白口罩；"天衣派"认为，耆那教教徒不应有一点私有财产，连衣服也不应有，要以天为衣，故称"天衣派"，又称"裸体派"。一般的教徒只有一根腰带，长不超过一米半，以及一把孔雀毛做的掸子。"天衣派"信徒一般远离尘世，在深山老林里静坐苦行，每天只吃一顿饭，靠乞食为生。

第四章　复杂多样的行政区划

　　1947 年独立以来，印度实行联邦制，其行政区划与这个国家的其他情况一样，错综复杂。一级政区分为邦、中央直辖区两大类，迄今为止，行政区划仍在不停地进行着调整。一般而言，邦以下设县、乡 / 市、村 / 镇三级单位，为地方四级建制，但也有部分邦在县之上还设有专区，为地方五级建制。中央直辖区以下则只设县、乡 / 市、村 / 镇三级单位。^①随着印度城市化快速发展和城市人口的大规模增长，大都会区的规模持续扩张，同时，超大规模的贫民窟也在不断地扩张。

第一节　三种类型的一级政区

　　当前，印度行政区划中的一级政区有两大类，一类称为邦（State/Pradesh），另一类则为中央直辖区（Union Territories）。在中央直辖区中，包含特殊的德里首都辖区（National Capital Territory of Delhi）。

一　地位特殊的德里首都辖区

　　印度独立后，新德里作为印度首都在 1947 年的宪法中被定为 C 类邦，即由联邦政府委派高级专员管理的直属邦。随后在 1956 年的行政区划大调整中，被明确为中央直辖区。随着人口增多和经济发展，该

---

　　①　印度行政区划的情况较为复杂，建制和名称均不统一，具有较大的随意性。

区 1991 年被指定为单独的首都辖区（National Capital Territory，NCT），获得了类似邦的地位，拥有自己的立法和司法体系。

德里首都辖区位于哈里亚纳邦和北方邦之间，其下辖的范围分为东德里、西德里、南德里等 11 个地区，分别由德里坎登门董事会（DCB）、德里市政（MCD）、新德里市政委员会（NDMC）三个直辖市政府管理，由此组成德里国家首都辖区政府（The Government of the National Capital Territory of Delhi），是印度仅次于孟买的第二个国际大都会，主要语言为印地语、乌尔都语和旁遮普语，是印度的政治、经济及文化中心。

二　不断重组分化的各邦

印度独立后对各邦进行了重组，试图建立一个符合人民意愿的联邦制国家。20 世纪 50 年代初，在印度国内"语言邦"运动兴起的背景下，《邦改组法》（States Reorganisation Act，1956）出台，按照语言特性对各邦领土的边界进行划分，初步将印度划分为 14 个邦和 6 个直辖区。

但由于印度的复杂国情，基于地方治理、政治参与、行政管理、经济发展、宗教认同等各种因素，地方不断地提出邦重组诉求，要求建立更小规模的邦。1960 年，马哈拉施特拉邦和古吉拉特邦建立；1963 年，那加兰邦建立；1970—1980 年，印东北部数个邦建立；1992 年，果阿邦建立；2000 年，北方邦、比哈尔邦和中央邦分划出来的三个新邦——北阿肯德邦、恰尔肯德邦和切蒂斯格尔邦——的成立，进一步推动了印度邦重组的进程。2014 年，特伦甘纳（Telangana）从安得拉邦分离出来单独建邦，进一步激发了印度国内各地重划邦界或单独建邦的诉求。

目前，印度各邦在面积、人口、社会经济发展水平等方面存在极大差异。从面积来看，印度最大的邦是拉贾斯坦邦，面积为 34 万平方公里；最小的邦是果阿邦，面积仅为 3700 平方公里，相差约 91 倍。从印度各邦人口来看，人口最多的邦是北方邦，约有 19958 万人，人口最少的邦是米佐拉姆邦，有 109 万人，几乎相差 182 倍。从人口密度来看，面积最大的邦拉贾斯坦邦，人口只有 6862 万人，大约 201人／平方公里；而北方邦的人口密度约为 828 人／平方公里。在经济社会发展水平方面，西部、南部沿海地区比较发达，东北部、中部和沙漠地带比较落后。[1]

根据《印度宪法》关于中央和地方权力划分的规定，工业基础设施、电力、农业、教育等决策权属于地方各邦，随着印度中央计划经济的瓦解，权力被逐步下放到各邦，这使得地方各邦的支持对于经济改革的成功实施至关重要。一些观点认为，印度发展的失败或成功不完全取决于中央政府制定的政策，由于联邦制结构的存在，印度的经济发展成果应当归因于地方精英的不同政治选择和地方政治竞争的结果。其中，安得拉邦、古吉拉特邦和卡纳塔克邦等可被视为积极进行经济改革的邦，经济发展水平较高；中间水平则是奥里萨邦、西孟加拉邦等；而在经济改革方面较为落后的则是北部地区各邦，如比哈尔邦和北方邦。

三 情况各异的中央直辖区

中央直辖区（union territories/ centrally administered territories）是由印度中央政府直接控制和管理的地区。建立中央直辖区的原因是多方面的，有政治和行政方面的考虑，例如昌迪加尔；有地方文化独特性方面的考虑，例如本地治里、达德拉－纳加尔哈维利、达曼－第乌；有战略重要性方面的考虑，例如安达曼－尼科巴群岛和拉克沙德维普。

---

[1] 孙彩红：《印度行政区划与层级现状、分析及启示》，《东南亚南亚研究》2013 年第 2期，第 37 页。

在英殖民时期，一些地区于 1874 年被定为"表列地区"（scheduled districts），后来被称为"首席专员省"（chief commissioners provinces）。印度独立后这类地区被划分为 C 类和 D 类邦。1956 年，根据宪法第 7 修正案和《邦重组法案》，这些地区变成了中央直辖区，后来部分中央直辖区被升级为邦，例如喜马偕尔邦、曼尼普尔邦、特里普拉邦、米佐拉姆邦和果阿邦之前都是中央直辖区。

目前，印度国内仍有多个中央直辖区，按其成立时间的早晚依次是：1956 年成立的安达曼 – 尼科巴群岛、拉克沙德维普，1961 年成立的达德拉 – 纳加尔哈维利、达曼 – 第乌，1963 年成立的本地治里，1966 年成立的昌迪加尔，以及 1991 年成立的德里国家首都辖区（1956 年至 1991 年为德里中央直辖区）。

安达曼 – 尼科巴群岛主岛南北长 270 公里、东西宽 30 公里，加上各种小岛，群岛陆地面积总共将近 8000 平方公里，孤悬海外，漂泊在东部遥远的安达曼海上，距离印度本土约 800 公里，因扼守着马六甲海峡通向印度洋的出口，在战略上具有极其重要的地位。

达德拉 – 纳加尔哈维利以及达曼 – 第乌两个中央直辖区是印度西海岸的两块飞地，殖民时期同为葡萄牙的港口和贸易站，以古吉拉特语为主要语言；昌迪加尔面积 114 平方公里，是一个完全新建的规划城市，既是中央直辖区，由中央政府直接管辖，同时兼任旁遮普邦及哈里亚纳邦两个邦的首府，但又不属于两个邦中任何一个，目前是印度第七大城市，也是印度主要的工业和制造业中心。

拉克沙德维普中央直辖区与马尔代夫属于同一个地理单元马尔代夫 – 拉克沙 – 查戈斯环礁群，陆地总面积仅有 32 平方公里，群岛 93% 的人口是穆斯林，除了米尼科伊岛外，马拉雅拉姆语是主要语言。

本地治里中央直辖区包含四个小块，分布在印度半岛漫长的海岸线上，本地治里市曾是法国在印度经营很久的据点，法国文化对这里

的影响强烈。

中央直辖区的行政制度并不统一，每一个中央直辖区都由总统通过自己任命的行政人员进行管理。中央直辖区的行政长官是总统的代理人，而不是像邦长那样的邦首脑。总统可以指定中央直辖区的领导人，可以是副督、首席专员或行政长官，任期 5 年。总统还可以任命一个邦的邦长作为毗邻联邦领土的管理者。其中，本地治里和德里国家首都辖区设有议会和由首席部长领导的部长会议。

四　协调各邦发展的地区委员会

根据 1956 年《邦重组法案》，印度设立了五个地区委员会，分别是北部地区委员会、中部地区委员会、东部地区委员会、西部地区委员会和南部地区委员会，负责统辖地区内各邦经济社会的协调发展。1972 年，为推动印东北诸邦的协同发展，印度又增设了东北地区委员会。

北部地区委员会，由哈里亚纳邦、喜马偕尔邦、旁遮普邦、拉贾斯坦邦、德里首都辖区和昌迪加尔中央直辖区组成，总部设在新德里。

中央地区委员会，由切蒂斯格尔邦、北阿肯德邦、北方邦和中央邦组成，总部设在安拉阿巴德。

东部地区委员会，由比哈尔邦、恰尔肯德邦、奥里萨邦和西孟加拉邦组成，总部设在加尔各答。

西部地区委员会，由果阿邦、古吉拉特邦、马哈拉施特拉邦以及达德拉 – 纳加尔哈维利 – 达曼 – 第乌中央直辖区组成，总部设在孟买。

南部地区委员会，由安得拉邦、卡纳塔克邦、喀拉拉邦、泰米尔纳德邦和本地治里中央直辖区组成，总部设在金奈。

东北地区委员会，由阿萨姆邦、曼尼普尔邦、特里普拉邦、米佐拉姆邦、梅加拉亚邦、那加兰邦和锡金邦组成，总部设在西隆。

第二节　两类建制的地方区划

印度的地方区划层级与一级行政区划紧密相关。阿萨姆邦、旁遮普邦、比哈尔邦、恰尔肯德邦、中央邦、北方邦、拉贾斯坦邦、西孟加拉邦、卡纳塔克邦、哈里亚纳邦、马哈拉施特拉邦等邦为五级行政建制，在邦以下设专区、县、乡／市、村／镇四级单位。在本地治里、昌迪加尔、拉克沙群岛、安达曼－尼科巴群岛、达德拉－纳加尔哈维利－达曼－第乌等中央直辖区下只设县、乡／市、村／镇三级单位。

一　部分邦设立的专区

专区（division）是两类地方区划层级中的最大差异点，仅邦设立，介于邦与县之间，地位类似于中国的"地区"，是区域协调性机构，负责管理和协调若干个县的行政事务，地位要高于县，由专员负责，主要职能是监督和协调各县的行政工作。

印度的专区源自英国殖民地时期的区划，当时的专区为介于英属印度诸省与县之间的行政区。这一词可能源自 20 世纪 50 年代，当时中国的地区被称为"专区"。[①] 印巴分治和第三次印巴战争后，原英属印度分化为三个独立国家印度、巴基斯坦和孟加拉国，作为行政区划类型的"专区"在印巴两国渐渐减少，在孟加拉国成为一级行政区名称（汉译为"省"）。传统上，印度各邦在邦与县之间设有专区，但在 20 世纪 90 年代到 21 世纪初期大多数专区遭到逐步撤销。在目前的印度行政区划中，专区的作用逐渐减弱，基本上已无实权，甚至在大部

---

① 安双宏：《印度地方教育管理探析》，《黑河学院学报》2010 年第 1 期，第 81 页。

分的印度邦中，专区已经被完全取缔。

二 情况复杂的县、乡、村

印度的地方一级行政区之下均设立县（district），设有专区的邦，县为地方第三级行政区；未设专区的邦和中央直辖区，县为地方第二级行政区。县长由邦长任命，职能为维护法律和秩序，征收田赋和其他税款，审理各类案件。县政府设有各职能局。

乡则较为复杂，在不同的地区有不同的称法。在切蒂斯格尔、哈里亚纳、喜马偕尔、中央邦、旁遮普、拉贾斯坦、北方邦、北阿肯德等邦，安达曼－尼科巴群岛和昌迪加尔 2 个中央直辖区及德里国家首都辖区的乡被称为"特希尔"（Tehsil）；在果阿、古吉拉特、卡纳塔克、喀拉拉、马哈拉施特拉、泰米尔纳德等 6 个邦以及达德拉－纳加尔哈维利以及达曼－第乌中央直辖区的乡被称为"塔鲁卡"（Taluka）；在比哈尔、恰尔肯德、梅加拉亚、米佐拉姆、特里普拉、西孟加拉等 6 个邦的乡被称为"布拉克"（C.D.Block）；在安得拉、特伦甘纳等 2 个邦的乡被称为"曼德尔"（Mandal）；在阿萨姆、那加兰等邦的乡被称为"赛克"（Circle）；在曼尼普尔、锡金等 2 个邦以及拉克沙群岛中央直辖区的乡被称为"次区"（Sub-Division）；在本地治里中央直辖区的乡被称为"潘查亚特群"（Commune Panchayat）。

大多数邦的村 / 镇被称为"Village"，但也有例外的情况，比如卡纳塔克等邦的"塔鲁卡"（Taluka）下辖的村 / 镇被称为"霍比"（Hobli）。邦税收机构可按土地彼此毗邻的原则，将若干个村 / 镇组成一个"村落"，"村落"有时也称"霍比"，或"帕迪"（Patti）。此外，包括饮用水供应、农村发展以及教育等特定政府职能被赋予村以下的"小村庄"（Habitation），全印度的"小村庄"约有 160 万个。在一些邦，大多数村只有一个"小村庄"；在另一些邦，特别是喀拉拉邦和特里普拉邦，一个村当中有若干"小村庄"。

第三节　持续扩张的大都会区

进入 21 世纪，印度的城市化进程加快。2001 年至 2011 年，印度的城市人口从 2.85 亿上升到了 3.8 亿，城市化率则从 27.8% 上升到31.1%。[①]印度的城市人口增长主要依托于现有住宅密集化和城郊区域扩张。因此，某种程度上，印度的城市化可以等同于大都会区化。

一　印度大都会的内涵与成因

"大都会"一词源自拉丁语"municipium"，意思是自由城市。根据印度宪法第 74 条修正案，邦长可将具备以下条件的地区划定为"大都会区"（metropolitan area）：①人口超过一百万；②地域覆盖一个或多个县；③囊括了一个或多个市政当局（Municipality）或潘查亚特（Panchayat）的辖区。目前，印度的大都会区包括孟买大都会区、德里大都会区、加尔各答大都会区、金奈大都会区、班加罗尔大都会区、海得拉巴大都会区、艾哈迈达巴德大都会区、浦那大都会区和苏拉特大都会区等。

农村人口向城市的不断迁移以及村镇的重新划分是印度城市人口快速增长的主要原因。一方面，由于地区发展差异较大，改善生活的愿望促使人们不断涌向城市，城市需要更多更大的空间来容纳这些增加的人口。另一方面，根据印度 2011 年普查数据，大量的农村地区在印度人民的要求下被宣布为城市，城镇数量从 2001 年的 4378 个增

[①] "Urban and Rural Population in India 2011: Analysis & Data," India Fact, https://indiafacts.in/urban-rural-population-o-india，最后访问时间：2024 年 12 月 20 日。

加到 2011 年的 7985 个，而人口超过百万的大城市从 2001 年的 35 个增加到 2011 年的 53 个。

二 三大代表性大都会区

德里大都会区是印度最大、世界第二大的都会区。1985 年，印度政府出台了国家首都地区规划委员会法案，将国家首都辖区定义为包括德里和哈里亚纳邦、北方邦和拉贾斯坦邦围绕它的几个地区，面积共计 34144 平方公里。印度政府划定了四个卫星城市古尔冈、诺伊达、法里达巴德、加济阿巴德用于支持新德里的发展，从而更好地对新德里的首都功能形成补充。据联合国数据，到 2028 年，德里大都会区所覆盖的人口规模，甚至会超过目前世界上人口最多的东京都市圈。从 NASA 的卫星影像可以看出，近 30 年来，新德里市的土地利用密度显著增加，其城市化率几乎接近百分之百；德里国家首都辖区的地理面积几乎翻了一番，总地域面积达到了惊人的 50566 平方公里，无疑是世界上扩张最快的城市之一。[①]2011 年人口普查数据显示，德里大都会区人口规模已接近 1635 万。[②]

孟买大都会区（Mumbai Metropolitan Region）是亚洲第三大、世界第六大的都会区，由完整的孟买市以及塔恩、雷加德和新设立的帕尔加尔部分区域组成。孟买市的地理面积为 438 平方公里，孟买大都会区的总面积达 4311.75 平方公里，约为孟买市的 10 倍。孟买大都会区包含 8 个规模较大的城市、9 个规模较小的城市、35 个人口普查镇和 994 个村庄，隶属印度马哈拉施特拉邦，区域内登记人口达到 2280

[①] "Urban Growth of New Delhi," NASA Earth Observatory, https://earthobservatory.nasa.gov/images/92813/urban-growth-of-new-delhi，最后访问时间：2025 年 1 月 14 日。

[②] "Census of India 2011, Release of India," Eye on Asia, https://www.eyeonasia.gov.sg/india/know/selected-india-states/ncr-india-profile/，最后访问时间：2025 年 1 月 14 日。

万（2011）。印度理工学院孟买分校的一项研究显示，[1] 从 1972 年到 2011 年，孟买大都会区的人口增加了 3 倍，建成区面积增长了 5 倍。根据联合国的调查，孟买的城市人口规模从 1970 年的 581.2 万，迅速增长到 2011 年的 1841 万，城市化率达到 80% 左右。预计到 2030 年，孟买大都会的人口规模将超过 2779 万。[2]

班加罗尔大都会区（Bangalore Metropolitan Region，BMR）是印度第三大都会区，是印度最富裕、最有活力、营商环境最好、科技产业最发达、独角兽企业最多的现代化城市群，被誉为"印度版的深圳""亚洲硅谷"。班加罗尔大都会区的管理机构为班加罗尔都会区发展局（BMRDA），管理班加罗尔市区、班加罗尔农村区和拉马纳加拉地区，覆盖面积达 8005 平方公里，旨在规划、协调和监督该地区的有序发展。作为印度重工业和高新产业的中心，班加罗尔大都会区的交通状况是当地政府面临的重要课题。2011 年人口普查数据显示，班加罗尔大都会区人口规模达 8520435 人。[3]

第四节　超大规模的贫民窟区

贫民窟与城市是分不开的，印度城市化的快速发展和贫民窟的不断扩展是一个相辅相成的过程。当政府无法有效管理城市化进程，大批居民在城市中无法找到安身之处，就导致了贫民窟的大规模发展，印度城市的贫民窟现象在世界范围内都是非常有名的。

---

① 《孟买大都市区至 2036 年规划的问题导向思维》，上海大都市圈规划，https://mp.weixin.qq.com/s?__biz=MzkwMjA4OTIxOA==&mid=2247488932&idx=1&sn=334adf1e159ef553f6dd6439dda1c567&chksm=c0ab8ac9f7dc03dfed43d42165138f88a6c92cbd505f2565aa2dff21964f7f9f89ad45b6bb1f&scene=27，最后访问时间：2025 年 1 月 14 日。

② 陈銮、莫樊：《孟买大都市区域：快速城市化的高密度都会区》，搜狐网，2020 年 10 月 23 日，https://www.sohu.com/a/426690472_120051787，最后访问时间：2025 年 1 月 14 日。

③ "Bangalore (Bengaluru) District - Population 2011-2025," Population Census 2011, https://www.census2011.co.in/census/metropolitan/388-bangalore.html，最后访问时间：2025 年 1 月 14 日。

一　印度贫民窟的内涵

大多数贫民窟的物理特征基本相同，它们通常是一群群棚屋，结构破旧，没有厕所，缺乏基本设施，排水和固体废物与垃圾处理安排不足。印度贫民窟以非正式居住点的形式存在，居民没有合法的土地产权和基本的城市公共服务权利。[①] 根据 1956 年《贫民窟改善和清理法》第 3 条，贫民窟被定义为：建筑不适合人类居住；由于荒废、过度拥挤、安排设计不当、狭窄，或者道路安排不当，缺少通风、电力和卫生设施，或者这些因素混合起来对于安全、健康和道德都是有害的建筑。1993 年，印度政府根据住房状况和设施情况又确定了贫民窟更为具体的定义：高密度、简陋的房屋或大多数属于临时性建筑，并伴有不充足的卫生条件和饮用水设施。[②]

印度人口普查确定了三种类型的贫民窟。一是正式公布确认了的贫民窟，即由国家、邦政府、直辖市政府根据"贫民窟法案"对城市或城镇地区存在的贫民窟区域进行了正式公布并确认了的贫民窟；二是经过验证了的贫民窟，即由国家、直辖市政府或地方政府、住房与贫民窟管理委员会根据"贫民窟法案"确认为贫民窟地区，但尚未正式公布确定为贫民窟的区域；三是已经查明了的贫民窟，即区域面积小，至少有 300 人或者是 60~70 户家庭，居住环境简陋或住房拥挤，且存在生活环境不卫生、卫生条件差、基础设施落后、缺乏安全充足饮用水等问题的区域。根据国家社会保障组织的估计，印度城市地区总共存在 33510 个贫民窟，其中被确认的有 13761 个，未被确认的有19749 个。[③]

---

① 杜伟平：《印度城市贫民窟治理研究》，湘潭大学硕士学位论文，2018 年，第 15 页。

② 王英：《印度城市居住贫困及其贫民窟治理——以孟买为例》，《国际城市规划》2012 年第 4 期，第 54 页。

③ 王英：《印度城市居住贫困及其贫民窟治理——以孟买为例》，《国际城市规划》2012 年第 4 期，第 54 页。

二　世界最大的贫民窟——达拉维

以印度最出名的贫民窟达拉维为例，达拉维位于孟买市中心，占地240多公顷，日常聚居100万左右的人口，平均1500人共用一个厕所，是亚洲最大的一个贫民窟，随着电影《贫民窟的百万富翁》走入世人的眼中，已经成为印度巨大贫富差距的象征。

自20世纪90年代以来，印度政府一直试图改造达拉维，但印度的重建项目以及与之相伴的弱势群体再安置问题一向敏感，因此，2007年、2009年、2011年、2016年、2018年达拉维贫民窟改造项目的招标，都以失败告终。

2022年10月，马哈拉施特拉邦政府就达拉维的重建进行了全球招标，亚洲首富高塔姆·阿达尼领导的阿达尼房地产公司最终以506.9亿卢比（约为44.27亿元人民币）的最高出价获得了重建达拉维的项目合同。但达维拉部分居民依旧反对这个重建计划。他们认为，一旦进行改造，这100万人的安置将变成棘手问题，他们还担心政府会将阿达尼集团的利益置于贫民窟居民的利益之上。

三　印度政府对贫民窟的改造介入

印度大规模贫民窟的成因主要是严重的收入不平等、长期不合理的城市规划以及城市人口快速增长带来的住房需求和稀缺的城市住房资源之间的矛盾。[①] 自20世纪80年代起，印度政府就试图通过改造改建等方式解决贫民窟问题，先后实施了总理授权规划、世界银行资助的贫民窟升级工程、贫民窟重建规划、贫民窟复修计划等。

在改造过程中，贫民窟治理的法规政策逐步完善，贫民窟地区的基础设施日趋改善，贫民窟居民的公共服务不断加强。但由于印度政

---

① 邵俊霖、翟天豪、罗茜：《城市贫困集聚治理的国际经验及其启示——以美国、日本、巴西、印度、墨西哥五国为例》，《社会治理》2021年第3期，第51页。

府在治理过程中一直期望能"清除贫民窟",并且经常忽视贫民窟居民的生活实际需求,政策难以实现预期目标。到目前为止,贫民窟居民人数仍在持续增加,印度城市贫困集聚现象仍然突出,并持续影响着印度城市的现代化发展。①

---

① 王英:《印度城市居住贫困及其贫民窟治理——以孟买为例》,《国际城市规划》2012年第4期,第56页。

第五章　独具特色的政治体制

为什么印度的民主质量不高？印度的西式选举政治体制为什么不能减少政治中普遍存在的腐败、歧视与不公平现象？要回答这些问题，就需要从印度政治体制的发展历程和发展特点出发进行解读，从印度议会与选举制度、联邦行政机构、中央与地方关系等方面进行理解。

第一节　篇幅最长的成文宪法

印度宪法是世界上所有主权国家宪法中篇幅最长的成文宪法，这部宪法宣称印度是一个享有主权的社会主义世俗民主共和国。根据印度中央政府法律与司法部（Ministry of Law and Justice）立法局（Legislative Department）2020 年 12 月 9 日公布的最新版本，印度宪法除前言外，正文分为 22 个部分、共 395 条，另有 12 个附表和 4 个附录。此外，由于不少条款反复修订，印度至今共通过了 106 份宪法修正案。

一　两年有余的宪法起草

印度宪法的历史可以追溯到英国统治印度时期。印度宪法的根源在于反对殖民统治的民族主义运动以及各王公邦建立负责任的宪政政府的运动。1934 年，当印度民族解放运动领导人继续对抗英国争取自由时，有人提出了建立制宪会议（CA）的想法，该会议将为印度起草宪法草案。

1946 年 12 月制宪会议成立，准备起草印度宪法，12 月 9 日，由各邦立法会选举和王公邦推选产生的 299 名制宪会议成员召开第一次制宪会议（实际参加人数为 210 人），选举拉金德拉·帕拉萨德（Rajendra Prasad）担任制宪会议主席。制宪会议成立了多个委员会来研究和报告宪法需要解决的各种重大问题，议会宪法顾问孟加拉纳尔辛·劳（Benegal Narsing Rau）爵士根据委员会报告起草了一份草案，包括 240 个条款和 13 个附表，广泛吸收会议的众多意见。

1947 年 8 月 29 日，制宪会议成立了起草委员会（DC），由安贝德卡尔（B.R. Ambedkar）博士担任主席，负责起草印度宪法草案。除安贝德卡尔之外，宪法起草委员还有六名成员，分别是 K.M. 蒙希（K.M.Munshi）、赛义德·穆罕默德·萨杜拉（Syed Mohammad Saadullah）、N.马达瓦·劳（N.Madhava Rau）、N. 戈帕拉斯瓦米·艾扬加尔（N.Gopalaswamy Ayyangar）、阿拉迪·克里希纳斯瓦米·艾亚尔（Alladi Krishnaswamy Ayyar）、T.T. 克里希纳马查里（T.T.Krishnamachari）。在宪法草案审议过程中，大会共提出了 7635 项修正案，审议并表决了其中 2473 项修正案。

1950 年 1 月 26 日，经过 11 次会议，历时约 2 年 11 个月零 18 天，印度宪法正式生效，共 22 个部分、395 条、8 个附表（今为 12 个附表），共计 10 余万字。

二 纷繁复杂的宪法修正案

除了篇幅庞大之外，印度宪法的另一个特点是始终处于修订之中。自生效至今，截至 2023 年 10 月 19 日，共出台了 106 份宪法修正案。这里，对具有代表性的一些宪法修正案的情况，简要介绍如下。

第 1 修正案。1951 年，印度首任总理贾瓦哈拉尔·尼赫鲁（Jawaharlal Nehru）通过了宪法第 1 修正案，修改了第 15、15（3）、46、341、

342、372 和 376 条，规定国家应特别注意增进人民中较弱阶层的教育和经济利益，并授权国家可专门为增进妇女儿童的权益，以及保护表列种姓和表列部落免受社会不公正待遇，制定特殊的条款。该修正案颁布后，国家将无法制订限制公民言论自由权以及从事任何贸易、职业或商业的权利的法律。它还阻止各邦制订法律允许它们获得任何公民的财产。该修正案还在宪法中增加了第 9 附表，列出了一些不能在法庭上受到质疑的邦法律。但是，修正案还引入了言论自由权的三个新的例外情况。现在，如果公民的言论危害"公共秩序"、煽动犯罪或影响"与外国的友好关系"，他们就没有自由言论的权利。该修正案带来的其他变化包括：授权总统 / 总督在不到六个月的时间间隔内召集众议院开会或休会，禁止非印度公民身份的法官被任命为任何高等法院的首席大法官，或任何其他法院的法官，并禁止总统在宪法生效后三年内修改任何法律。

第 4 和第 25 修正案。1955 年尼赫鲁政府通过的第 4 修正案修改了宪法第 31 条、第 31A 条、第 305 条和第 9 附表，批准了公民的财产权。该法规定，国家或国有企业不得强制征用任何财产，除非是为了公共目的并根据规定给予补偿的法律授权。然而，1975 年通过的第 25 修正案在限制土地征用的第 4 修正案的基础上增加了一些警告。它允许国家在确定适当补偿金额的情况下，强制征用少数族群管理的教育机构的土地。另一个具有里程碑意义的一步是，议会通过的 1978 年第 44 修正案省略了第 31 条规定的财产权这一基本权利，使其成为一项宪法权利。

第 7 修正案。1956 年，尼赫鲁政府通过了第 7 修正案，废除了 A、B、C、D 四类邦的划分，并引入了关于印度联邦领土的规定。该法案列出了当时印度各邦的名称，包括安得拉邦、阿萨姆邦、比哈尔邦、孟买邦、喀拉拉邦、中央邦、马德拉斯邦、迈索尔邦、奥里萨邦、旁遮普邦、拉贾斯坦邦、北方邦、西孟加拉邦以及查谟 – 克什米尔邦，还规定了每个邦的边界及其合并的领土。同时，该法案还创建了六个中央直辖区，即德里、喜马偕尔邦、曼尼普尔邦、特里普拉邦、安达曼和拉卡迪夫。此外，该法案还将联邦院的 220 个席位在上述各邦和中央直辖区之间进行了分配。

第 52 修正案。为了打击政治叛逃，拉吉夫·甘地政府于 1985 年通过了第 52 修正案，修改了第 10 附表的相关规定，议员将因政治叛逃被取消国会议员和邦立法院成员资格。宪法规定，如果出现以下情况，即被政党推荐为候选人的国会议员或州立法机关的民选议员，以及在就职时是政党成员或在就职后六个月内成为政党成员的国会议员或州立法机关的提名议员，如果自愿放弃该政党的成员资格，或在该议院违反该政党的任何指示投票或弃权，或被该政党开除，则将因叛逃而被取消资格。如果国会议员或州立法机关的独立议员在当选后加入任何政党，也将被取消资格。被提名的国会议员或州立法机构议员如果在被提名时不是政党成员，并且在就职之日起六个月内未成为任何政党成员，则如果他在上述六个月期限届满后加入任何政党，即丧失资格。该法案还对政党的分裂和合并作出了适当规定。

第 101 修正案。纳伦德拉·莫迪政府于 2016 年通过了第 101 修正案，修改了宪法第 246 条，授权议会制定有关邦际商品及服务税（GST）的法律，这被认为是印度政体近代以来最大的宪法变革，邦立法机关可以就联邦和各邦征收的商品和服务税制订相关法律。根据第 246 条，联邦政府仅限于就第 7 附表中的列表 I（即联邦列表）所列举的事项制定法律，而邦立法机关则有权根据第 7 附表中列表 III（即并行列表）的所列事项制订相关法律。该法案还规定，商品及服务税理事会的每项决定均应根据不少于四分之三的投票权重做出——中央政府的投票权重为总投票权重的三分之一，各邦政府的选票合计占总票数的三分之二。该委员会还建立了联邦政府与任何邦之间或两个邦之间的争端机制。根据修订后的条款，如果商品及服务税理事会建议，议会有权向各邦因实施商品及服务税而造成的收入损失提供补偿。各邦可以废除与这些规定不一致的邦税法，或者这些法律将在修正案通过一年后不再有效。

第二节　强中央倾向的联邦制

印度的联邦制在这个高度多元化的国家不断变化的政治和社会经济动态下经历了众多的变革，随着莫迪领导的印度人民党在印度政坛上的一家独大，强中央倾向的联邦制对印度民主政治和治理产生了深刻影响。

一　独特的联邦制设计

最初，印度采用联邦政治制度，有两级政府：中央政府和各邦政府。1992 年颁布第 73 和第 74 修正案后，增加了关键的第三层（在行政委员会和市政府层面）。宪法制定者为独立的印度采用了一种独特的联邦结构模式，通常被称为"集权联邦制"。

各时代的联邦总理都希望建立一个更强大的中央，是因为他们担心这个在独立期间遭受分裂创伤的国家分裂主义倾向日益增强，联邦政府在重大事务上享有相对于各邦的优越权力。例如，重划各邦边界的自由裁量权，联邦列表包含的主题比邦列表更多，并且其法律优先于各邦。此外，议会可以在特殊情况下就任何邦主题进行立法，重要的是中央对经济资源享有巨大的控制权。最有争议的是，中央有权任命各邦邦长，并可以通过宣布实行总统治理，解散邦政府，由中央政府接管邦政权。

印度的政治制度具有一些明显的联邦制特征，例如双重政体以及成文宪法规定的中央与各邦之间划分的管辖权。此外，宪法中联邦相关条款的修改程序是严格的，只有在大多数邦同意的情况下才能进行，独立司法机构等保障制度在中央与各邦之间的任何争端中充当仲裁者。

二　印度联邦制的历史沿革

中央与各邦之间的关系随着时代的变迁而演变，并在很大程度上取决于不同时期政党力量对比的变化。印度联邦制的演变可以从时间上分为从独立到现在的四个阶段。

第一阶段是 1952 年至 1967 年国大党一党主政时期。国大党无论是在中央还是在各邦都拥有绝对的政治优势，这促使政治学家拉吉尼·科塔里（Rajni Kothari）将其称为"国大党体制"。这一时期，国家政治由首任总理贾瓦哈拉尔·尼赫鲁主导，国大党的地区领导人和首席部长在各邦也拥有相当大的政治影响力和支持基础，中央和各邦之间的主要分歧在国大党论坛上得到解决，这防止了任何重大的联邦冲突，创建了"党内联邦制"的共识模式。

1967 年至 1989 年的第二阶段是冲突频发的时期。国大党仍然在中央执政，但在许多邦失去了权力，并形成了许多地区党领导的反国大党联合政府。这一阶段标志着国大党领导的中间派和反对党领导的邦政府之间直接冲突的联邦动态时代的出现。此外，国大党在 1969 年分裂后，在前总理英迪拉·甘地的领导下变得极其集权和独裁，该党的地区领导人和组织结构大大丧失了自主权。尽管国大党在此期间凭借英迪拉·甘地的声望赢得了全国选举（1977 年全国选举除外），但由于下层组织薄弱，国大党的社会基础开始受到侵蚀。安得拉邦、泰米尔纳德邦、卡纳塔克邦和西孟加拉邦的强大地区领导人纷纷抵制中央的权力和主张，导致这一时期联邦制的冲突。20 世纪 70 年代末80 年代初，阿萨姆、旁遮普和米佐拉姆等邦发生了大规模政治危机，部分原因是中央集权倾向。然而，以拉吉夫·甘地为中心的政府虽然实行了中央集权的运作模式，但却放弃了一些政治空间，采取和解的方式来处理阿萨姆邦、旁遮普邦和米佐拉姆邦的地区同一性要求和政治冲突。

1989 年之后至 2014 年大选前是被称为联盟政治时期的第三阶段。这一时期，发生了被称为"印度政治的重构"的现象，为国家政治的区域化创造了条件。首先，由于国大党在国家政治中的主导地位大幅下降，而印度人民党尚未成为可替代国大党领导地位的政党，这为许多强大的地区政党和领导人在联合政府中发挥作用创造了政治空间。这一时期允许许多地区领导人分享国家权力，因为没有一个全国性政党能够获得议会绝对多数。由于区域参与者通过加入国大党和印度人民党领导的政党联盟，在中央发挥了各自的政治作用，因此这个时代激烈的中央地方冲突减少了。此外，这一时期印度经济的自由化赋予邦政府和首席部长相当大的自主权，可以开展商业活动并向各自邦引入外国投资，反过来，也为各自邦创造了以增长和发展为前提的政治认可。从真正意义上来说，第三阶段中央和地方邦的竞争和讨价还价为真正的联邦制打开了大门。

2014 年以来，随着印度人民党的崛起，一党独大、一党主政的强中央倾向的联邦制在印度卷土重来。印度人民党结束了三十年的联合政府，在 2014 年和 2019 年人民院选举中获得了议会多数席位。与此同时，该党在多个邦取得了政权，建立了几乎类似于"国大党体制"的一党主政格局。随着国大党在政治上的实力大幅削弱，在一定程度上挑战印度人民党在邦选举中取得进展的主要是地区政党。这一时期，中间派和反对派统治的各邦之间发生了一些重大的联邦矛盾，后者指责印度人民党极力打压印度国内反对力量，并利用邦长办公室和中央调查机构恐吓反对派领导人并破坏邦政府的稳定。关于治理问题，印人党领导的中央政府在颁布商品和服务税法案、成立印度国家转型委员会、设立商品和服务税理事会以及接受金融委员会关于增加各邦资金份额等问题上，形成了初步决定，并且也获得了一些邦政府的支持。但是，在《公民身份法》、农业法、边境安全部队在各邦的管辖权、商品和服务税的补偿等多项政策上，中央与地方之间仍存在较大分歧，特别是非印人党执政的各邦抵制中央政策的态度较为强烈，导致央地关系矛盾又有加剧趋向。

尽管印度联邦制的制度设计存在固有的强中央倾向，但不同地区对身份、自治和发展的多元诉求引发了权力分散化的趋势，特别是 20 世纪 80 年代后地方政党的崛起，不仅导致了印度政治的地方化和分散化，而且也对传统的中央集权模式构成了显著挑战。在所有四个阶段中，集中化和同质化的尝试都遭到了维护原始联邦设计的地区参与者的抵制。通过向最低治理层面下放权力，第三级地方自治政府的加入也有效地成为印度联邦制的强大支柱。然而，两大挑战阻碍了更大的联邦合作。首先，印度的联邦关系仍然受到政治党派之争的严重影响，因为中央和各邦的敌对政党之间的相互不信任和选举竞争阻碍了政治对话和达成共识。其次，由于政治分歧和猜疑不断加剧，邦际委员会、商品及服务税委员会、印度国家转型委员会和地区委员会等协调机构的作用在很大程度上仍未充分发挥，无论是中央与各邦之间，还是各邦彼此之间，在一些重大问题上的矛盾分歧依然复杂难解。[①]

第三节　两院制的议会民主制

印度之所以选择议会制政体，主要是因为制宪者深受英国政体的影响。此外，总统制的严格分权会导致行政和立法两个部门之间的冲突，这对于新独立的国家是难以承受的。在议会民主制下，议会一

---

① Ambar Kmar Ghosh, "Indian Federalism @75: The Foundation of a Strong Democracy," https://www.orfonline.org/expert-speak/indian-federalism-75-the-foundation-of-a-strong-democracy，最后访问时间：2024 年 4 月 10 日。

般拥有最高权力，行政机关对立法机关负责，政府则被称为议会制政府、内阁制政府或责任制政府。

一　印度特色的议会民主制

立法机关与行政机关关系密切：总理与部长会议组成行政机关，议会是立法机关。总理和部长是从议会议员中选举产生的，这意味着行政机关是从立法机关中产生的。

行政机关对立法机关负责：行政机关对立法机关负有集体责任。

双重领导：国家元首（总统）是名义上的行政领导人，而真正的行政领导是总理，即政府首脑。

程序保密：行政中枢为政府的内阁，由政府首脑亲自领导，内阁的程序是秘密的，不宜向公众透露。

总理的领导：这种政府形式的领导人是总理。一般来说，在下议院赢得多数席位的政党领袖被任命为总理。

两院制立法机关：大多数议会民主国家立法机关都遵循两院制。

无固定任期：政府任期取决于其在下议院的多数支持。如果政府没有赢得不信任投票，部长会议就必须辞职，将举行选举并组建新政府。

尽管印度遵循的这一制度主要受到英国模式的影响，但印度和英国的制度之间存在一些差异。在印度，总理可以来自联邦院或人民院；在英国，首相始终来自下议院。在英国，议长一旦被任命，就正式从其政党辞职；在印度，议长仍然是其所属政党的成员。在英国，反对派组建影子内阁，负责审查政府的行动和政策；印度不存在影子内阁的概念。

《印度宪法》第五部分第 79 至 122 条规定了议会的组织、组成、任期、官员、程序、特权和权力等。根据《印度宪法》，印度议会由三部分组成，即总统（President）、联邦院（Council of States）和人

民院（House of the People）。1954 年，联邦院的印地语名字被确定为
"Rajya Sabha"，人民院则为 "Lok Sabha"。联邦院是上议院，人民院
是下议院。联邦院代表印度的邦和中央直辖区，而人民院代表印度全
体人民。

虽然印度总统不是议会两院的成员，也不参加议会的会议，但
总统是议会不可分割的一部分。这是因为没有总统的同意，议会两院
通过的法案不能成为法律。总统还履行与议会议事程序有关的某些职
能，例如，总统召集和罢免两院，解散人民院，向两院发表讲话，在
两院休会期间发布法令等。

二　分工不同的议会两院

联邦院是印度议会的上议院。联邦院由各邦和中央直辖区的代表
以及印度总统提名的人士组成。印度副总统是联邦院主席。联邦院还
从其成员中选出一名副主席。联邦院主席和联邦院副主席主持会议。
1952 年 4 月 3 日，联邦院成立，联邦院的地板上铺有红色地毯，座位
以半圆形的方式排列。

《印度宪法》第 80 条规定，联邦院由不超过 238 名的各邦代表以
及总统推荐的 12 名议员构成，最大席位总数为 250 席。其中，总统
推荐的议员应对于文学、科学、艺术及社会服务等事项具有专门学识
或实际经验。

《印度宪法》第四附表规定了联邦院内议席在各邦和中央直辖区
的分配。席位的分配是根据每个邦的人口进行的。自 1952 年以来，
由于邦级行政区划的调整和重组，联邦院分配给各邦和中央直辖区的
席位数量不断变化。《印度宪法》第 84 条规定了议会成员的资格，成
为联邦院议员的人选必须是印度公民，年龄不得在 30 岁以下，并且
还要具有议会以法律或依法律而规定的其他资格。当选后，应按宪法
第三附表规定的誓词宣誓就职。

各邦的联邦院代表应由各邦立法院选出的议员，按比例代表制，以单记名可转让投票法选举产生。中央直辖区的联邦院代表则应由议会特制的法律所规定的方式选出。联邦院是一个不受解散的永久性机构，但尽可能接近三分之一的议员应于每两年届满时，依照议会特制的法律之规定而解职。实际上，联邦院议员的任期在《印度宪法》中并没有明确规定，而是由议会进行决定。根据1951年的《人民代表法》(Representation of the People Act，1951)，联邦院议员的一届完整任期为六年，总统有权对联邦院议员的解职或退休发布命令或作出规定。解职或退休后，联邦院的议员有资格再次被提名或被选举，且连任和提名均没有次数限制。

联邦院根据宪法享有某些特殊权力。关于联邦与各邦的立法权限划分，《印度宪法》第七附表作出了具体规定，按立法的主题、领域和事项，分别为联邦职权表、各邦职权表和共同职权表。一般情况下，议会不能对各邦职权表中的所列事项进行立法，但如果联邦院以不少于三分之二议员出席并投票的多数通过了一项决议，且认为就该决议的所涉事项进行立法是符合国家利益的，那么无论该决议的所涉事项是否属于联邦的立法职权，议会均有权就该决议所涉事项，为印度的全部或任何部分领土制定法律。此类决议的有效期最长为一年，但以再通过类似决议的方式，可将有限期每次延长最多一年。

人民院是印度议会下院，成员由人民直接选举产生，每5年解散一次，这意味着人民院每位民选议员的任期为5年。人民院是印度立法机关和行政机关的总部，也是负责政治决策的主体，总理及其内阁是人民院成员，总理拥有实权，他领导部长会议，其中包括内阁部长、国务部长和副部长。

印度宪法允许人民院最多有552名议员。其中，530名成员是各邦代表，20名成员是中央直辖区的代表，2020年以前还有2名成员由总统从英裔印度人（Anglo-Indian community）中提名。如果英裔印度人群体在人民院没有足够的代表，总统可以从该群体中提名两名成员。最初，这一规定将持续到宪法生效后的第十年，但之后通过数次宪法修正案使之长期延续，直到 2020 年 1 月，根据 2019 年通过的宪法第 104 修正案，英裔印度人的保留席位才最终被废除。

人民院的议员由各邦选民直接选举产生。为进行人民院选举，每个邦被划分为若干选区（Territorial Constituencies）。《印度宪法》第 81 条规定，各邦在人民院均应有一定的议席。并且，如有可能，应使各邦的议席数与其人口数的比例相一致，同时分配给该邦各选区的议席数与选区内的居民人口数，比例也应求其一致。第 326 条进一步规定，人民院的选举应建立成人普选权的基础之上，凡年满 18 周岁且未被剥夺资格的印度公民，均有权登记为相应选区的选民。

每次人口普查完成以后，各邦在人民院的议席分配以及各邦选区的划分，可按照议会以法律规定的方式进行重新调整。例如，2003 年的第 87 修正案规定，选区划分以 2001 年的人口普查为基础，而不是 1991 年的人口普查。然而，这可以在不改变分配给每个邦在人民院的席位数量的情况下实现。议会为划分选区，分别于 1952 年、1962 年、1972 年和 2002 年颁布了《划界委员会法》（Delimitation Commission Acts）。

三　协调两院关系的宪法规定

根据《印度宪法》第 75 条第 3 款的规定，内阁集体对人民院负责，这意味着联邦院不能组建或解散政府。然而，它可以对政府实施控制，并且这一职能变得相当突出，特别是当政府在联邦院不享有多数席位时。

为了解决两院之间的僵局，在普通立法的情况下，宪法规定两院举行联席会议。事实上，议会两院过去曾多次举行联席会议以解决彼此之间的分歧。联席会议的议题由出席投票的两院议员总数的多数决定。联席会议在议会大厦中央大厅举行，由人民院议长主持。然而，就《货币法案》而言，宪法中没有规定两院举行联合会议，因为人民院在财政问题上明显优先于联邦院。至于宪法修正案，宪法规定，必须按照宪法第368条规定，由两院以特定多数通过。因此，没有任何条款可以解决两院之间关于宪法修正案的僵局。

部长可以属于议会两院，宪法在这方面没有明确规定。部长们有权发言并参与两院的议事，但仅有权在其所属的人民院投票。关于议会两院及其议员和委员会的权力、特权和豁免，《印度宪法》将两院置于绝对平等的地位。除了部长会议的集体责任和某些财务事务仅属于人民院的管辖范围之外，在包括选举和弹劾总统，选举副总统，批准关于各邦宪法机制失效等紧急状态的公告，以及接受各法定机构的报告和文件等方面，两院享有平等的权力。

第四节　中央政府的机构部门

印度政府采用具有单一特征的联邦结构和议会形式，使印度成为一个社会主义、民主、主权、世俗和共和的国家。印度政府由三个主要部门组成：立法部门、司法部门和行政部门。印度政府的结构包括部长会议，其中总理担任首脑，并担任国家总统的顾问，总统是印度的国家元首，也是印度武装部队的最高统帅。目前，纳伦德拉·莫迪（Narendra Modi）担任印度总理，德劳帕迪·穆尔穆（Draupadi Murmu）担任总统，贾格迪普·丹卡尔（Jagdeep Dhankar）担任副总统兼联邦院主席。

一　法理上的国家元首——总统

作为"国家元首"（the head of state），总统是印度联邦名义上行政权、立法权和司法权的最高执掌者。总统由选举团成员选举产生，选举团则由议会两院选举出的议员以及邦立法院选举出的议会组成。总统的选举采取单记名可转让投票法，按比例代表制进行，其投票为秘密投票。为了确保各邦代表比例相同以及各邦作为整体和联邦之间的均等，每张选票都被赋予适当的权重。总统必须是印度公民，年满35周岁，每届任期5年，可连选连任。总统必须具备当选为人民院议员应具备的资格，但不得担任议会两院任何一院或者邦立法院的议员，如果议会两院任何一院或邦立法院的议员当选为总统，则其在该议院的议席自其就任总统职位之日起空缺。

联邦的行政权属于总统，由总统根据宪法直接或通过其下属官员行使。联邦国防军的最高指挥权也归总统所有。总统有权召集议会、休会、讲话、向议会发出信息并解散人民院；随时颁布法令，议会两院开会期间除外；提出财务和货币法案的建议并同意法案；在某些情况下给予赦免、缓刑或减刑。当一个邦的宪法机制失效时，总统可以接管该邦政府的全部或部分职能。如果总统确信存在严重紧急状态，印度或其任何部分领土的安全受到战争、外部侵略或武装叛乱的威胁，则总统可以宣布国家进入紧急状态。印度独立以来，共产生了15任总统，现任总统是德劳帕迪·穆尔穆，是印度首位来自部落地区的总统和历史上第二位女总统。

值得注意的是，总统虽然在法理上作为印度国家的最高统治者，执掌着印度最高的行政、立法和司法权，但实际上这些最高权力由总统执掌只是象征性的，并非实质性的。例如，总统在行使对政府高级官员的任命权时，必须按照以总理为首的部长会议或议会、法院的建议行事，所谓任命只不过是履行手续而已，并不能任意而为。又如，虽然按照宪法规定，部长会议须在总统的同意下才能延续，但实际上总统若要提出解散部长会议的动议，很有可能引发宪政危机，因此只要部长会议拥有人民院多数议员的支持，总统便不能随意解散。正如印度宪法之父安贝德卡尔所说："总统是国家的元首，但不是行政首脑。他代表国家，但不统治国家。"①

　　根据印度宪法的制度设计，印度联邦还设有副总统一名，职责是协助总统行使职权，当总统职位空缺时，副总统代为履行总统职责。与总统的产生方式类似，凡年满 35 周岁且具备联邦院议员当选资格的印度公民，均可成为副总统候选人，由议会两院及各邦议会选出的选举团经选举产生，任期也是五年，同样可以连选连任。当选之后，副总统是印度议会上院联邦院的当然主席，除协助总统行使职权外，主要负责召集和主持联邦院的会议。

　　对于总统和副总统的罢免，印度宪法也做出了较为详细的规定。对于总统而言，若有违反宪法的行为，联邦议会上下两院均有权提出弹劾。具体程序是，正式提出书面通知，且该通知必须经联邦院或人民院任何一院超过该院议员总数四分之一的议员签名。通知提出 14 天后，发起弹劾的议会任何一院形成正式决议草案，且该决议草案须经该院不少于议员总数三分之二的多数票通过。一旦弹劾总统的决议草案得以通过，另一院就必须对该案进行调查，或促成对此案的调查。如调查结果确认总统违宪属实，且办理调查或促成调查的一院以不少于该院议员总数三分之二的多数票通过决议，则可宣布对总统的弹劾业已成立，罢免总统的决议自通过之日起生效。对于副总统而言，罢免程序相对简单，在提前 14 天提出弹劾副总统的通知后，一旦联邦院以当时全体议员总数过半数的票数通过一项决议，且该决议也经人民院同意，则可罢免副总统。

二　执掌实权的政府首脑——总理

　　根据印度宪法的相关规定，印度联邦的行政权实际上由以总理为首的部长会议（the Union Council of Ministers）执掌。印度宪法第 74

---

① P. B. Rathod, *Indian Constitution, Government and Political System*, New Delhi: Commonwealth Publishers, 2004, p. 140.

条和 75 条规定，总理由总统任命，并设立以总理为首的内阁，以赞襄总统，便其垂询，总统应遵照内阁的建议行使其职权。换言之，虽然印度政府的所有行政行为应以总统的名义施行，但总统只是名义上的国家元首，而总理才是实际上的政府首脑。

印度总统任命一名总理，该人要么是在人民院中占有多数席位的政党的领导人，要么是能够通过获得其他政治团体的支持而赢得人民院信任的人。政府所有其他部长均由总统根据总理的建议任命。特殊情况下，总统也可以自行任命总理，但前提是没有政党在人民院中拥有明显多数席位。

印度总理通过履行各种职能为国家服务，总理履行以下职责：①国家领导人：印度总理是印度政府首脑；②职务分配：总理有权向部长分配职务；③内阁主席：总理为内阁主席，主持内阁会议，如果成员之间存在重大意见分歧，他可以强行作出决定；④国家官方代表：总理代表国家出席高层国际会议；⑤总统和内阁之间的联系：总理是总统和内阁之间的联系纽带，他将内阁的所有与联邦事务管理和立法提案有关的决定传达给总统；⑥负责人：总理是核指挥局、印度国家转型委员会、内阁任命委员会、原子能部、航天部以及人事、公共申诉和养老金部的负责人；⑦首席顾问：担任总统的首席顾问。

就像总理是联邦议会领袖一样，首席部长也是邦议会领袖。当前，莫迪领导的印度人民党政府共设立了 53 个部。其中，主管农业、内政、国防、财政、外交等领域事务的 18 个部，机构较为庞杂，职责范围较广，在部之下还设有局，这 18 个部共计下设了 50 个局，分管不同业务并承担不同职能。除上述 18 个部以外，其他的 35 个部，要么主管的业务相对集中，要么承担的职能较为单一，在部以下不再设局。各部均设部长一名，负责各部政策方针的制订与实施，并向总理、内阁和部长会议负责。

需要指出的是，在上述 53 个部之外，印度联邦政府还设有 3 个独立办公室，即内阁秘书处（Cabinet Secretariat）、总统秘书处（President's Secretariat）和总理办公室（Prime Minister's Office），分别服务于内阁、总统和总理，并负责处理各自职权范围内的日常事务。此外，莫迪开启总理第二任期后，又将在国大党执政时期长期作为联邦政府独立部门而存在的原子能部（Ministry of Atomic Energy）和太空部（Ministry of Space）予以裁撤，将二者划归为总理办公室的下设局，即由总理直接领导的原子能局（Department of Atomic Energy）和太空局（Department of Space）。因此，当前印度联邦政府的主要职能部门共计 3 个独立办公室、53 个部和 50 个局。

三　备受诟病的行政效率

在办事效率方面，世界银行公布的世界治理指数显示，印度政府的行政效率得分最高值仅为 0.11（满分为 2.5）。印度政府涣散的工作作风以及拖沓的办事态度已经为许多人所诟病，现任总理莫迪曾在竞选时公开批评印度政府机构的庞大臃肿和行政低效问题。

印度中央政府的部委过多。截至 2024 年第 18 届大选前，印度共有 53 个部委。在 19 个主要国家中，只有拥有 51 个部委的斯里兰卡接近印度，加拿大和南非并列，各有 34 个部委，有 12 个国家的部委数量为 25 个或更少。德国有 13 个部委，数量最少，其次是法国，有 16 个部委。部委数量过多不利于治理，至少有三个原因。首先，各部委根据其支出数额来判断其重要性。因此，它们在政府内部竞争尽可能大的总支出份额，而不管它们实际可能用这些资源做的社会公益，这种竞争往往导致资源配置效率低下。其次，它减慢了政府的决策过程。太多的部委最终对政府必须做出的特定决定拥有管辖权，它们还可以从中获益，导致政府设想与落地差距较大，基层很难获得真正的实惠。最后，更多的部委导致行政管理中的任务蔓延。政府集中介入那些本应禁止其介入的领域，在本应属于私营部门的专属领域中存在大量部委就说明了这一点。

印度的联邦制是形似"联邦"而神似"单一制"的国家体制，中央政府具有很强的控制力。自独立伊始，印度的经济就更多有"苏联模式"的特点，行政部门包揽了众多公共事务，属于典型的官僚行政模式。加之印度目前还遗留有改革之前的"许可证管理"制度，尽管这一制度在市场经济改革大潮中被削弱，但其影响未得到根除，经常发生政府管理越权的情况，造成政府与民间关系的紧张。官僚行政模式还塑造了印度行政文化的弊端，包括重人情、徇私、傲慢、自我满足、政策懈怠、目光短浅等。[①]

第五节 难以计数的政党数量

印度是亚洲最早出现政党的国家之一，也是世界上存在政党较多的国家之一，截至 2023 年，共有超过 56 个得到承认的政党和 2796 个未得到承认的政党。

一 印度政党的发展历程

19 世纪中叶，印度资本主义开始产生和缓慢发展，印度民族资产阶级同英国殖民主义者的矛盾日益尖锐，一些地区性的资产阶级民族主义组织开始形成。1851 年德干协会、英印协会的建立和 1852 年孟买协会、本地人协会的建立传播了资产阶级民族主义思想，为民族改良运动的进一步发展和资产阶级政党的产生奠定了基础。

19 世纪 70 年代末 80 年代初，民族改良运动逐步由分散走向统一，由地区性运动发展为全国性运动。1885 年，印度国民大会党成立，它是全印统一的民族主义政治组织，也是亚洲殖民地的第一个民

---

① 尤升、夏玲玲：《新冠肺炎疫情暴发背景下印度民主制度和政府治理问题审视》，《印度洋经济体研究》2021 年第 6 期，第 99 页。

族资产阶级政党。

20 世纪初，印度民族运动开始由资产阶级民族改良运动转变为民族革命运动。国大党也由民族改良主义政党变成民族革命政党，由"民族议会"政党变成有严密组织的群众性政党。

20 年代后，随着民族解放斗争的发展，印度工人运动也由自发的、无组织的、要求局部经济利益的斗争，发展成为有领导的、有组织的、全国范围的政治斗争。在这种历史条件下，印度无产阶级政党开始诞生。

1920 年 10 月，在第三国际支持下，印度无产阶级代表在苏俄的塔什干建立了印度第一个共产党组织。1921 年以后，印度各地先后建立了共产主义小组。1928 年全国工农党成立。1933 年印度共产党成立。

20 世纪初至 40 年代还产生了其他性质和类型的政党，如全印穆斯林联盟、印度教大会党、阿卡利党、社会党、前进同盟、德拉维达进步联盟等。1947 年印度独立后，出现了政党林立的局面。1952 年第一次大选时，全国有大小政党 192 个。在这以后一些政党不断发生分裂、改组或合并。

随着世界政治格局变迁，世界政党政治的发展和印度自身政治、经济与社会的巨变，印度多党制由国大党、印人党和人民党"三足鼎立"形态发展至以国大党和印人党为核心的、两党主导下的多党竞争形态。印度政党格局有了新变化。

2014 年后，由于国大党的整体衰落和印度人民党的全面扩张，印度政党政治进入了新时期。由于印度人民党连续两次在大选中获得半数以上席位，并将势力范围扩大到全国绝大多数地区，从而形成了绝对优势地位，印度政坛出现了印度人民党"一党独大"的新格局。

二　千差万别的政党势力

按组织力量大小以及政治活动范围划分，印度大大小小的政党大体上可分为如下四类：

一是全国性大党（Major National Parties），主要是印度国民大会党和印度人民党。

印度国民大会党（英迪拉·甘地派）[The Indian National Congress (Indira Gandhi)]：简称国大党（英），通常称国大党。据称有初级党员3000万，积极党员150万。国大党成立于1885年12月，领导了反对英国殖民统治和争取印度独立的斗争。印独立后长期执政，1969年和1978年两次分裂。1978年英迪拉·甘地组建新党，改用现名。2004年和2009年人民院选举中再次成为议会中第一大党，现任主席为什里·马利卡琼·卡尔格（Shri Mallikarjun Kharge）。

印度人民党：1980年4月成立，其前身是1951年成立的印度人民同盟。自称有350万党员。代表北部印度教教徒势力和城镇中小商人利益，具有强烈民族主义和教派主义色彩。1996年首次成为议会第一大党并短暂执政。1998年至2004年两度执政。现任主席为贾加特·普拉卡什·纳达（Jagat Prakash Nadda）。

二是全国性小党（Minor National-level Parties），主要包括民族人民党（National People's Party，NPP）、民族主义大会党（Nationalist Congress Party，NCP）、全印草根国大党（All India Trinamool Congress，TMC）、人民党（联合派）[Janata Dal（United），JDU]、印度共产党（Communist Party of India，CPI）、革命社会主义党（Revolutionary Socialist Party，RSP）等；

三是地方性大党（Major Regional Parties），如阿萨姆邦的阿萨姆人民委员会（Asom Gana Parishad，AGP）、泰米尔纳德邦的泰卢固之乡党（Telugu Desam Party），等等。

四是地方性小党（Minor Regional Parties），如那加兰邦的那加民族民主党（Naga National Democratic Party，NNDP）等。

三 印度的左翼政治势力

在政治领域，人们习惯于把具有不同政治信仰、持有不同政治主张的政党、团体、势力划分为不同的派别，其中最主要的是左、右两派，也即"左翼"和"右翼"。所谓左右两派或两翼的划分，起源于法国大革命时期。当时，在法国立宪会议上，来自第三阶级（市民和农民）、反对君主体制、支持激进改革的自由派成员坐在主席的左侧，而来自第二阶级（贵族阶级）、支持君主体制、反对激进变革的保守派成员则坐在主席的右侧。后来，现代西方国家沿袭了这种以形象化或对比的方式描述不同政治立场的方式，在政治光谱（political spectrum）上以左、右为界线，将靠左的一端用共产主义、社会主义来加以定义，被置于这一端的政治势力被称为"左翼"或"左派"，同时将靠右的一端用保守主义来加以定义，并将被置于这一端的政治势力称为"右翼"或"右派"。当然，所谓的"左翼"和"右翼"仅是相对而言，在不同时期和不同国家有着不同的意义。

在印度次大陆，左翼政治势力的源起要追溯到英国殖民统治时期。1871年在加尔各答，第一国际印度支部正式成立，标志着现代意义上的左派在印度正式诞生。到了19世纪末至20世纪初，在反抗殖民统治和争取民族独立的过程中，印度次大陆上涌现出一批深受左翼思潮影响的思想家和革命家。其中，具有代表性的及其思想主张主要包括：安妮·贝赞特（Annie Besant）的右翼社会民主主义，拉贾·马亨德拉·普拉塔普·辛格（Raja Mahendra Pratap Singh）和比凯吉·卡玛（Bhikaiji Rustom Cama）的左翼社会民主主义，维纳亚克·达莫达尔·萨瓦卡（Vinayak Damodar Savarkar）的民族社会主义，贾瓦哈拉尔·尼赫鲁的民主社会主义，以印度斯坦共和协会

（Hindustan Socialist Republican Association）为代表的革命社会主义，当然还有以印度共产党为代表的共产主义，等等。总体上看，上述人士、政党、团体普遍对甘地领导的非暴力不合作运动表示不满，大多主张用马克思列宁主义的理论解决印度社会问题，强调只有走社会主义－共产主义道路才能真正实现民族独立和解放，因此意识形态更具战斗性。

印度独立后，左翼政治势力的发展变迁头绪纷繁，派系划分和力量构成也显得十分错综复杂。根据其政治诉求的不同，当代印度的左翼政治势力可分为如下三种类别。

一是温和左翼，主要包括印度国民大会党的左派、人民党（联合派）、人民党（世俗派）、社会党及其分裂出来的各种派别等。

二是激进左翼，也称议会左翼，主要包括印度共产党、印度共产党（马克思主义）、革命社会党、前进集团、1995 年以后的印度共产党（马克思列宁主义）等，以印共（马）为首组成了"左翼阵线"，虽然从未获得过中央执政权，力量上也弱于印度人民党和国大党，但与不断分化组合的各种人民党力量相当，也是印度的全国性政治力量之一，长期在喀拉拉邦、西孟加拉邦和特里普拉邦执政。

三是极端左翼，也称革命左翼或纳萨尔派，主要包括印度共产党（毛主义）、毛主义共产主义中心、印度共产党（马列－解放）、印度共产党（马列－人民战争集团）、印度共产党（马列－新民主）、印度共产党（马列－大众路线）等各种派别，均不被印度政府承认，其政治活动则被印度政府称为"左翼极端主义运动"（left-wing extremist movement）并加以限制和打压。

第六章 "有声有色"的大国梦想

1947年8月15日印度宣告独立，其第一任总理尼赫鲁在当时提出，让印度成为世界上"有声有色"的大国，这似乎为印度未来的战略方向确定了基调，事实证明此后的历任总理基本上都是朝着尼赫鲁所指明的方向迈步前行。而这，也就是我们常说的，印度的"大国梦"。

第一节 心心念念的大国追求

印度要成为一个什么样的国家？ 1944年9月，印度首任总理贾瓦哈拉尔·尼赫鲁在被英国人囚禁期间，对印度独立后的国家地位提出了战略性的指导：印度不仅要成为在南亚地区具有领导地位的大国，还要努力跻身能够与西方大国共同塑造"世界历史走向"的强国之列。[①] 他在其著作《印度的发现》中明确阐述："印度凭借其当前的地位，无法在世界上扮演次要角色。我们必须成为有影响力的强国，否则就会默默无闻，我对任何中间地位不感兴趣，也不认为这样的地位是可行的。"

一 在世界舞台上扮演关键角色

印度精英阶层普遍认为，印度在世界舞台上将扮演关键角色。印

---

① 《印度的大国之梦，南亚的一支独舞》，搜狐网，2020年6月20日，https://www.sohu.com/a/403031137_758107，最后访问时间：2023年10月1日。

度独立后，尼赫鲁在 1947 年 12 月 4 日制宪会议上发表演讲时，明确指出"印度的核心任务是提升民众生活质量，实现物质、精神、心理、政治和经济全方位的发展。"他构想了印度应成为强大、团结、受到国际社会尊重并发挥重要作用的全球性大国，为"印度梦"绘制了宏伟蓝图。

归纳而言，印度全球大国梦主要内涵即建设一个强大、统一的印度，使其成为一个受到国际社会广泛尊重并发挥重要作用的"有声有色"的世界大国。为了实现成为世界级大国的梦想，印度的几代政治领袖都做出了巨大努力。冷战期间，由尼赫鲁所开创的印度外交使印度在冷战时期的全球政治中获得了远超其实际国力的地位。冷战结束后，随着经济的快速增长、军事能力的稳步提升、区域和全球外交的渐入佳境，印度更加坚定了其走向全球大国的决心。

作为独立印度的核心塑造者、宪法的奠基人以及民族团结和工业化的倡导者，尼赫鲁对印度国家身份的塑造、未来的发展方向以及对人民心灵和思想的深远影响，无人能及，甚至在某种程度上超越了印度伟大的领袖甘地。尼赫鲁不仅是印度全球大国梦想的主要设计师，更是实现这一梦想的核心领导者。他的理念和行动在印度追求全球大国的道路上留下了深刻的烙印，使得印度的全球大国梦想深深地打上了尼赫鲁的印记。

二　建设一个独立自主的强大国家

印度在独立后，确立了建设一个独立自主且强大的国家为其主要目标。尼赫鲁对此有明确的指示，他强调印度的核心任务应当是"终结贫穷、消除愚昧、战胜疾病以及消除社会不平等"。印度历届政府均把经济发展置于首要地位，其中一个重要考量便是增强国力，逐步向世界大国地位迈进。

尼赫鲁曾着重指出："提高印度人民的生活品质是我们的核心使

命，这不仅涵盖心理和精神层面，更包括政治和经济层面。"特别是自 20 世纪 90 年代推行改革政策后，印度经济展现出了新的生机与活力，年均增长率维持在约 6%，经济实力获得了显著的提升，对外贸易也实现了迅猛的增长。所以，从拉吉夫·甘地执政时起，印度就把"建立繁荣和强大的印度"作为既定目标，并为此而在经济、政治、科技、军事、外交等各方面做出不懈的努力。辛格总理任下的印度政府大力宣扬"21 世纪是亚洲世纪尤其是印度世纪"，为实现全球大国的梦想，"实施了综合性的发展战略，在注重保持国内稳定和发展经济的同时，积极开展全方位外交，提升印度的国际地位"。

印度领导人包括尼赫鲁在内，通过不结盟运动，提升了印度的国际地位和影响力，使其在国际体系中寻求新的定位，塑造在后殖民及第三世界国家中的领导地位。此举开创了"第三条道路"，使印度成为独立于东西方阵营的关键力量，为实现全球大国梦想开辟了新道路。1954 年 6 月，周恩来访问印度，与尼赫鲁共同发表"和平共处五项原则声明"，为两国友好关系奠定了新基石，也展现了新的相处模式。

1955 年，印度与锡兰（现今的斯里兰卡）、巴基斯坦以及印度尼西亚等国家，携手共同发起了著名的第一次亚非会议，也称万隆会议，旨在促进亚非国家间的进一步合作。在这次会议中，印度顶住了美欧等国的压力，坚决邀请中国参加，这一举动极大地提升了印度在亚洲民族解放运动中的地位和影响力。印度的这一不结盟外交政策，虽然无法完全弥补其国家实力的不足，但无疑是对其有限实力的一种策略性调整，有效地维护了印度在国际关系中的独立地位。通过在不结盟运动中担任领导角色，印度积累了宝贵的领导经验，为其逐步走向世界大国、承担更多国际责任、发挥更大作用打下了坚实的基础。

2023 年 1 月，印度成功举办了线上"全球南方之声"峰会，吸引了 125 国参与。会议主要关注"全球南方"国家的核心议题，如普惠金融、平衡增长、可持续发展、气候行动与融资，以及互联互通和经贸合作。作为 2023 年 G20 主席国，印度在 G20 峰会前举办此峰会，旨在整合发展中国家意愿，提升其国际影响力。印度计划利用"南南框架"，如"全球南方之声"峰会、不结盟运动和"七十七国集团"，推动国际社会关注和支持南南合作，团结发展中国家，共同维护主权和发展利益，并在其中发挥领导作用。

三 高度重视发展核武器

印度高度重视核武器在国际关系中的作用，认为拥有核武器是全球大国地位的重要象征。做一个"有声有色"的世界大国是印度的长远目标，印度国内社会精英和公众舆论强调拥有核武器与大国身份认同之间存在必然的联系，认为跻身核国家行列是成为世界一流大国的必备条件，对核武的追求一定程度上成了国家荣誉和地位的象征。印度领导人还注意到，联合国安理会五个常任理事国也是五个公开声明拥有核武器的国家，这一切使他们相信，对于想在世界上发挥作用的大国来说，核武器必不可少。印度前总理瓦杰帕伊说："我四十余年来始终支持印度成为核国家这一伟大事业：从任何意义上说，印度有它过去的辉煌和对未来日益强大的追求。"

尼赫鲁时期，印度就认识到核武对印度追求世界大国地位的重要性，尼赫鲁强调印度一定要拥有自己独立开发核能的能力，不能完全依靠任何其他用家，"如果印度受到威胁时它将不可避免地使用一切手段来保卫自己"。"核能开发具有政治上的含义……如果在这一领域太依赖别人，那么，不可避免地，这种依赖将影响我们，也就是别人可能企图通过这种依赖来影响我们的外交政策或其他政策。"基于对核技术尤其是核武器在大国外交和大国地位中所展示出的独特地位和作用的认识，尼赫鲁发展了一种"模糊性"核政策：一方面，印度在国际舞台上提出必须和平利用核能，反对核军备竞赛，抵制核武器；

另一方面，印度对核能的军事应用保持特别的关注，成立了国家原子能委员会，加大对民用核能技术的研究投入，在强调独立自主和自力更生研发核技术的前提下，兼顾国际合作。

1998 年 5 月印度连续进行了 5 次核试验，标志着印度核武器发展政策的一次根本性转变，也在印度走向全球大国的道路上写下了浓重的一笔。虽然处于美国和西方一些国家的重压之下，印度并没有改变核武政策。随着 2000 年 3 月克林顿总统对印度的访问，美国基本放弃了此前迫使印度停止开发核武器的政策目标。印度在这轮外交斗争中取得的胜利为印度在国际舞台上奠定大国地位打下了扎实的基础，成为印度崛起的一个重要体现。

但是，印度拒绝加入《不扩散核武器条约》和《全面禁止核试验条约》，对印度追求大国地位产生了一定的负面影响。因为，在国际社会成员看来，一个世界大国或安理会常任理事国，首先应该是一个负责任的大国，需要遵守和维护国际制度、国际规范，而核不扩散机制是当前国际体系的重要组成部分。如果印度因为核不扩散机制对其政策目标有所约束而拒不加入，对其塑造负责任大国形象的努力将是一个重大冲击，从而无法被国际社会所接受，这也有可能成为印度大国战略今后面临的重要挑战之一。

四 理想主义的大国目标

尼赫鲁当年设想的印度成为有影响力的大国的目标，或许带有一定的理想主义色彩。然而，随着印度近年来在经济和科技领域的迅速发展，"塑造印度为世界经济大国和发达国家"已经逐渐成为政府和民众的共同目标。如今，随着印度的发展步伐不断加快，一个崭新的世界大国蓝图已经初现端倪。

自 2014 年莫迪上台执政以来，印度开始明显加快其迈向全球大国的步伐，并清晰地阐述了大国战略目标，将国家利益置于至高无上的地位，意图将印度塑造成为一个"全球领导大国"。在经济领域，当上一轮改革效应在 2014 年前后逐渐减弱时，印度经济的发展遭遇了更为深层的挑战。对此，莫迪政府进行了产业结构的重大调整，重新将制造业作为核心。印度推出"印度制造"（Make in India）倡议，其主旨在于推动制造业的发展壮大和创造就业机会。事实上，这一政策已取得了令人瞩目的成效，自实施以来，印度制造业的增长率迅速上升，当年便在各产业中位列第二，显示出强大的潜力和活力。

莫迪总理凭借着对印度经济改革前景的坚定信念和广大民众的热切期待，在 2019 年成功连任，这标志着印度正式进入了全新的"2.0 时代"。尽管 2019 年印度经济面临多重挑战，但其全年实际经济增速依然超过了 5%，凸显了印度经济的强大韧性和恢复力。然而，2020 年新冠疫情的暴发对印度经济造成了巨大冲击，导致当年经济增长率跌至独立以来的最低水平。然而，印度经济已经逐渐从疫情中恢复过来，并且随着全球产业链的重新配置，印度成功吸引了大量国外资本前来投资建厂，将挑战转化为前所未有的发展机遇。

成为联合国安理会常任理事国是印度确定的全球大国地位目标实现的最终标志。尼赫鲁认为："无论印度能否成功进入安理会，我认为我们在一开始就应该坚持这个态度。印度在任何关于安全问题的委员会中都必须占有一个主要的位置……印度之应该成为安理会的成员乃是理所当然的事。"

从联合国成立之初起，印度就不断地寻求获得安理会常任理事国席位。在 1945 年 4 月举行的英联邦国家会议上，印度代表提出在拟议中的联合国安理会获得常任理事国席位的要求，理由是印度是亚洲的大国，而且在战争中做出了很大的贡献。印度的要求在后来的旧金山会议上还得到了加拿大、南斯拉夫、澳大利亚等国的附议，但最终失败。

尽管如此，印度仍表示对联合国"全心全意的合作和毫无保留的支持"。联合国成立后早期，印度成为亚非国家在联合国的代言人，加上对联合国的财政贡献和语言优势，印度在联合国具有很高的地位。但是，印度成为安理会常任理事国的道路仍然面临诸多困难和障碍。印度不断地寻求加入安理会常任理事国，是其立志于做"有声有色"的全球大国的一个反映。而印度自身国力相对快速的增长及其对国际政治经济可能产生的影响，以及由此带来的国际地位的提升，则是印度朝向世界大国目标逐步前进的基础。

第二节 印度速度的经济增长

印度的经济发展历程充满曲折，特别是其经济增速饱受争议，下面将简单介绍印度的经济发展史。

一 计划经济体制时期的缓慢增速

独立以来，印度经济发展经历了几个重要历程阶段。1950—1980 年，尼赫鲁及英迪拉·甘地领导的印度国大党的经济政策深受英国费边社会主义的影响，推行所谓的计划经济体制。这种计划经济的主要特征是优先发展重工业和基础工业，建立完整的工业体系，国营经济在国家经济体系中占据主导地位，国家指导和计划私营经济的发展，实行进口许可证制度。这种计划经济体制推动了印度经济的发展。但是在独立之后的头二十年内，印度经济的年平均增长率仅为 2.5%，被印度著名经济学家拉杰·克里希纳讥讽为"印度教徒式增长率"。这种计划经济体制也限制了印度经济的活力，造成与世界经济的脱节、严重依赖于政府赤字和外债、通过高通货膨胀率刺激经济的局面，最终导致印度经济爆发全面危机。1981—1990 年，印度逐步实行经济体制改革，经济保持稳步增长。1991 年拉奥政府发起了全面的经济改革，印度逐渐由以公有经济为主的经济体制向以私营经济为主的经济体制过渡，经济进入飞速发展时期。[①]

二 放宽限制后的增长提速

20世纪90年代以来，印度经济高速发展，GDP年均增长率达到6.6%，部分年份达到7%以上，2010年更是突破了10%。从整体看，自改革以来印度GDP增长率呈现上升的趋势，增长率大幅高于1990年以前的水平。

2014—2017年，印度经济增长率逐渐超过中国。值得注意的是，自2014年莫迪当选为印度总理以来，印度政府先后颁布了多项改革措施。"莫迪经济学"的改革包括提高制造业比重、改善基础设施以及合理运用财政政策与货币政策等方面。2014—2017年，印度GDP增速分别达到7.4%、8.2%、7.1%和6.7%。2018年，印度GDP总量达2.69万亿美元，经济体量已经超越英国，成为继美国、中国、日本、德国之后GDP总量全球排名第5位的国家，实现了高增长低通胀。[②]

2018年之后，印度经济增长率有所下滑。2018年和2019年的GDP增长率分别为6.1%和5.0%。从季度数据看，GDP增长率逐步下滑。尤其是2020年第二季度和第三季度，在新冠疫情的影响下，印度GDP增长率分别为 -23.9% 和 -7.5%，经济陷入大幅衰退。但经济下行仅持续了两个季度，2020年四季度印度GDP增长恢复至疫情前水平。2021年以后，印度经济仍保持较快增速。[③]

三 印度经济的当前状况

疫情后，印度的GDP增速恢复至疫情前的趋势，2022年印度

① 苏乃芳：《从印度经济发展看我国构建双循环新发展格局》，《福建金融》2020年第12期，第3—8页。
② 殷永林：《莫迪政府执政以来的印度经济》，《南亚研究季刊》2018年第2期，第35—43页。
③ 刘小雪：《印度不平衡的经济复苏之路》，《中国金融》2022年第4期，第80—82页。

GDP 同比上涨 6.7%。2022—2023 财年,印度 GDP 约为 3.49 万亿美元,仍为世界第 5 大经济体。根据印度央行的统计数据,第三产业产值已占印度 2022—2023 财年 GDP 的 62.7%,第一产业和第二产业只占 15.1% 和 22.2%。第三产业成为印度 GDP 增长最快的产业,远超第一产业和第二产业。当前,印度已成为世界第二大软件出口国和世界外包行业第一大国,被誉为"世界办公室"。借助于信息技术产业的发展,印度经济保持着较为高速的增长。印度央行预测,到 2027 年,印度有望在经济规模上超越德国,而到了 2029 年,其经济规模甚至可能超过日本,从而实现其成为世界前三大经济体的宏伟目标。

尽管印度的 GDP 总量已经位居世界第 5 位,但其人均 GDP 较低,2022—2023 财年印度人均 GDP 约为 2507 美元,远远低于发达国家的水平。这反映了印度在贫富差距和收入不平等方面仍然面临严重挑战。财政收支方面,2022—2023 财年印度的财政总收入为 245.6 万亿卢比,而总支出为 418.9 万亿卢比,财政赤字为 173.3 万亿卢比,相当于 GDP 的 6.4%。

在进出口贸易方面,印度是世界上最大的贸易国之一,其进出口活动对经济增长至关重要。然而,印度的进出口增长率在过去几年中也波动较大,受到国际贸易条件和全球经济状况的影响,2023 年,印度货物进出口总值完成 11043.50 亿美元,同比下降 5.9%。其中,货物出口总值完成 4318.74 亿美元,同比下降 4.7%;货物进口总值完成 6724.76 亿美元,同比下降 6.6%;货物贸易逆差高达到 2406.02 亿美元;此外,印度吸引的外商直接投资金额虽较上一财年减少了 16.3%,但依然达到了 710 亿美元。

调整基年在印度是统计常规做法,印度国家统计局每 5 到 6 年都会进行此类调整,且最近几次调整引起了印度社会各界的广泛关注。具体而言,2012—2013 和 2013—2014 两个财年的经济增长率分别被上调了 0.4 个和 2.2 个百分点，分别达到了 5.1% 和 6.9%。这一数据与民众的实际感受存在显著差距——当时通胀水平较高、卢比汇率大幅下跌、外汇储备紧张，导致央行不得不连续提高利率。同时，出口和投资需求均出现下滑。在这种情况下，经济如何实现接近 7% 的增长成了一个疑问。更为引人注目的是，根据新的数据和统计方法，莫迪政府执政第一年的经济增长率高达 7.4%。尽管新政府的上台确实恢复了市场信心，经济向好的迹象也逐渐显现，但从复苏到实现真正的起飞仍然存在一定距离。①

在 2019 年初的印度大选激战期间，印度国家统计局公布了经过第二轮修订的 2016—2017 财年经济数据。为了持续提升数据的精确度，国家统计局在监测周期结束后，会基于新收集的信息定期或不定期地更新先前发布的数据，确保数据的准确性和时效性。根据这次修订，2016—2017 财年的经济增长率从原来的 7.1% 上调至 8.2%。与此同时，先前公布的第一轮修订后的 2017—2018 财年数据也发生了变化，经济增长率由原先的 6.7% 调整为 7.2%。

这种数据上的"繁荣"掩盖了印度现实存在的种种社会问题，特别是就业形势严峻的事实。印度人口庞大且相对年轻，但根据世界银行和国际劳工组织的数据，2022 年印度 15~24 岁青年群体失业率已经达到了 23%，就业难已成为印度社会面临的"定时炸弹"。

总之，印度的经济发展历史充满起伏，从殖民统治到社会主义政策再到市场经济改革。尽管印度的 GDP 总量庞大，但仍然面临着挑战，包括数据准确性问题和失业问题。未来，经济改革、基础设施投资、教育和技能发展以及数字化转型将是印度经济的关键驱动因素，有望塑造印度的未来经济趋势。

---

① 《印度经济数据造假？》，同花顺财经，2019 年 7 月 22 日，https://baijiahao.baidu.com/s?id=1639739953459560537&wfr=spider&for=pc，最后访问时间：2023 年 10 月 5 日。

第三节 改革发展的莫迪时代

2014年5月，印度人民党以压倒性优势赢得印度第十六届大选胜利，纳伦德拉·莫迪出任新一届印度政府总理。上台后不久，莫迪就撤销了国家计划委员会，以此为标志，印度第二轮改革浪潮正式启动，以诸多除旧布新的改革举措，进一步推进经济自由化改革，努力提升印度经济的开放性程度和市场化水平，推动印度的发展进入了"莫迪时代"。

一 印度崛起面临的各种老大难问题

2014年5月，莫迪上台执政之初，印度深陷经济泥沼。当时，印度的经济增速仅为5.9%，而通货膨胀率则高达9.7%。可以说，经济增长乏力与物价居高不下并存的局面，极大地削弱了印度经济的活力与稳定性。与此同时，政府内部腐败现象泛滥成灾，这不仅侵蚀了政府的公信力，更使得大量资源无法有效投入到基础设施建设、产业培育等关键领域，各类经济计划的执行与大型项目的推进都显得举步维艰，严重制约了印度经济的复苏与腾飞。

在此背景下，莫迪政府推出了诸如"印度制造""数字印度"等一系列雄心勃勃的发展战略，并在第一个任期内取得了一些阶段性成果，但是印度经济社会发展仍面临诸多问题和隐患。例如，"印度制造"战略在实际执行过程中始终面临技术瓶颈、劳动力素质参差不齐、供应链不完善等诸多难题，未能帮助印度从根本上建立起强大且可持续发展的制造业体系，难以支撑印度在全球制造业竞争加剧的局面中脱颖而出。再如，"数字印度"战略虽在一定程度上改善了信息网络基础设施，但在数字鸿沟的弥合、数字技术创新能力的培育以及网络安全的保障等关键方面仍存在着巨大的不足，不仅使得印度在全球数字产业链中的地位仍旧较为低端，而且印度国内的广大农村地区和弱势群体也并未充分享受到数字经济发展带来的红利。[①]

在 2019 年莫迪连任后，印度经济发展急转直下，遭遇了前所未有的困境。尤其是，经济增速呈现断崖式下跌，2019 年上半年的平均增速骤降至 5.8%，第三季度更是低至 4.5%，全年增速仅为 4.9%，国民经济的各大产业均遭受重创。农业增速仅为 2.1%，无论是国内庞大人口的粮食需求，还是农产品供应的稳定，还是农民的日常生计，都面临更大压力。建筑业增速仅为 3.3%，大量基础设施建设项目停滞或延期，影响了经济发展的后劲和城市化进程。制造业甚至出现了 1% 的萎缩，不仅导致大量企业倒闭、工人失业，也反映出印度制造业在全球产业转移和竞争加剧的背景下，缺乏核心竞争力和创新能力，无法适应市场变化和技术变革的挑战。

更为严峻的是，经济衰退还直接引发了一系列社会问题，成为印度崛起的巨大障碍。例如，少数富人和精英阶层掌握着大量的社会财富和资源，而广大普通民众尤其是农村人口和弱势群体却在贫困线边缘挣扎，贫富分化的痼疾积重难改。再如，印度的医疗卫生条件也亟待改善，公共卫生设施不足、医疗保障体系不完善、传染病防控能力薄弱等问题，严重影响了民众的健康水平和生活质量。

二　大刀阔斧的经济改革

莫迪上任之后，在首次内阁部长会议上即作出政府简政放权的 11 点指示。与此同时，其内阁在全国大力推行市场化改革。2015 年 1 月，莫迪政府宣布正式撤销把控印度经济决策 65 年之久的计划委员会，改设 "全国改革印度学会"。计划委员会是 20 世纪 50 年代印度

---

① 王志刚、于滨铜：《莫迪经济学的政策举措、改革成效与发展困境》，《财经问题研究》2020 年第 6 期，第 98—105 页。

计划经济的产物，拥有国家最高经济决策地位，常常干预地方经济政策。改制后，"全国改革印度学会"则更近似于决策研究机构，以"亲民、积极、参与性强"作为发展规划宗旨，并不强加经济计划和干预资源分配。在此基础上，进一步放松市场管制，减少对印度私有企业限制，推行国有企业市场化改革。

2015 年 4 月，印度议会通过《煤炭（特别规定）法案》《矿山和矿产（发展和管理）修正案》，允许私人企业参与煤矿的竞拍、生产和销售，结束了多年以来国有煤炭公司的垄断地位。在 2019—2020 财年，印度决定将向社会出售包括航空、水泥等企业在内的 23 家国企股份，引入市场机制，提高企业经营效率。与之相配套，劳动力市场的自由化改革也在积极推行之中[①]。

2019 年末，在莫迪政府大力推动下，议会通过了《2019 年劳资关系法案》，提议合并《1926 年工会法案》《1946 年产业就业法案》《1947 年产业纠纷法案》。该法案给予企业在招募与精简员工方面更强的灵活性，改变印度企业通过中间公司雇用合同员工等诸多不合时宜的做法。在新法案下，企业可通过签订固定期合同直接招募员工，并可基于产业的具体季节效应灵活修改合同期的长短，给予劳动力市场更大的招工灵活性和就业流动性，以此促进劳动力的合理就业，推动非正式部门就业向正式部门就业转化，并有助于改善非正式雇员的生产和生活条件。

三 雄心勃勃的"印度制造"战略

自 1991 年印度市场化改革以来，印度经济主要以第三产业为主导，信息服务业得到优先发展，而制造业长期被忽视，规模一直维持在较低水平。2015 年，印度制造业产值占 GDP 的比重仅为 16%，成

---

① 王志刚、于滨铜：《莫迪经济学的政策举措、改革成效与发展困境》，《财经问题研究》2020 年第 6 期，第 98—105 页。

为制约经济增长和就业的重要因素。为了解决这一问题，莫迪政府于2014年9月推出了"印度制造"战略，旨在促进投资、创新、技能发展、知识产权保护和国内基础设施建设。该战略重点发展汽车制造、纺织服装、机械装备、医药保健、铁路航空和信息技术等25个制造产业，力争到2025年将印度制造业占GDP比重提高至25%，并创造1.1亿个就业岗位。2019年，莫迪再次当选总理后提出了"印度制造2.0"计划，重点发展高级化学电池、机电产品、汽车、制药、电信网络、纺织产品和技术、食品制造、太阳能技术、白色家电及特种钢等十大制造业。这一计划旨在进一步推动印度制造业的发展，提高其在全球制造业中的地位。

"印度制造"战略的实施是一个系统性的举措，不仅旨在振兴制造业本身，还包括"技能印度""创新印度""数字印度""品牌印度"等相关项目，以改善制造业发展的基础设施和配套服务水平，全面推动印度制造业的发展。莫迪政府为了实施"印度制造"战略，提出了建设五大工业走廊，如德里—孟买工业走廊等。通过构建环绕印度的工业带和工业网络体系，这些工业走廊致力于不断完善和加速基础设施建设，培育竞争力强的工业城市、产业园区和产业集群，将成为"印度制造"未来发展的重要支撑。①

莫迪政府通过四大任务即"新流程、新基建、新部门、新观念"，旨在实现其"印度制造"的首要目标，吸引全球投资并加强印度制造业。莫迪政府重视制造业的发展，旨在弥补印度经济长期以来第二产业发展不足而导致的产业结构性缺陷。政府致力于推动印度制造业的发展，以优化印度经济产业结构，促进经济增长和就业机会的增加。

---

① 王志刚、于滨铜：《莫迪经济学的政策举措、改革成效与发展困境》，《财经问题研究》2020年第6期，第98—105页。

四 "跨工业化"特征的产业结构

印度产业结构的演变和发展具有较为典型的"跨工业化"特征，被一些媒体和学者形象地概括为"制造落后""服务超前"。也就是说，从三大产业在印度 GDP 中的占比情况来看，第一、第二产业的占比较低，而第三产业的占比一头独大。尤其是，服务业占 GDP 比重约为 50%，包括信息技术（IT）和外包服务、金融、教育、医疗保健、旅游等领域在内，这一部门已经成为印度经济的支柱；工业部门仍然是印度经济的重要组成部分，包括制造业、建筑业和采矿业，其中制造业中的一些关键领域包括汽车、钢铁、化学品、纺织品等；尽管农业在 GDP 中的比重相对较低，但它仍然是印度经济的一个关键领域，提供了大量的就业机会，尤其是在乡村地区。

第三产业主导的产业结构在印度产生的原因是多方面的，以下是一些主要因素：全球信息技术和通信技术的快速发展为服务业提供了巨大的机会，而印度的 IT 和软件领域蓬勃发展，吸引了全球客户和投资；印度拥有大规模的英语熟练的人才，这使得印度成为国际外包服务的首选目的地，并且印度大量年轻的劳动力人口为服务业提供了充足的劳动力资源；同时政府采取了一系列政策措施，鼓励外国直接投资（FDI）和服务业的发展，包括简化法规、降低税收、提供商业支持和促进创新等；加之全球化趋势推动了服务业的国际扩展，印度的企业能够通过互联网与全球客户合作，提供各种服务；而且随着中产阶级的扩大，印度国内市场对服务业需求的增长也有助于该产业的发展。

总的来说，印度的产业结构现状以第三产业为主，这是印度经济多年来的发展趋势。未来，服务业将继续扮演重要角色，多样化和数字化将是关键词。政府政策、教育和技能培训、创新和可持续发展将推动印度经济下一个阶段的发展。服务业的持续发展将有助于提高印度人民的生活水平，创造更多的就业机会，促进经济繁荣。

五 有所改善的投资环境

首先，莫迪政府积极改善外商投资环境。一直以来，印度采取"逐案审批制"的投资准入模式，在实际运行中存在明显缺陷：一是缺少统一、明确的审批规则，给予审批机关极大的自由裁量权，滋生腐败空间；二是法律条文和程序烦琐，行政效率低下，造成极大的投资不便利性；三是审批流程缺乏公开透明，审批时限和审批结果存在差别对待与不确定性。因此，为净化和改善投资环境，2014年莫迪出任总理后，大力推行投资准入制度改革，废除外商投资许可，实施"负面清单"制度。除部分国家战略性部门的"负面清单"以外，其他行业均采取"自动路径"审批制度，外商投资进入印度市场无须经过政府审批，极大地简化了投资办事程序，提高了外资引进效率。

与此同时，放宽外资企业在印度本国投资建厂的经营许可，允许外商资本更大范围地进入本国市场。一是通过提高外资企业在本国投资的股权上限，将外商投资项目金额上限由 300 亿卢比上调至 500 亿卢比。二是进一步扩大招商引资行业范围，在涉及国计民生的航空、国防、医药、食品和卫星通信等诸多核心行业，首次打开对外资开放的大门。三是将 FDI 比重根据不同行业属性逐步提高至 50%、74% 甚至 100%，并允许外商在债券市场和股票市场自由投资。

其次，坚定不移地推行"经济外交"发展战略。自莫迪出任印度总理以来，通过不断出访世界各大经济体与贸易合作伙伴，大力推动印度与世界各国经贸合作关系新发展。经济外交以"联西望东"为主轴，"联西"吸收发达国家投资，与欧盟等建立投资便利机制；"望东"连通东亚和东南亚新兴经济体，与日本等国建立"特别战略全球合作伙伴关系"，并大力推进环孟加拉湾多领域经济技术合作倡议。

2014—2018 年，莫迪先后出访美国、德国、日本和欧盟等贸易大国与自由贸易区，并多次访问中国，旨在与世界主要经济体构建更为开放的贸易伙伴关系，呼吁加强对印度投资。2015 年 5 月，在莫迪到访北京期间，中印两国签署了总额达 100 亿美元的合作协议，而同期在上海举办的"中印经贸论坛"上，中印企业又签署了高达 220 亿美元的经贸合作协议；2015 年 12 月，日本首相安倍晋三访问印度时，双方达成价值 147 亿美元的高铁建设协议，确定将采用日本新干线方式建设印度首条高速铁路。在 2016 年第十三届印欧峰会上，双方提出建立印欧投资便利机制，于 2017 年 7 月正式实施。该机制的建立有利于印度营造公平、透明与规范化的贸易投资环境，为欧盟在印度的投资提供便利和保障，从而吸引来自欧盟的大量投资。[①]

第四节 实力雄厚的印度财团

经济自由化和全球化的进程不仅推动了印度向外国投资者开放市场，还激发了印度公司跨越地理界线，在发达国家市场寻求发展的雄心。然而，根据联合国贸发会议发布的《2023 年世界投资报告》，由于疫情的影响，2022 年印度跨国公司的对外投资额相较 2021 年下降了 16%，总额约为 150 亿美元。在此背景下，当代的印度财团已成为印度经济中充满活力和竞争力的私营大企业集团。随着经济自由化和全球化的浪潮推进，这些财团在印度经济改革和发展的大潮中如鱼得水，迅速壮大。它们不仅成功转型为印度跨国公司，更在国际舞台上展现出强大的竞争力。[②]

---

① 王志刚、于滨铜：《莫迪经济学的政策举措、改革成效与发展困境》，《财经问题研究》2020 年第 6 期，第 98—105 页。

② 华碧云：《当代印度财团的特点》，《南亚研究》2008 年第 2 期，第 49—54 页。

一　实业起家的塔塔集团

塔塔集团创立于 1868 年，创始人是贾姆谢特吉·塔塔（Jamsetji Tata），早期从事茶叶、棉花和纺织品的出口生意。历经几代继承人的领导，目前，塔塔集团旗下业务涵盖能源、工程、汽车、通信、纺织、信息技术、材料、服务、消费、化工等领域，还于 2008 年收购英国汽车制造商捷豹路虎。目前，该集团正大力推进电动汽车、军用运输飞机、智能手机和电信硬件的生产，旗下公司主要有塔塔汽车、塔塔钢铁和塔塔咨询。总员工数超过 80 万人，业务遍布全球 100 多个国家和地区。报告数据显示，截至 2023 年 3 月，塔塔集团上市公司总市值为 2491 亿美元，占印度孟买交易所股票市值的 4% 左右。其中，塔塔咨询、塔塔汽车和塔塔钢铁的市值分别达到 1428 亿美元、196 亿美元和 155 亿美元。

二　"印度的洛克菲勒"——安巴尼家族

有"印度的洛克菲勒"之称的安巴尼家族是印度最有影响力的私营家族财团之一，其创立的信实集团的资产一度达到印度 GDP 的 4%。安巴尼兄弟分别是哥哥穆克什·安巴尼、弟弟阿尼尔·安巴尼。二人都有很强的商业才能，而二者的不和与竞争也在印度政界、商界和整个社会引起巨大波澜。2005 年 6 月 18 日，安巴尼兄弟宣布达成拆分协议，哥哥穆克什继续主管集团石化产品、聚酯和精炼油业务，掌管主营石油化工业务的信实工业有限公司和印度石化公司。弟弟阿尼尔则退出集团核心权力圈，转而专攻集团下属电力、电信和金融服务业，拥有信实能源、信实通讯以及信实资产三家子公司。信实集团第一代领导人迪鲁巴伊·安巴尼 1958 年创建信实日用品贸易出口公司，后来转向石油投资。在迪鲁巴伊 2002 年去世前，信实集团在化纤、石油化工、石油提炼、石油开采、电信、电力、金融服务、对外贸易、生命科学等领域打下了坚实的基础。截至 2023 年 3 月，信实工业总市值高达 1921 亿美元。其中，石油化工、数字服务等业务贡献占比较大。

三 跨国发展的阿达尼集团

阿达尼集团是一家印度跨国企业集团，总部位于艾哈迈达巴德。由高塔姆·阿达尼于 1988 年创立的阿达尼出口有限公司，主要经营纺织品、金属和农产品等商品的进出口贸易，后进军煤炭市场，投资建设自己的港口、铁路和电站，以降低成本和提高效率。2002 年，阿达尼将自己的公司更名为阿达尼集团，并将其分为多个子公司，涉及煤炭、能源、港口、物流、航空、农业等多个领域。他还开始了海外扩张，投资了澳大利亚、印度尼西亚、孟加拉国等国家的煤炭、能源和基础设施项目。阿达尼集团是印度国内最大的基础设施企业，业务范围涉及发电输电、煤炭等能源开采领域，并且正在进军可再生能源、机场、数据中心和国防领域。阿达尼集团在全球拥有超过 10 万名员工。2021 年 4 月，阿达尼集团成为第三家市值超过 1000 亿美元的印度企业集团。它在 2022 年 4 月突破了 2000 亿美元的市值，成为继塔塔集团和信实集团之后第三家做到这一点的印度企业集团。2022 年 11 月，阿达尼集团市值达到 2800 亿美元。截至 2023 年 3 月，阿达尼集团关键子公司阿达尼企业有限公司的市值为 243 亿美元，涉足食用油和主食生产、机场运营及太阳能光伏制造；旗下阿达尼港口和特别经济区的市值为 166 亿美元，是印度最大的多港口经营商。

四 产业庞大的比尔拉家族

比尔拉家族（Birla）的埃迪亚比尔拉集团以工业为主，总部位于孟买埃迪亚比尔拉中心，集团在 100 个国家拥有超过 18 万名员工，市值达 650 亿美元。埃迪亚比尔拉集团于 1857 年由塞思·希夫纳拉扬·比尔拉创立。1919 年比尔拉家族在加尔各答创办第一家黄麻厂，后又经营纺织、制糖、造纸、航运、报业、汽车、机械、银行、保险等业务。第三代比尔拉，冈萨亚·塔兹·比尔拉把比尔拉家族带到一个其他家族无法企及的新高度，1929 年继承家业后，冈萨亚开始进军实业，并在纺织、铝、水泥和化工业等关键产业确立起自己的地位，成为比尔拉集团公司的创始人。集团业务包括粘胶短纤、金属、水泥、粘胶长丝、品牌服装、炭黑、化工、化肥、绝缘子、金融服务、电信、业务流程外包和 IT 服务。截至 2023 年 3 月，埃迪亚比尔拉集团旗下超科水泥市值达到 268 亿美元，是全球排名前五的水泥生产商；旗下格拉希姆工业市值 131 亿美元，是印度最大的粘胶人造丝纤维出口商。

第五节　创新驱动的印度科技

印度政府自独立以来一直强调科学技术在发展经济、实现国家现代化中的重要性。近年来，印度政府提出"从服务大国迈向创新型国家"的国家战略，加强了科技创新的前瞻布局，加强创新立法，使得相关改革成果获得法律层面的支持。[①]

1950 年，印度共和国宣布成立，开国总理尼赫鲁效仿苏联积极推进五年计划，作为推动经济社会发展的重要政策工具。1951 年，印度开始了第一个五年计划，到 2017 年已经实施了 12 个五年计划，据称尼赫鲁本人亲自起草了"三五"计划的大部分章节。印度实行"中长期科技政策—五年科技计划—年度科技计划"的 3 层科技计划体

---

① 张秋：《印度科技创新能力分析及对我国的启示》，《科技中国》2020 年第 8 期，第 27—32 页。

制,贯彻于 12 个五年计划之中。五年科技计划为中观层面的政策工具,起到配置整体科技资源,尤其是财政科技经费的功能。其主要配置方式是通过指定计划期内政府打算重点发展的主要科技领域,并对计划期内的年度科技计划具有约束和指导功能。每年的年度计划都在五年计划的框架下制订,并且财政预算也在五年计划框架下制订。

随着印度在全球科技版图中影响力的快速增长,印度政府愈加重视科技的发展,不断加强科技创新前瞻布局。2019 年莫迪成功连任印度总理,按照既有轨道稳步推进科技发展,推动印度科技创新能力稳步提升。在莫迪的推动下,印度政府制定了一系列科技创新政策,如"数字印度""印度制造""智慧城市"等。这些政策旨在提高印度的科技水平,推动产业升级,提高国家竞争力。

根据瑞士洛桑国际管理学院(IMD)发布的《2023 年世界竞争力年报》,2023 年,印度在 64 个经济体中排名第 40 位,较 2022 年下降了 3 位。根据世界知识产权组织(WIPO)发布的《2023 全球创新指数》,2023 年印度在 132 个经济体中排名第 40 位,与上一年度持平。但印度的全球创新指数自 2015 年的第 81 位持续攀升至 2023 年的第 40 位,6 年内上升了 41 位,是金砖国家中唯一连续 6 年实现正增长且增幅最大的国家。从印度科技现状水平和未来发展趋势来看,印度的科技创新发展仍然具有很大潜力和空间。

一 重点科技领域的亮眼成就

2020 年,印度出台电子元器件和半导体制造促进计划。该计划意在推动包括印度芯片组在内的核心部件研发能力,实现电子元器件最大附加值。计划将为电子产品下游价值链的电子元器件、半导体 / 显示器制造单元、ATMP 单元以及用于制造上述产品的专门组件电子产品清单提供 25% 的资本开支奖励。同时,印度升级电子制造集群计划,该计划旨在完善印度电子制造生态系统,开发世界一流基础设施,吸引全球主要电子制造商及其供应链在印度设立工厂。通过加强供应链响应能力、整合供应商、缩短上市时间、降低物流成本等措施，加强印度国内与国际市场对接。该计划下的项目最低投资额度为 30 亿卢比，财政奖励最高可达项目成本的 50%。

在航空航天领域，印度在曲折探索中前行。2019 年印度发射的"月船二号"探测器着陆月球失败。2021 年 8 月，印度进行了 GSLV MK Ⅱ 运载火箭的发射活动，但以失败告终。这是印度 2017 年以来的首次发射失败，连续 14 发的成功纪录戛然而止。2019 年，印度空间研究组织的极轨卫星运载火箭（PSLV）C-44 成功运用新技术将军事卫星 Microsat-R 送入轨道；利用极轨卫星运载火箭 C-47 成功发射对地观测卫星 Cartosat-3。Cartosat-3 是印度迄今为止制造的最复杂、最先进的地球成像卫星，除国防和军事用途外，还可为大规模城市规划、农村资源和基础设施发展、沿海土地利用等提供服务。

印度成功试射了反卫星导弹。印度实施了名为"沙克提使命"（Shakti Mission）的反卫星计划，成功完成反低轨道（300 公里高度以下）卫星导弹武器试验，成为全球第四个掌握反卫星技术的国家。印度固体火箭冲压发动机也取得了新突破，成功试射了自主研发的固体火箭冲压发动机导弹，且冲压发动机已具备装配远程空对空导弹的条件，为加快研制远程空对空导弹奠定了重要基础。目前，仅少数国家拥有研制远程空对空导弹实力，因此成功试射意味着印度将在数年内装备自主远程空对空导弹。

近年来，印度政府为满足日益增长的能源需求，正积极扩建古吉拉特、拉贾斯坦、泰米尔纳杜、哈里亚纳、卡纳塔克等邦的核电站和反应堆，以期到 2031-2032 财年将全印核电能力从目前的 8180 兆瓦提高到 22480 兆瓦。[①] 可以说，以推广核能为重点，印度能源格局正

①《印度 2025-26 年联邦预算中的核电》，中国核电网，2025 年 2 月 8 日，https://www.cnnpn.cn/article/46693.html，最后访问时间：2025 年 3 月 8 日。

在加速转变。例如，在古吉拉特邦，位于卡克拉帕尔（Kakrapar）的核电站就在最近几年接连扩容。在前两座反应堆 KAPS-1 和 KAPS-2 分别拥有 220 兆瓦发电能力的基础上，第三座和第四座反应堆 KAPS-3 和 KAPS-4 分别于 2023 年 6 月和 2024 年 3 月投入商业运营，均为发电容量 700 兆瓦的新型加压重水反应堆，有效改善了古吉拉特、马哈拉施特拉等邦的电力供应。根据印度核电公司（NPCIL）透露，当前印度还有 14 座新型加压重水反应堆分别处在不同建设阶段，预计都将在 2031 至 2032 年间陆续投入运营。[①]

印度开始为"一个太阳、一个世界、一个电网"计划制订长期愿景、实施计划、路线图和制度框架，并计划一两年内启动 2~3 个跨境项目；印度基于自主研发的燃料电池堆，成功进行了第一辆氢燃料电池原型车试运行，该电池是一种低温质子交换膜燃料电池，在 65℃ ~75℃环境下工作，适用于车载应用。

印度研发出了高能量密度金属空气电池，可使电动汽车续航里程超过一千公里。该电池集成石墨烯纳米技术，由水、空气和金属供能，是一种与燃料电池非常相似的一次能源生产技术；印度研发出了可充电铁离子电池，该铁离子电池可进行 150 次循环的充放电，储存电量高，在可控条件下，铁离子电池每千克可提供 220 瓦 / 小时的能量，是锂离子电池性能的 55%~60%；印度开发出了太阳能制氢技术，该技术将太阳能电池板的电流通过放在水中的钛板制造氢气，适用于汽车燃料电池，操作和维护简单，致密性好，不需要腐蚀性液体，所产氢气纯度高；印度还研发出了新型沸石催化剂——可再生能源转换技术，可高效地将工业生物质转化为有效的生物燃料化合物——糠醛，为能源工业提供新型可再生能源转换技术。

---

① 《印度古吉拉特邦卡克拉帕尔核电站新型 700MW 反应堆满功率运行》，中国核电网，2024 年 8 月 23 日，https://www.cnnpn.cn/article/43138.html，最后访问时间：2025 年 3 月 8 日。

在生命健康方面，印度启动"国家数字健康使命"（National Digital Health Mission）计划，旨在实现印度健康记录及全国医生和医疗机构注册信息数字化，为每一位公民提供个人健康 ID，将推出健康 ID、个人健康记录、数字医生和医疗设施注册 4 项关键功能，并将集成电子药房和远程医疗服务。

印度制订了促进医药创新与产业化新政策。印度计划建设 3 个大型医药产业园，预计投资 300 亿卢比，以促进药物发现，支持研究机构和产业界开展联合研究，加速研发成果产业化。

印度建立了全球传统医学中心。2020 年 11 月 13 日，世界卫生组织宣布将在印度建立全球传统医学中心（Global Centre for Traditional Medicine）。印度已授予阿育吠陀主要研究机构重要资质，以将印度全球传统医学中心打造成全球健康中心。

印度已启动实施人体细胞图谱项目。该项目总投资 2 亿卢比，计划创建统一的人体各器官的分子网络数据库，获得人体运行的全图。项目收集的信息有助于科学家了解人体各器官病态与正常态的分子因素差异，更好地了解人体各器官之间的网络，实现各种器官的分子因素的整合，从而有利于今后开展医疗诊断和疾病生物学研究。

印度正在实施大规模基因组测序计划。该计划将对至少 1 万名印度人进行基因组测序，绘制基因组图谱。此系首次针对大规模印度人样本的深入基因组测序研究，总预算 1.8 亿卢比。该项目将建立印度人口的基因基准，并据此开展相关研究，如通过长期观察和健康跟踪来研究基因在导致印度高腹泻感染率中的作用。

印度人工智能应用与研发较为活跃。微软公司和国际数据公司的一项研究调查显示，印度 200 名商业领袖开办的企业中有三分之一开启了 AI 之旅。印度近 10 年全球 AI 领域论文发表量位居全球第三，占全球 AI 论文发表量的 5.8%，居中国、美国之后；印度理工学院近 10 年 AI 论文发表量在全球研发机构中位居第四，居中国科学院、加州大学、法国国家科学研究中心之后；印度班加罗尔已成为全球人工智能企业数量最多的 20 座城市之一，列全球第 19 位。印度微软研究中心在印度班加罗尔成立了云计算与人工智能社会影响研究中心，借助云计算和人工智能技术，解决印度社会公共服务需求问题。此外，印度电信部提议设立国家 AI 使命，以促进印度 AI 发展，预计耗资约 200 亿卢比，具体包括在各部委之间开展政府项目、建立一个 AI 卓越中心、鼓励 AI 初创企业、探月计划和基础研究项目等。

印度宣布启动了国家量子技术与应用任务（NM-QTA）。该计划为期 5 年，旨在促进研发和演示量子计算、量子通信、量子密钥分配、量子设备等，加强国际合作研究和人力资源开发，培育创新和初创企业。计划加大超级计算机投入。在国家超级计算机（NSM）计划下，印度将有 14 台新超级计算机投入使用，部署在印度各个国家级研究实验室和学术机构。部署完毕后，NSM 计划下超级计算机总数将增至 17 台，成为印度国家知识网络主干。

二 日益明确的科创发展目标

莫迪政府致力于将印度打造成为全球新兴技术领域的领导者，着眼于将印度打造成为下一个半导体制造中心和自力更生的国家。随着全球科技革命和产业变革的迅速发展，印度越来越意识到掌握新兴技术对于实现科技崛起的重要性。莫迪早在 2014 年竞选总理时就提出要建设一个"强大、自立、自信"的印度。自莫迪正式就职以来，他一直承诺领导印度成为全球领导大国。莫迪政府认为，印度要想成为全球领导大国，关键在于实现科技崛起，而实现科技崛起的关键在于掌握新兴技术。[1]

2021 年 7 月 15 日，印度时任科技部部长吉坦德拉·辛格明确表示，

---

[1] 邢瑞利：《地位寻求、角色塑造与印度应对中美科技竞争的逻辑》，《外交评论》2024 年第 1 期，第 53—89 页。

印度的目标是成为并且注定会成为全球新兴技术领导者。2022 年 10 月 1 日，莫迪在第六届印度移动通信大会上宣称，随着科技和电信的发展，印度将成为第四次工业革命的全球领导者。2023 年 7 月 4 日，印度宣布成立"巴拉特 6G 联盟"，时任电子和信息技术部部长阿什维尼·维什瑙也充满信心地表示，印度将成为 6G 技术的全球领导者。

印度将自身定位为"下一个半导体制造中心"，致力于推动本土半导体产业的兴起。尽管作为全球第五大经济体，印度并非全球半导体技术领先国家之一，也缺乏知名的芯片设计公司，但印度却是一个备受瞩目的芯片制造大国。早在 20 世纪 70 年代，印度就开始着手发展半导体产业，并于 1983 年由政府出资成立了首家国有半导体制造公司，自此之后印度对成为芯片制造强国的追求从未停歇。

进入 20 世纪 90 年代，印度重新启动了半导体产业发展计划，但 1991 年经济危机的爆发以及 1998 年美国对印度实施核制裁，使得印度的芯片制造业几乎陷入停滞状态。为了重振半导体产业，印度在 2007 年和 2012 年相继推出了半导体激励新政和电子制造业扶持计划。然而，受限于基础设施的落后、电力供应不足以及贸易保护主义等因素，印度的半导体产业发展一直步履维艰。

2014 年 5 月，莫迪担任印度总理后再次将半导体制造确定为印度经济发展战略的重中之重，力图将印度打造成为半导体制造业的中心。同年 9 月，莫迪推出了"印度制造"计划，旨在将印度建设成全球制造业中心，半导体制造业的崛起无疑是这一愿景的重要组成部分。此后，莫迪政府在多个场合频繁表达将印度打造成"下一个半导体制造中心"的坚定决心。

2022 年 4 月 29 日，莫迪在印度举办的首届半导体产业大会上强调，印度将抓住机遇，努力成为全球半导体制造业的中心，这被认为是印度加速参与全球芯片制造竞争的标志。2023 年 7 月 28 日，在古吉拉特邦举行的半导体年会上，莫迪向全球芯片制造商传达了印度将成为全球半导体和芯片制造业中心的决心,强调半导体不仅是国家需求,也是全球必需品。2023 年 9 月 23 日,印度电子和信息技术部部长在美光科技在印度举行的半导体工厂奠基仪式上也表示,印度已准备好成为全球主要的半导体中心。莫迪政府将印度定位为"下一个半导体制造中心"的角色,得到了一些国家的积极认可。[①]

印度明确提出"自力更生的印度"的角色定位,提倡通过科技创新和转型实现自力更生。印度之所以非常强调技术自力更生,与其独立前长期被殖民统治的痛苦经历以及独立后面临美国等西方国家的威胁密切相关。印度首任总理尼赫鲁就指出,"经济技术落后是印度长期被殖民统治的根本原因,只有经济独立才能实现政治上的完全独立,而经济的独立又取决于能否自力更生地发展本国科学技术"。

2014 年 5 月,莫迪上任印度总理后,提出了"自力更生的印度"概念,旨在提升印度在全球价值链中的地位。2020 年 5 月 12 日,莫迪在全国电视讲话中宣布了"自力更生"运动的启动,强调要抓住疫情带来的机遇,大胆改革,使印度成为"自力更生"的经济强国。随后,"自力更生的印度"这一概念开始在官方和媒体报道中频繁出现。2020 年 8 月 15 日,莫迪在印度独立日纪念活动上表示,"自力更生的印度"不仅仅是口号,而是 13 亿印度人民的共同信念。[②]

2022 年 8 月 15 日,在庆祝印度独立 75 周年时,莫迪再次强调了科技创新的重要性,并表示印度将在"自力更生"和国际合作的精神下,致力于发展本国的科学和技术,旨在在未来 25 年内成为发达国家。印度外交部长苏杰生也在一次关于"印度制造"的讲话中呼吁,印度应该摒弃"模仿中国模式"的想法,而是要实现"自力更生",

---

① 邢瑞利:《地位寻求、角色塑造与印度应对中美科技竞争的逻辑》,《外交评论》2024 年第 1 期,第 53—89 页。

② 邢瑞利:《地位寻求、角色塑造与印度应对中美科技竞争的逻辑》,《外交评论》2024 年第 1 期,第 53—89 页。

找到适合自身发展的道路，建立本国的经济和科技体系。尽管"自力更生的印度"这一概念是莫迪政府提出的，但历届印度政府都一直高度重视技术自力更生。

三 不断升温的科技合作

印度力图在国际舞台上成为"全球民主国家的重要合作伙伴"，通过多样化的国际合作来尽量减少卷入中美科技竞争的风险。莫迪政府对加强与"志同道合"国家的科技合作表现出浓厚兴趣，试图利用印度作为"全球最大民主国家"的身份，以所谓的共同的价值观和意识形态为纽带，将本国打造成为"全球民主国家的重要合作伙伴"。

2021年11月18日，莫迪在澳大利亚举办的新兴技术峰会上表示，"印度作为民主和数字化的领导者希望与志同道合的国家开展合作，呼吁全球民主国家能够合作开发尖端技术以传播民主价值观"。12月10日，在美国参加"全球民主峰会"之后，莫迪在推特上重申："作为世界上最大的民主国家，印度随时准备与我们的伙伴合作，在全球范围内加强民主价值观。"2023年7月28日，莫迪在印度半导体论坛开幕式上同样释放出希望与全球民主国家加强科技合作的强烈信号。他强调："全球半导体供应链需要一个值得信赖的合作伙伴，没有比作为世界上最大的民主国家的印度更好的选择了。"[①]

莫迪政府积极推动与澳大利亚、日本、法国、英国等"志同道合"国家的科技合作。以印澳科技合作为例，印度和澳大利亚于2020年6月将双边关系提升为"全面战略伙伴关系"，重点合作领域包括5G技术、人工智能、量子技术、空间技术、关键矿产和稀土等。双方计划建立"关键技术联盟"以共同面对外部挑战。特别值得关注的是印澳在关键矿产领域的合作，印度和澳大利亚宣布确定了2个锂

---

① 邢瑞利：《地位寻求、角色塑造与印度应对中美科技竞争的逻辑》，《外交评论》2024年第1期，第53—89页。

项目和 3 个钴项目，这标志着两国在发展供应链合作方面取得了重要进展。2023 年 5 月 22 日至 24 日，印度总理莫迪访问澳大利亚期间，印澳双方就深化关键矿产、经贸、防务等领域的合作达成共识。莫迪表示，印度和澳大利亚就加强关键矿产合作进行了建设性讨论，并将努力达成一项全面的经济合作协议。

印度与日本之间的科技合作关系呈现迅速升温的态势。自 2014 年升级为"特殊战略和全球伙伴关系"以来，印日两国在多个关键领域展开了合作。2021 年 10 月，印度与日本签署了涵盖 5G 技术、人工智能、海底光缆等多个领域的合作协议，这一举措被认为是为了共同增强在电信与数字基建领域的影响力。印度和日本在半导体领域具有明显的互补优势，双方的合作在构建半导体供应链方面具有重要意义。2023 年 7 月 20 日，印度电子和信息技术部部长阿什维尼·维什瑙与日本经济产业相西村康稔在新德里举行会谈，就"印日半导体供应链伙伴关系"展开合作。双方计划就印度需求的半导体制造装置和材料等展开政策对话，并推进合作。维什瑙表示："日本是印度在建立有弹性的半导体供应链方面的重要合作伙伴，签署合作备忘录是实现弹性完整价值链的重要一步，也将促进印度与美国等多国在科技领域的合作。"

印度正在积极利用美日印澳"四方安全对话"、二十国集团、印太经济框架等多边平台，寻求与"志同道合"国家展开科技合作。作为美日印澳"四方安全对话"的成员，印度正在努力借助这一机制推动本国科技产业的发展。2021 年 9 月，美日印澳四国领导人就建立具有弹性和安全性的半导体供应链达成共识。2022 年 5 月 24 日，美日印澳四国在"四方安全对话"峰会结束后发表联合声明，重点关注半导体、5G、新兴科技等关键技术的安全性，共同推动建立半导体供应链，避免使用存在疑虑的供应商的关键技术和设施。在"四方安全对话"的推动下，印度与其他成员国共同设立了"关键和新兴技术工作小组"和"四边技术网络",加强彼此在供应链、半导体制造和研发等方面的合作。可以预见,受追求科技强国地位的动机驱使,印度将更深入地融入"四方安全对话",并加强与其他成员国的合作。①

印度正积极利用二十国集团等多边平台,寻求与"志同道合"国家建立科技合作关系。作为 2023 年二十国集团的轮值主席国,印度将二十国集团峰会视为展示印度科技强国地位和发展中国家领头羊地位的重要机会。印度时任电子和信息技术部长维什瑙明确表示:"在二十国集团峰会上,印度将向全球展示我们的技术实力,全球各方都对我们的增长故事非常关注。"2023 年 9 月 9 日至 10 日,二十国集团领导人峰会在印度新德里举行,印度关注可持续发展、绿色发展、多边主义、开发银行改革、数字公共基础设施建设、性别平等与女性领导力等六大核心议题,主要聚焦经济复苏和科技合作领域。印度希望通过此次峰会展示其大国地位并提升国际形象。在二十国集团领导人峰会召开之际,印度还与美国签署了一份涉及 29 项内容的联合声明,涉及贸易、国防、太空、半导体、量子计算、核能、可再生能源、教育等多个领域的合作。

第六节　雄心勃勃的数字发展

印度数字技术的发展可追溯到 20 世纪 50 年代的立国之初。自 20 世纪 90 年代以来,印度的数字发展开始加速,尤其是 IT 行业发展举世瞩目,在软件开发、测试、维护、IT 咨询、企业应用等领域为全球各行业提供了广泛的 IT 服务。通过一条异于传统的发展路径,即越过重工业和轻工业发展阶段,直奔数字经济核心软件业,并使之成

---

① 邢瑞利:《地位寻求、角色塑造与印度应对中美科技竞争的逻辑》,《外交评论》2024 年第 1 期,第 53—89 页。

为国民经济的支柱产业，印度不仅成为全球离岸服务外包的最大承接地，也成为位居全球前列的数字经济和数字贸易国家。正是因为不断增长的数字经济、大量年轻的科技人才以及蓬勃发展 IT 产业，印度赢得了"世界办公室"的美誉。

一 异于传统的发展路径

20 世纪 50 年代，尼赫鲁政府开始在信息技术方面进行投资，并建立了一系列技术研究所和计算机中心。

20 世纪 70 年代之后，由于全球信息技术行业的快速发展，印度政府开始制订相关政策，以促进印度 IT 行业的发展。在此背景下，印度的几家 IT 服务公司也随之开始崭露头角，到目前仍然是数字创新生态系统中的关键参与者。其中，Infosys 成立于 1981 年，初始注册资本为 250 美元，目前价值 778 亿美元；塔塔咨询服务有限公司（Tata Consultancy Services Limited）成立于 1968 年，至 2020 年超越埃森哲（Accenture），成为全球最具价值的 IT 公司。

1991 年，印度政府推行经济自由化政策，逐步放宽对外国投资的限制，对外国直接投资在信息技术服务、电子商务或电信领域投资份额没有设置上限，上述类别的外国直接投资可以通过自主途径投资，无须事先获得政府批准。此举吸引了大量国际 IT 企业进入印度市场。此外，印度政府还出台了一系列鼓励 IT 行业发展的政策，如税收优惠、出口补贴等，进一步促进了印度 IT 行业的发展。

进入 21 世纪，得益于政府的大力引导和积极参与，以及企业和社会的广泛推动，印度的数字发展驶入了快车道。值得注意的是，印度人口的平均年龄较低，从而"数字印度"战略尤其是其九项重点任务之一的"IT 就业"，侧重培养青年一代在 IT 相关行业就业所需的技能。换用莫迪政府的话来说，就是"IT+IT=IT"，即"印度人才"（Indian Talent）+"信息技术"（Information Technology）="印度未来"（India Tomorrow）。[1]

2017 年 11 月 2—3 日，第十一届印度互联网产品峰会在班加罗尔举行，主题为"创新推动印度数字革命"。大会选出了 50 家推动数字创新的初创公司，集中展示了"数字印度"的创新成果。此次大会后，在"统一支付接口 + 数字身份认证系统 + 手机"三位一体的推动下，电子支付在印度取得了重要进展，在 5 亿多互联网用户和 7 亿银行账户实现相互连接的基础上，时任印度财政部长贾特利雄心勃勃地表示，"10 亿 +10 亿"，即 10 亿级身份认证系统与 10 亿多手机用户，正是印度数字化发展的未来愿景。[2]

近年来，印度将加大数字公共基础设施（Digital Public Infrastructure, DPI）建设力度列为重点关注的优先事项，在推进数字公共基础设施建设方面取得了一定进展。尤其是，印度还把加大数字公共基础设施领域的投入和建设力度，作为加强与"全球南方"关系的重要抓手，针对"全球南方"国家的国情特点，开发出了与"基础身份识别系统"功能性质相似的"模块开源身份平台"（Modular Open-Source Identity Platform, MOSIP）。据统计，截至 2024 年 4 月，印度开发的"模块开源身份平台"在全球已有超过 7600 万人注册使用，并已在布基纳法索、菲律宾、摩洛哥、斯里兰卡、埃塞俄比亚、多哥、几内亚、塞拉利昂、马达加斯加等九个国家正式投入运营，为其公民共发放了 4800 万个数字身份认证。[3]

同时，印度还与阿联酋、尼泊尔、不丹、阿曼等国就建设"联

①　王雨洁、吴婧姗、朱凌：《数据赋能工程教育转型："数字印度"战略及其人才培养实践》，《高等工程教育研究》2022 年第 1 期，第 35—41 页。

②　苑基荣：《互联网用户约 4.6 亿，网络普及率达 30%—35%"数字印度"正在驶入快车道》，《人民日报》2017 年 11 月 9 日，第 22 版。

③　张杰、陈卓：《详解印度如何在"全球南方"布局数字基建》，福建省图书馆网站，2024 年 4 月 28 日，https://www.fjlib.net/zt/fjstsgjcxx/hwsc/202404/t20240428_476141.htm，最后访问时间：2024 年 6 月 24 日。

合支付接口"项目积极展开谈判，已与斯里兰卡和阿联酋等国就推进"联合支付接口"项目开展了务实合作。印度主张，应通过国际多边协议，推动数字公共基础设施与国际多边机构合作，共同建立全球数字治理体系，将"联合支付接口"拓展至金砖国家乃至更广范围，积极助力全世界实现可持续发展转型。

二　世界知名的数字行业

印度目前是全球首屈一指的软件外包中心，这一事实已广为人知。统计数据显示，印度软件产业在全球软件产业价值中占据了约三分之一的份额，成为全球软件外包的首要承接国，占据了全球服务外包市场的 55%。凭借其庞大的产业规模和卓越的劳动力素质，印度已成为欧美公司寻求离岸服务的理想之地。因此，全球主要的软件公司都在印度设立了规模庞大的分公司，进一步巩固了印度在全球软件产业中的领导地位。

软件外包在印度国民经济中占有重要地位，统计数据显示，软件产业在印度 GDP 中占比为 7%，所创造的就业岗位达到 277 万。2022 年印度货物出口总额达 4497.23 亿美元，服务贸易出口 3016.27 亿美元，其中软件出口就达到 1500 亿美元。

作为一个经济基础薄弱的发展中国家，印度的 IT 行业却能够迅速发展起来，并且成为全球最大的软件外包基地，其中的原因可以归结为以下几点。

印度的软件外包之所以能够发展成为支柱性产业，离不开政府的大力扶持。同时，还与一个人的特殊贡献有关，他就是被称为印度"软件之父"的 F.C. 科理（F.C.Kohli），同时也是印度最大的软件服务公司塔塔咨询服务（TCS）的创始人。

早在 1974 年，塔塔咨询服务就开始提供软件外包业务，并在欧美国家取得了显著的成功，业务订单源源不断。然而，随着业务量的迅速增长，科理发现公司难以独自应对所有的海外外包订单。于是，他决定将这些订单转回国内，交给各类中小企业完成。这样，塔塔公司就转型为了软件外包业务的"总承包商"，负责协调和管理整个外包过程，确保项目的顺利进行。

随着全球 IT 行业的迅猛发展，众多印度外包企业面临订单完成的挑战。在这样的背景下，科理在印度各大城市建立了超过 10 个软件培训中心，并积极招募大量软件人才进行培训。这些培训中心不仅为学员提供先进的软件开发知识，而且确保他们在培训结束后能够立即上岗就业。因此，塔塔培训中心被誉为印度软件业的"人才摇篮"，为行业输送了大批优秀的软件人才。

而此时世界各国尚未意识到信息产业未来发展的巨大市场前景，都将发展重心放在制造业上，这就使得印度赢得了发展先机。

在科理的积极倡导和推动下，印度政府自 20 世纪 90 年代起便决心致力于软件行业的发展，并为此提供了强有力的政策扶持。这些扶持措施不仅包括全面免除税款、取消相关限制，还在技术基地培养等方面给予行政支持。此外，印度政府还赋予 IT 行业在银行信贷方面的优先权，以进一步推动其发展。同时，印度政府将 IT 业视为经济腾飞的标志性产业，并大力鼓励其发展壮大。这些举措共同促进了印度软件行业的蓬勃发展。

政府的大力支持为软件业的发展创造了良好的客观条件，加上印度在这一领域起步较早，通过人才培训及时满足了市场需求。以上几个方面的条件加在一起，印度 IT 行业的发展，可谓"天时、地利、人和"都具备了。

客观地讲，印度软件业的迅猛崛起与其国家的语言环境有着密切的关联。由于印度长达 200 多年作为英国的殖民地，英语一直是其官方语言。即使在印度独立后，英语仍然被保留为官方语言，这为印度培养软件人才提供了极为有利的条件。在设计软件时，印度无须面对语言障碍的挑战，因为英语是软件行业的主要编程语言。这使得印度在软件行业拥有天然的语言优势。此外，由于语言相通，印度设计的软件能够顺利进入欧美市场，进一步推动了其软件业的发展。

另外，印度政府高度重视教育，通过优质的高等教育，使得国内人才资源丰富多样。特别是印度在计算机教育方面的良好机制，它注重计算机学科与其他学科的交叉融合，为培养全面发展的人才提供了有力支持。在印度的软件工程师中，很多人拥有超过 10 年的丰富经验，其中不乏从美国归来的高级技术人才和管理精英。这些人才为印度软件业的成功奠定了坚实的基础。

印度之所以能够成为全球软件外包基地，除了其软件公司拥有先进的技术和强大的实力，能够应对大型软件项目外，还有一个关键因素，那就是印度低廉的人工成本。这也是各大世界软件巨头纷纷选择在印度设立分公司的重要原因。这种显著的成本优势使得印度在全球软件外包市场中具有强大的竞争力。

由于印度的人力资源成本相对较低，其软件外包价格在全球市场上具有显著的竞争优势。而印度软件公司提供的贴心服务更是赢得了众多客户的信任。在印度的"硅谷"——班加罗尔，以及德里、孟买等城市，汇聚了大量的软件开发公司，这些公司形成了软件开发的集团优势和聚集效应，进一步推动了印度软件业的繁荣发展。

三 数字印度的未来愿景

2015 年，莫迪政府正式提出"数字印度"战略，电子和信息技术部牵头，中央政府多个部门共同参与，将以往各有不同的电子治理和数字公共基础设施倡议合并在一个框架下，寄望于在全球数字化转型的浪潮中加速远航，推动印度全国实现从"无纸化"逐渐向"数字化"转型发展。

具体而言，"数字印度"战略旨在围绕数字基础设施建设、数字化政府服务和公民数字教育三大领域，瞄准宽带高速公路、泛在的移动互联网、公共互联网接入、电子政务、电子服务、开放数据、电子信息制造业、IT就业、早期收获计划共九项重点任务，提出了包括鼓励互联网企业在印度本土上市、提供安全可靠的网络空间、通过国际合作大力发展数字经济等一系列举措，致力于推动印度成为数字赋能的社会和知识经济体。

在"数字印度"战略的框架下，印度政府相继搭建了促进手机移动支付的国家"通用支付界面"；促进出台使没有银行账户的人享受金融服务的国家普惠金融计划；对使用电子支付的小商贩，给予税收优惠甚至补贴；出台电子安全产品采购政策以及数据保护法等。印度政府通过上述政策措施，力图从实体到法制，全面推动全印数字经济发展。

自"数字印度"战略及相关措施提出以来，印度通信基础设施的不断完善，信息技术与社会经济生活各个方面的融合不断深化，数字经济规模持续扩大，已成为促进实体经济结构转型升级的重要推动力。根据电子与信息技术部发布的报告，到2025年，预计印度数字化转型将产生1万亿美元的经济效益，创造6000万至6500万个就业岗位。概括而言，"数字印度"战略自提出至今的重要进展主要包括以下几个方面。

一是数字印度集团引导跨越式发展。印度电子和信息技术部牵头，成立了包括国家电子政务司等部门在内的数字印度集团，并成立了国家网络协调中心、计算机应急响应小组等机构，大力推动职能部门的整合。在此基础上，印度国家人力资源开发部发布了"通过信息和通信技术进行教育的国家使命"倡议，旨在充分发挥教学和学习过程中的信息和通信技术潜力，以满足学生、教师和终身学习者的相关需求；技能发展与创业部发布了"PMKVY"旗舰计划，使大量青年能够接受与行业相关的技能培训。

二是 IT 产业持续快速发展。据印度软件和服务出口协会（NASS-COM）统计，截至 2020 年底，印度 IT 行业的员工人数已经超过 400 万，成为印度最大的私人雇主行业。目前，印度 IT 行业的总产值已经超过 2000 亿美元，IT 行业已成为印度的第二大经济支柱，帮助印度成为全球最大的 IT 服务市场之一，占全球市场份额的 7% 以上。近年来，印度 IT 企业在人工智能、机器学习、大数据等领域积极探索。印度 IT 企业如塔塔咨询服务、Infosys、Wipro 等已成为全球知名的 IT 服务企业，其中塔塔咨询服务被评为全球最有价值品牌之一，是印度 IT 行业的佼佼者。

三是数字基础设施建设提速升级。印度自称是数字公共基础设施领域的全球领导者之一。截至 2022 年 9 月，作为印度国家生物识别 ID 计划的一部分，印度唯一身份识别局（UIDAI）已经生成了 130 亿个数字身份认证系统（Aadhaar）号码（12 位唯一身份号码），仅在 2022 年 3 月，统一支付接口（UPI，快速支付系统）就促成了 54 亿笔交易。随着 Aadhaar、统一支付接口和数字文档钱包（DigiLocker）等数字公共基础设施陆续上线运营，不仅印度数字经济步入了持续快速发展的时期，而且全印社会公共服务的便利化水平也不断提高，显著降低普通民众享受正规金融服务的门槛。值得注意的是，数字公共基础设施不仅彻底改变了印度国内的普惠金融格局，还在政府推动下加速走上全球舞台。截至目前，印度已同新加坡、阿联酋等国实现了支付系统互联，同时印度提供的模块化开源身份平台正帮助菲律宾、摩洛哥等国打造自己的数字身份系统。

四是城镇和乡村的数字化程度稳步提升。电子制造基地被印度列为优先发展事项，宣布了改良电子制造集群（EMC 2.0）计划、电子元器件和半导体制造促进计划（SPECS）、大规模电子制造的生产关联激励措施（PLI）以及半导体印度计划（Semicon India）等一揽子投资和其他激励计划。与此同时，大力推进实施阶段式"Bharat Net"

计划，旨在提高偏远乡村的公共网络接入比例，扩大互联网覆盖范围，缩小数字鸿沟，扩大消费群体，将全国所有城镇及乡村的数字化程度提高至 80% 以上。

四　持续推进的数字合作

虽然在"数字印度"战略框架下，技术促进发展的理念很突出，但印度也在平衡同时出现的经济增长、保护个人隐私和维护国家安全的数字"三重困境"。因此，截至目前，据公开渠道的资料，未见印度与别国正式签署数字合作伙伴关系文件，其仅在提供技术支持、数字人才培训、扩大服务外包等层面，较为审慎地推进与其他国家的数字合作。

在"四方安全对话"（QUAD）框架下，美日印澳四国的关键和新兴技术工作组成立了 5G、半导体、人工智能、生物技术、供应链等小组。但应该看到，尽管美国和印度的经济伙伴关系在过去二十年中不断加强，但由于美国与印度存在显著的数字鸿沟，美印两国在数据本地化、数字发展自主权和网络安全及治理等议题上存在诸多分歧，美国团结印度提升自身印太地区数字发展影响力的尝试也没有得到印度的积极响应。已有学者指出，美印数字合作的本质仍是相互利用，加之两国政治和经济关系存在不确定性，美印数字合作的未来可能矛盾重重。

具体而言，印度政府认为，数字贸易产生的价值分配不公平是一个痛点，并已起草并实施了纠正这一问题的法规。美国政府则认为，印度的措施具有根本的歧视性。例如，关于衡平税（2020）问题，美国贸易代表的调查指出，根据该征税范围应承担责任的公司中有 72% 是美国公司。

尽管如此，印度和美国都是 2022 年 10 月加入经合组织数字税收框架协议的国家。近年来，印美两国关系有所走近，两国均把"印太经济框架"（IPEF）视为可以解决彼此之间争论的平台，并就跨境订单数据流和数字税收等问题开展了磋商。

近年来，印度和欧盟经历了一段叙事和规范趋同的时期，尤其是在数字主权问题上。例如，双方均同意，当地产生的数据的经济价值应该支持当地的社会经济发展和繁荣。再如，印度和欧盟都将数字税视为一种手段，可以让它们公平地分享在其境内运营的公司产生的利润。

2021 年，印度和欧盟签署了欧盟－印度互联互通伙伴关系文件，为双方在可持续数字、交通和能源网络以及人员、货物、服务、数据和资本流动方面的合作确立了雄心勃勃的目标。除了促进印度和欧盟之间的双边数字合作外，互联互通伙伴关系还将成为南亚、东亚、中亚和非洲多方倡议的启动平台，以实现可持续发展目标。

第七节　日益改善的交通运输

根据印度道路运输与公路部 2022—2023 年度报告的数据，截至 2022 年 3 月底，印度的公路里程为 633.18 万公里。其中高速公路为 1.63 万公里，国道为 13.52 万公里，省道为 19.83 万公里，其他道路为 58.02 万公里，从密度上来说，印度的公路密度为 0.66 公里/平方公里，略高于中国的 0.56 公里/平方公里，但是远低于发达国家的水平。印度的公路承载了该国 64.5% 的货运和 90% 的客运量。[①]代表性公路有：黄金四边形公路，将金奈、新旧德里、孟买和加尔各答四个城市连成了一个四边形；北南走廊和东西走廊，旨在连接印度的南北和东西部；珍珠链高速公路，这是一系列连接主要港口的公路，旨在

---

① 陈艳春、张俊勇：《印度铁路发展现状与挑战》，《中国储运》2024 年第 5 期，第 207—208 页。

促进沿海地区的经济发展。此外，印度与邻国巴基斯坦、尼泊尔、不丹、孟加拉国、缅甸之间均有公路互通。

一　亚洲最早的铁路国家

印度是亚洲最早的铁路国家，印度第一条铁路建成于 1853 年 4 月，是从波恩德特至塔那的 34 公里铁路，为 1676mm 的宽轨铁路。印度铁路系统目前拥有 6.8 万公里左右的轨道，这一长度在全球位列前茅，同时其雇员数量也超过了 150 万人。除了负责铁路运输和列车制造外，印度铁路系统还拥有自己的医院、学校、宾馆等多元化产业。无疑，印度的铁路系统构成了印度政府中规模最大、影响最广的机构之一。然而，这也导致了一系列问题，如人员冗余、效率低下、事故频发以及腐败问题等。这些问题严重影响了印度铁路系统的运营效率和公众形象，亟待解决。

截至 2022 年 3 月 31 日，印度铁路网络总长度 67956 公里，全国共设有约 8500 个车站，日均发车量达到 2.1 万次。2023—2024 年乘坐印度铁路列车的乘客总数为 648 亿，铁路货运量已经超过了 15 亿吨，总收入达到 240 万亿卢比，是世界上最拥挤的铁路系统之一。在印度，坐火车还是长途旅行的主要方式，但印度铁路平均速度相对较低。少数特快列车可以 160 公里 / 小时或稍高的速度运行，全国长途快车平均速度为 50 公里 / 小时，普通客运和通勤列车速度几乎不超过 32 公里 / 小时。由于征地困难等，印度高铁建设进展缓慢。

在世界大多数国家铁路均按英国标准轨 1435mm 统一轨距的 21 世纪，印度依然保持着殖民时期的"多轨并存"状态。同时，由于印度实行联邦制，再加上国有、私营、外资铁路公司对市场的分割，铁路轨距标准繁多。目前，印度的铁路轨距主要分为宽轨（1676mm）、米轨（1000mm）和窄轨（762mm 和 610mm）三种轨距。其中宽轨主要布局在沿海地区和大型城市，而米轨则主要分布在印度的北部地区。相对偏远的山区和矿区则主要使用窄轨。这种多样化的轨距标准导致在运输乘客和货物时，印度铁路系统经常需要进行转运和换车操作，这无疑增加了运输的复杂性和不便。在印度标准轨系统仅用于地铁和城轨、有轨电车，如德里地铁、快速地铁古尔冈轨道、班加罗尔地铁和孟买地铁，均为标准轨距线路。

印度政府在 2010 年左右制定了一项铁路发展规划，其初衷是在 2020 年之前将全国的铁路总里程扩展至 89000 公里，并建设至少 4 条时速超过 250 公里的高速铁路。目前看，这一目标并未达成。至 2019 年 2 月，印度才落成一条时速 180 公里的准高铁，称为 18 号列车，开通当天总理莫迪也来到现场。印度真正的第一条高铁——孟买与艾哈迈达巴德之间的高速铁路，由日本与印度合作设计修建，设计时速 200 公里，原计划 2024 年建成，但由于征地问题、成本增加及新冠疫情影响等因素，工期一再推迟。为进一步发展高铁，印政府于 2020 年再次提出"国家铁路计划"，规划到 2050 年兴建 13 条高铁，总长约 7800 公里。

印度铁路网络受到基础设施老化和维护不善的困扰，导致铁路事故频发，据印度国家犯罪档案局 2022 年公布的数据显示，2021 年共有 1.82 万人在铁路事故中身亡，也就是印度每天有约 50 人在铁路事故中遇难。

印度高山铁路，位于现今印度北部山区，是环山铁路系统的经典之作。1999 年根据文化遗产遴选依据标准，大吉岭喜马拉雅铁路被联合国教科文组织世界遗产委员会批准作为文化遗产列入《世界遗产名录》。尼尔吉利铁路和卡奥卡—西姆拉铁路作为印度山区铁路的扩展项目分别于 2005 年和 2008 年入选《世界遗产名录》，该遗产名称也变更为"印度山区铁路"。

大吉岭喜马拉雅铁路是最著名的一条高山铁路，堪称山区客运铁路的典范。大吉岭喜马拉雅铁路自 1881 年开始运行，采用大胆而巧妙的机车系统设计，穿越美丽的山区，解决了因地形起伏而产生的机车有效牵引难题。尼尔吉利铁路是一条 46 公里长的窄轨单线铁路，位于泰米尔纳德邦，其建造于 1854 年提出，但因山势险峻所造成的困难，工程直至 1891 年才开工，1908 年竣工。这条铁路海拔高度从 326 米升至 2203 米，代表了当时的最高水平。卡奥卡—西姆拉铁路 96 公里长，单线窄轨铁路，19 世纪中叶与高海拔的西姆拉镇连接通车，成为技术和建造材料突破的象征。目前这三条铁路均全线运行。

印度与邻国巴基斯坦、尼泊尔、孟加拉国之间均有铁路互通，与不丹、缅甸的跨国铁路线也在规划当中。

二　相对落后的公路建设

印度仍然是一个公路基础设施相对落后的国家。印度道路路况较差，道路运输能力不足，国道中约 75% 的路段为单向 2 车道及以下。同时，印度许多公路的等级都非常低，有些道路甚至算不上公路，因为印度的很多乡村道路仅仅就是土路，路基非常薄，甚至连水泥都没有，但这些道路都被印度交通部算到了公路总里程中。而且印度的公路网分布不均，以新德里、孟买、加尔各答、金奈四大城市为中心，把全国各地大中小型城市连为一体，形成了一个巨大的公路网，但路网主要集中在北部的平原地区以及沿海地区，南部和东北部的山区和边远地区的公路建设相对落后。

三　持续发展的民用航空

由于地面轨道交通和道路交通薄弱，民航成了印度民众中远距离出行的主要方式（平均航距和飞行时长相对较短），民航市场维持着较好的发展势头。印度国际及国内航班班次频繁，是当今世界上发展速度最快的民航市场之一。2023 财年，印度航空客运量同比增长 73.3%，达到 3.27 亿人次。其国内和国际客运量分别增长 62.1% 和

157.8%，航空货运量同比增长 0.6%，达到 316 万吨。

目前，印度拥有约 460 个运营机场，仅在德里、孟买、加尔各答、金奈等主要城市就建有 29 个国际机场。其中，新德里的英迪拉·甘地机场和孟买的贾特拉帕蒂·希瓦吉机场是全国最重要的国际机场。为了满足印度日益增长的航空旅行需求，提高机场基础设施的容量已成为当务之急。印度政府预计到 2026 年将投资 18.3 亿美元发展机场基础设施。

英迪拉·甘地国际机场，位于印度首都新德里，为 4F 级国际机场、印度国家航空门户。2023 财年，英迪拉·甘地国际机场共完成旅客吞吐量 6532.78 万人次，同比增长 66.1%，排名印度第一位；货邮吞吐量 89.59 万吨，同比下降 3.1%，排名印度第二位；飞机起降接近 43 万架次，同比增长 34.5%，排名印度第一位。

贾特拉帕蒂·希瓦吉国际机场，是位于印度孟买大都会区的一个主要的国际机场，在客运量方面，该机场是印度第二繁忙的机场，仅次于新德里英迪拉·甘地国际机场；但在货运量上，该机场一直是印度最繁忙的机场。

近几年来，印度政府大力推进机场和航空公司私有化、航空公司重组整合、航司高层大换血，PPP 模式初见成效，2022 年以来，民航市场迅速复苏，但印度民航整体仍在重整周期中，机场容量饱和问题、航空公司盈利能力问题仍然未能得到质的改善与解决。自印度取消国内航班限制、解除国际航班禁令以来，印度民航运力供给水平有显著恢复。

印度国内现有 700 余条航线，主要经营国际航线的航空公司包括印度航空公司和靛蓝航空。印度航空公司原是印度的国家航空公司，创立于 1932 年，是印度主要的洲际航线运营商。印度靛蓝航空是一家非常年轻的航空公司，2006 年 8 月 4 日才开始运营，也是一家低成本航空公司。靛蓝航空已发展成为印度最大的航空公司，在印度国内市场占有 56% 份额。2022 年，靛蓝航空运送了 7670 万旅客，首次荣登亚洲客运量第一的宝座。在印度航空和靛蓝航空等的共同努力下，印度航司现在运营约 100 条国际航线。在首都新德里的英迪拉·甘地国际机场，平均每天约有 1200 多架次航班起降，其中 300 多架次是国际航班。

四　潜力巨大的水运交通

印度地处全球航运要冲，地理条件优越，拥有约 7500 多公里的海岸线，并设有 12 个主要港口和 205 个非主要港口。全国主要港口包括加尔各答、帕拉迪普、维沙卡帕特南（Visakhapatnam）、恩诺尔、金奈等。其中，12 个主要港口直接由印度政府管理，而非主要港口则由各邦政府的海事董事会负责运营。在印度的外贸运输领域，水运占据着主导地位，承担着全国 95% 的外贸运输量，并贡献了超过七成的贸易价值。近年来，印度港口的货物吞吐量表现出稳定的增长趋势，年增长率稳定在 10%—12%。特别值得一提的是，在 2023 财年，印度水运货运量同比增长 8.78%，达到 7.84 亿吨，这充分展示了印度水运的强劲实力和巨大潜力。①

印度地处印度洋的中心位置，在印度洋区域的所有国家中大型港口的数量最多，因此途经印度洋的轮船基本都要经过或停留印度的港口。在 12 个主要海港加入全球海港网络后，印度已经融入了全球海上航运系统。从印度西部海岸诸港出发的船只，一般是前往非洲大陆和欧洲大陆；而从印度东部海岸诸港口启航的船只，大多经马六甲海峡，前往中国、韩国、日本和澳大利亚等地。总的来说，印度依靠其海港形成了联结全球的海上线路。

---

① 杨文武、易鑫：《印度陆海交通基础设施对外互联互通的现状及问题》，《南亚研究季刊》2020 年第 2 期，第 54—61 页。

　　印度国内分布着 6 条主要的国家内河航道，总计通航里程达到了 1.45 万公里，其中包括自然河流、运河、人工湖泊、溪流等，而适合机动运输船舶航运的主要河道总长约达 5200 公里，运河总长约为 485 公里。然而，尽管恒河的中下游等局部地区的内河运输较为发达，但印度的整体内河运输水平仍然偏低。在全国范围内，内河货物运输量仅占全部国内货物运输量的 0.1%，这表明印度在内河运输领域具有巨大的发展潜力，有待进一步开发和提升。

第七章　外交舞台的印度表现

冷战时期，印度外交决策集团认为，在经济、军事实力相对有限的情况下，印度只有避开大国纷争才能在全球舞台上发挥突出作用。因此，印度支持不结盟运动。苏联解体后，印度外交政策更倾向于多极化。即使目前实力已大幅提升，印度外交仍强调不结盟原则。近年来，随着国际与地区形势的变化，印度直面的挑战日益增多，"不结盟"的外交政策已不足以应对新形势。考虑到目前印度的经济和军事实力，及其所处战略位置在未来地缘政治竞争中的作用，莫迪执政以来，印度开始大幅调整建国初期的"不结盟"外交政策，强调印度外交需要紧密结合内政，服务于实现印度的"大国梦"，将"邻国优先"（Neighbour First）作为外交政策的核心，加强与南亚及印度洋地区的联系，在全球层面打造"全球平衡者"和"领导型大国"的身份，力图在中美等大国间保持战略自主性，以更好地实现和维护自身利益。

第一节　不结盟运动的发起者之一

不结盟运动是 20 世纪中叶由一些亚非拉国家发起的国际政治运动，[1] 旨在避免在冷战期间加入任何一个超级大国领导的军事政治集团，保持独立自主的外交政策。印度是该运动的主要创始国之一，长

---

① 邹琼：《印度的外交遗产：国外不结盟政策研究综述》，《云南民族大学学报（哲学社会科学版）》2015 年第 5 期，第 28 页。

期以来，印度的外交政策一直以不结盟原则为核心。

一　不结盟运动的起源与印度的角色

不结盟运动起源于 1961 年，由南斯拉夫总统铁托、埃及总统纳赛尔和印度总理尼赫鲁共同倡议发起。该运动的兴起反映了当时许多新兴独立国家的愿望，即在冷战的两极对立中保持中立，避免被卷入大国间的冲突和竞争。印度在不结盟运动中扮演了重要角色，不仅因为其地理位置和人口规模，还因为印度领导人尼赫鲁的个人魅力和政治理念。尼赫鲁强调和平、独立和自主的发展道路，倡导通过合作和对话解决国际争端。不结盟政策的实施，旨在使印度避免在美苏两大阵营间选边站队，保持独立自主的外交立场，同时推动与发展中国家的团结合作，以提升印度在国际舞台上的影响力。

二　不结盟政策的印度实践

冷战时期，印度的不结盟外交政策是其对外关系的核心特征，这一政策由印度首任总理贾瓦哈拉尔·尼赫鲁提出，并在印度独立后的外交实践中得到坚持和发展。这一政策主要内容包括：①避免选边站队。印度在冷战期间的不结盟政策首要目标是避免在美苏两大阵营间做出选择，不与任何一个超级大国结盟，以保持外交政策的独立性和自主性。①②推动第三世界合作。印度积极倡导和推动不结盟运动，与亚非发展中国家建立紧密联系，促进南南合作，以集体的力量对抗冷战中的超级大国压力。③强调国际关系中的道义原则。尼赫鲁强调国际关系中的道德和正义，倡导和平共处五项原则，即互相尊重主权和领土完整、互不侵犯、互不干涉内政、平等互利、和平共处。④维护国家安全和利益。不结盟政策也是为了维护印度的国家安全和利益，

---

① 张力:《印度总理尼赫鲁》，四川人民出版社，1997，第 153 页、第 256 页。

通过保持中立，避免被卷入大国间的直接冲突，同时寻求通过外交手段解决争端和冲突。

　　印度的不结盟政策对其国际地位产生了深远影响。它不仅使印度在冷战期间保持了一定的独立性，还为其在发展中国家中赢得了尊重和领导地位。此外，不结盟政策也为印度在冷战结束后的国际体系中继续发挥重要作用奠定了基础。不结盟政策对冷战期间印度外交的影响主要体现在以下四个方面：①军事中立，印度避免加入任何军事同盟，不参与超级大国之间的对抗；②经济合作，印度寻求与所有国家建立经济关系，不论其政治体制；③多边外交，印度积极参与不结盟运动的多边活动，推动国际合作和对话；④非集团外交，印度倡导不结盟运动的非集团原则，反对任何形式的军事集团和政治联盟。

三　印度不结盟政策的调整与变化

　　不结盟政策是印度外交的重要基石之一，独立以来历届印度政府长期坚持，但在具体的外交实践中，印度的不结盟政策并非一成不变，在一些时期也进行了一定程度的调整，以维护本国利益和适应变化的国际环境。例如，在1962年中印边界冲突后，印度开始与苏联建立更为紧密的关系，并在1971年与之签署了《印苏和平友好合作条约》，这一举措在一定程度上偏离了不结盟的原则。莫迪上台执政后，印度政府的外交政策显示出在国际舞台上寻求更大影响力的意愿，同时也反映出印度在维护其国家利益和战略自主方面的坚定立场，被认为是从传统的不结盟原则向更为务实和多向的外交策略的转变，在印度国内外引起了广泛的讨论和分析。应该说，近年来印度的外交政策正在经历一个重要的转型期，其未来的走向将对地区乃至全球的战略格局产生重要影响。[①]

---

① 代泽华：《尼赫鲁执政时期印度联合国不结盟外交研究—基于唱名表决数据的分析》，《南亚研究》2015年第1期，第45页。

莫迪政府外交战略调整主要体现为以下五个特点。①实力政治和民族主义色彩增强。莫迪政府强调印度外交需要紧密结合内政，服务于实现印度的"大国梦"。在这一过程中，印度淡化了不结盟色彩，转而强调与全球大国进行实质性交易，并加强军事威慑能力。②"邻国优先"政策。莫迪政府将"邻国优先"作为外交政策的核心，加强与南亚及印度洋地区的联系，包括加强对不丹、尼泊尔、阿富汗等国的基础设施建设和经济合作。③"向东行动"战略。印度升级其亚太战略，从"向东看"（Look East）转向"向东进"（Act East），加强与日本、澳大利亚、韩国等国的安全战略和海上合作。④全球层面的角色定位。印度在全球层面打造"全球平衡者"的国家形象，力图在中美等大国间保持战略自主性，从各方获益。⑤对经济外交的重视。莫迪政府强化经济外交，使之成为新时期外交布局的核心内容，推动"印度制造"和吸引外资。

因此，莫迪政府外交政策调整对印度不结盟外交的影响体现在如下几个方面。①与美国的关系：近年来，印度与美国的关系日益紧密，双方在战略与安全领域的合作不断加强，引发了外界对印度是否放弃不结盟政策的疑虑。②与中国的关系：印度与中国的关系复杂，既有竞争也有合作。在面对中国的崛起和边界争端等问题时，印度的不结盟政策也面临挑战。③多向结盟：印度开始寻求与多个大国建立战略伙伴关系，如与俄罗斯、日本、澳大利亚等国的合作，这被一些人视为不结盟政策的"2.0版本"。

冷战时期的印度不结盟外交政策是印度对外战略的重要组成部分，它体现了印度追求独立自主和大国地位的外交理念。尽管在实践中有所调整，但这一政策总体上为印度在多变的国际环境中保持了战略自主性和灵活性。不结盟运动为印度提供了一个在冷战期间保持独立自主外交政策的平台。然而，随着国际环境的变化和印度自身利益的扩展，印度的不结盟政策也在不断调整和适应新的国际关系格局。

不结盟运动曾是印度外交的标志性特征，但在莫迪政府的领导下，印度似乎更倾向于采取更为灵活和务实的外交策略，以实现其大国崛起的战略目标。现在，印度的外交政策更加灵活多变，既保持了不结盟的传统，又在必要时与其他国家进行战略合作，以维护和促进其国家利益。

第二节　多边平衡的大国外交

印度的多边平衡大国外交策略是其在国际关系中寻求最大化国家利益和战略自主的一种重要手段。这种策略体现了印度在全球化背景下，通过与不同大国建立和维护平衡关系，以实现其国家利益的最大化。印度自独立以来，长期奉行不结盟政策，强调战略自主和中立。然而，随着国际格局的变化，特别是冷战结束后，印度开始逐步调整其外交政策，从不结盟转向"多向结盟"。[①] 这种转变意味着印度在保持战略自主的同时，开始更加积极地与各大国建立伙伴关系，以适应新的国际环境。

一　印度与美国的关系

印度与美国的关系是其多边平衡策略的核心。近年来，两国在防务、安全、科技和经济领域的合作不断加强。美国将印度视为"主要防务伙伴"，并在"印太战略"中赋予印度重要角色。印度通过与美国的合作，旨在提升自身的地区和全球影响力，同时制衡相关竞争对手的战略压力。然而，印度也意识到过度依赖美国可能带来的风险，因此在追求与美国合作的同时，也在寻求与其他大国的平衡关系。印

---

① 李莉：《从不结盟到"多向结盟"——印度对外战略的对冲性研究》，《世界经济与政治》2020 年第 12 期，第 77 页。

度与美国的关系是 21 世纪最重要的双边关系之一，这一关系的发展和变化对全球政治经济格局有着深远的影响。近年来，两国关系经历了显著的转变和加强，具体表现在以下五个方面。

印度和美国已经从早期的有限接触发展为全面的全球战略伙伴关系。这一点在两国领导人的互访、高层次的外交互动以及双边协议的签署中得到了体现。特别是在防务、安全、技术和经济领域，双方合作日益紧密。

防务合作是印美关系的重要支柱。两国签署了一系列军事协议，包括《后勤交流备忘录协定》（LEMOA）、《通信兼容与安全协议》（COMCASA）等，为双方的防务合作奠定了基础。此外，美国已成为印度的重要武器供应国，双方还定期举行联合军事演习。

经济和技术合作是印美关系中的另一个关键领域。两国在信息技术、制药、能源等领域的合作不断加强。美国是印度重要的贸易伙伴和投资来源国。同时，美国科技公司在印度的投资增加，如谷歌、亚马逊等公司都在印度扩大了业务。

在政治和外交领域，印度和美国也在加强协调。两国在全球治理、气候变化、反恐等问题上有着广泛的共识，并在联合国等多边平台上进行合作。印度对美国的"印太战略"持积极态度，并寻求在该框架下加强与美国的合作，以加强自身在亚太地区的影响力。

印美关系的发展还表现在文化和教育交流的加强。两国之间的学术交流、学生和专业人士等人员往来不断增加，这有助于加深相互了解和促进人文联系。

尽管印美关系在许多方面取得了进展，但两国之间仍然存在一些挑战和分歧。例如，美国对印度的贸易政策、签证政策以及印度与俄罗斯的军事合作等问题，都可能成为双边关系的潜在障碍。未来，印度和美国的关系有望继续加强。两国在维护地区稳定、促进经济发展和应对全球性挑战等方面有着共同的利益和目标，但是要充分挖掘合作潜力，还需要双方在处理分歧和挑战时展现出更大的灵活性和创造性。总体而言，印度与美国的关系正处于一个积极的发展阶段，两国在多个领域的合作不断深化，有望在未来形成更为紧密和全面的伙伴关系。然而，为了保持这一势头，双方需要共同努力，克服存在的分歧，并在相互尊重和平等的基础上继续推进双边关系的发展。

二　印度与俄罗斯的关系

印度与俄罗斯的关系可以追溯到 20 世纪中期，两国之间建立了深厚的政治、经济、军事和文化联系。印度与俄罗斯（苏联）的关系始于苏联支持印度的民族解放运动。自 1947 年印度独立以来，苏联就在军事、经济和技术方面向印度提供了大量援助。这种合作关系在苏联解体后由俄罗斯继承，并持续发展至今。

军事合作是印俄关系的核心。印度武器装备中有很大一部分来自俄罗斯，包括战斗机、坦克和导弹系统等。两国还定期举行联合军事演习，并在武器研发项目上进行合作。2018 年，印度与俄罗斯签署了价值 54.3 亿美元的 S400 防空导弹系统采购协议，尽管面临美国制裁的威胁，印度仍坚持执行该合同。

尽管军事合作是印俄关系的亮点，但经贸合作方面却相对薄弱。两国贸易额在印度对外贸易总额中占比不高，但双方都认为两国经济互补性强，有巨大的潜力可挖。近年来，印度与俄罗斯一直在努力提升双边贸易额，并探讨建立双边支付系统以避免有可能面临的西方制裁。在政治和外交领域，印度和俄罗斯在许多国际问题上持有相似立场，并在联合国、金砖国家、上海合作组织等多边平台上进行合作。俄罗斯支持印度成为联合国安全理事会常任理事国，这一立场在印度受到欢迎。文化交流也是印俄关系的重要组成部分。两国在教育、科技、知识产权等领域有着广泛的合作，并鼓励民间交流以加深相互了解。

印度与俄罗斯的关系也受到地缘政治因素的影响。印度与美国的走近以及印度对中亚的渗透行动，引起了俄罗斯的关注。尽管存在分歧，但两国都认识到合作的重要性，并努力维持双边关系的稳定。

印俄预计将继续在军事、经济和政治等领域保持紧密合作。两国可能会在能源、基础设施建设、高科技和太空探索等领域探索新的合作机会。同时，双方也需要克服地缘政治分歧，寻找共同利益，以确保关系的长期稳定和发展。总体而言，印度与俄罗斯的关系是建立在长期合作和相互依赖的基础上的。尽管面临外部挑战和内部分歧，两国都有意愿和动力维护和加强这一战略伙伴关系。

印度的多边平衡策略虽然为其带来了一定的战略利益，但也面临着不少挑战。例如，大国间的竞争加剧、地缘政治风险上升以及国内政治经济的不确定性等。未来，印度需要在维护战略自主和追求国际合作之间找到平衡点，同时灵活应对国际局势的变化，以确保其外交政策的连续性和有效性。总体而言，印度的多边平衡大国外交策略是其在复杂多变的国际环境中寻求稳定与发展的重要途径。通过与不同大国的合作与平衡，印度旨在提升自身的国际地位，维护国家利益，并在全球事务中发挥更大的作用。

第三节　"邻国优先"的周边外交

印度的周边外交政策在历史上一直是一个复杂而多维的议题。印度作为印度洋地区的主要大国，其周边外交政策受到多种因素的影响，包括历史、文化、地缘政治和经济利益等。近年来，印度的周边外交政策尤其强调"邻国优先"的战略，旨在加强与周边国家的合作，[①]以实现与邻国关系的长期稳定和繁荣。

---

① 师学伟：《21世纪初印度周边外交刍议》，《和平与发展》2016年第5期，第64页。

一 "邻国优先"框架下的周边外交

印度的"邻国优先"政策是莫迪政府上台后提出的一项重要的外交战略，旨在加强与周边国家的关系，促进区域合作与发展。这一政策的提出背景是印度意图在其周边地区建立更加稳定和友好的邻里关系，同时也是为了制衡域外国家在南亚地区日益增长的影响力。[①]

"邻国优先"政策的实施体现在多个方面。首先，印度加大了对周边国家的经济援助和投资，通过提供贷款、技术支持和基础设施建设等方式，增强与邻国的经济联系。例如，印度对不丹和尼泊尔等国的预算支持显著增加，同时在基础设施建设方面也有所投入，如在不丹建设水电站等。

其次，印度在安全领域与周边国家展开合作，包括联合军事演习、情报共享和反恐合作等。这些措施旨在构建一个更加安全的区域环境，同时提升印度在区域安全事务中的影响力。

此外，印度还通过文化交流和人文合作来加强与邻国的联系。例如，印度推出了"印度－东盟智慧城市网络"项目，旨在促进教育、文化和旅游等领域的交流合作。

然而，"邻国优先"政策在实施过程中也面临挑战。印度在处理与邻国的关系时，有时会出现霸权主义倾向，试图在区域内单方面施加影响或干预他国内政，这引起了一些邻国的不满和抵触。例如，印度与尼泊尔和斯里兰卡的关系在某些时期出现了紧张，部分原因是印度的一些行为被视为对这些国家主权的不尊重。

总体而言，印度的"邻国优先"政策是一个旨在加强区域领导地位的战略，通过经济、安全和文化等多方面的合作来实现。尽管存在挑战，但这一政策也反映了印度意图在国际舞台上发挥更大作用的

---

① 李勃：《当代印度的周边外交及对中印关系的影响》，《扬州大学学报（人文社科版）》2018年第3期，第5页。

愿景。未来，印度如何平衡其区域霸权行为与邻国的主权关切，将是"邻国优先"政策能否成功的关键。

二　莫迪执政以来的邻国外交

自 2014 年莫迪担任印度总理以来，他的邻国外交政策表现出了一些显著的特点和转变。莫迪政府上台后，提出了"邻国优先"政策，这一政策的核心是加强与周边国家的合作与互联互通，以促进区域稳定与繁荣。

加强区域合作。莫迪政府强调与南亚邻国的合作，包括基础设施建设、能源合作、边境管理和安全合作等。例如，印度推动了与不丹、尼泊尔等国的水电项目合作，以及与孟加拉国解决飞地问题的努力。

提升互联互通。印度在"邻国优先"政策下，着重提升与邻国的交通和通信连接，如推动建设连接印度与尼泊尔、不丹和孟加拉国的铁路和公路网络。

安全与防务合作。莫迪政府在海洋安全和地区稳定方面加大了与邻国的合作力度，包括与印度洋岛国的防务合作，以及在打击恐怖主义、跨国犯罪等领域的合作。

经济一体化。印度试图通过区域经济一体化来增强与邻国的联系，如推动南亚自由贸易区的建立，以及与个别邻国签订自由贸易协定。

应对中国的地区影响力。莫迪政府的邻国外交政策中，一个重要方面是对中国在南亚地区日益增长的影响力的回应。印度通过加强与尼泊尔、斯里兰卡等国的合作，试图平衡中国在该地区的影响力。

总体而言，莫迪执政以来的邻国外交政策体现了印度意图在区域和全球事务中发挥更大作用的愿景，同时也展现了其在维护国家利益和推动区域合作方面的灵活性和战略思维。尽管面临诸多挑战，但印度政府依然致力于通过外交手段加强与邻国的关系，以实现其提升地区领导力和全球影响力的目标。

三 印度与巴基斯坦的关系

印度和巴基斯坦的关系长期以来一直受到克什米尔领土争端的影响，这一问题可以追溯到两国独立时期。1947 年，根据《蒙巴顿方案》，印度和巴基斯坦从英国殖民统治下分别独立出来，但克什米尔的归属问题并未得到解决。克什米尔地区人口中穆斯林占多数，但土邦王是印度教徒，这导致了双方对该地区的主权要求存在冲突。

自独立以来，印巴两国因克什米尔问题发生过多次战争，在克什米尔地区的军事对峙和武装冲突反复上演。1971 年，印度支持东巴基斯坦的独立运动，导致巴基斯坦分裂，孟加拉国成立。此外，两国在克什米尔地区的军事对峙和跨境交火事件时有发生，这使得两国关系持续紧张。

2019 年 8 月，莫迪政府突然宣布取消"查谟 - 克什米尔邦"（即印控克什米尔地区）的特殊地位，意图将其一分为二，新建一个拥有地方立法机构的"克什米尔中央直辖区"，以及一个不设地方立法机构的"拉达克中央直辖区"。8 月 6 日，印度人民院通过了重组"查谟 - 克什米尔邦"的法案。随后，克什米尔地区局势趋于动荡，印巴关系也在短时间内陷入紧张。2025 年 4 月，印控克什米尔地区发生造成多名游客伤亡的枪击事件，导致印巴关系迅速恶化，双方在交火中均动用了战机、导弹等装备，也各有损失和伤亡。在国际社会的积极斡旋下，印巴两国最终实现停火，避免了全面战争的爆发。

总体上看，尽管印巴两国也有过缓和关系的尝试，例如 2003 年双方在克什米尔实际控制线一带达成了停火协议，同时上合组织等多边平台也在国际层面为印巴两国提供了改善关系的机会，例如 2021 年巴外长访问印度并参加上合组织外长会，但克什米尔问题的久拖不决仍是印巴关系正常发展的显著障碍，也是印巴两国矛盾冲突频发的症结所在。未来，印巴双方都需要通过政治对话、外交谈判以及多边机制等各种方式，进一步化解误会、弥合分歧、增信释疑，继续探索改善关系的可能性。

四　印度与孟加拉国的关系

印度和孟加拉国的关系复杂而多维，两国在历史、文化、经济和政治等多个层面上有着紧密的联系和互动。

历史上，孟加拉国在1971年从巴基斯坦独立出来，这一过程中印度发挥了重要的作用。印度支持孟加拉国的独立运动，并在第三次印巴战争中对东巴基斯坦（即后来的孟加拉国）提供了军事和政治支持。尽管印度在孟加拉国独立过程中扮演了积极角色，但两国关系并非一直和谐。在独立后的几十年里，孟加拉国对印度持有复杂的情感，既有感激也有疑虑和担忧。

经济上，印度和孟加拉国是重要的贸易伙伴。两国之间的贸易额总体上持续增长，涵盖了多个领域，包括纺织品、农产品和服务业。印度对孟加拉国的出口主要集中在石油产品、化工产品和机械等方面，而孟加拉国对印度的出口则以纺织品和农产品为主。此外，印度在孟加拉国的基础设施建设中也扮演了重要角色，参与了多个重要项目，如公路、桥梁和能源设施的建设。

政治上，两国关系有时会出现紧张。例如，孟加拉国对印度的地区主导地位保持警惕，同时也关注印度与其他邻国的关系，尤其是与中国的关系。印度在南亚地区的地缘政治策略，包括其对"一带一路"倡议的态度，也影响着与孟加拉国的关系。

近年来，印度和孟加拉国在解决历史遗留问题上取得了进展，例如通过签订《土地边境协议》解决了长期以来的飞地问题。这一协议有助于简化两国边境状况，改善边境居民的生活条件，并促进地区稳定与发展。此外，印度和孟加拉国也在区域合作框架下加强合作，如环孟加拉湾多领域经济技术合作组织（BIMSTEC）和南亚区域合作联盟（SAARC）。这些多边合作平台为两国提供了加强经济、安全和文化联系的机会。总体而言，印度和孟加拉国的关系是动态发展的，两国在维护双边关系的同时，也在区域和国际层面上寻求合作与平衡。尽管存在一些挑战和分歧，但两国都认识到加强合作对促进地区和平与繁荣的重要性。

五　印度与尼泊尔的关系

印度和尼泊尔的关系历史悠久，复杂多变，涉及地理、历史、文化、政治和经济等多个方面。

地理上，尼泊尔与印度共享开放边界，两国人民之间的交流十分频繁。历史上，尼泊尔地区的一些王朝建立者原本来自印度，这些王朝与印度的统治者之间存在着敌对关系。18世纪末期，尼泊尔的沙阿王朝统一了尼泊尔地区，并曾占领北印度大片土地，甚至一度威胁到中国的西藏地区，但最终被清朝军队击败，成为清朝的属国。

在近现代，印度和尼泊尔的关系受到英国殖民统治的影响。英国以边境领土纠纷为由对尼泊尔发动侵略战争，导致尼泊尔割让大片土地给英国。1947年印度独立后，尼泊尔仍保持了一定程度的主权独立。1950年，印尼签订了《和平友好条约》，确立了两国之间的安全和贸易关系。然而，该条约也导致了印度对尼泊尔的深入影响和控制，引起了尼泊尔的不满。

20世纪后期，尼泊尔对印度的依赖加剧，印度对尼泊尔实施了一系列经济制裁，导致尼泊尔经济受到重创。尼泊尔政府试图通过改善与中国的关系来平衡印度的影响。近年来，尼泊尔在政治上寻求更多的独立性，努力减少对印度的依赖。

2020年，尼泊尔通过宪法修正案，将争议地区纳入本国疆域地图，印度对此强烈不满，双方的领土争端遂有所升温。近年来，印度和尼泊尔的边境摩擦时有发生，两国均在各自的边境地区加强了战备。

总体来看，印度和尼泊尔的关系受到历史遗留问题、领土争端、经济依赖和地缘政治等因素的影响。两国在维护双边关系的同时，也在努力处理彼此间的矛盾和分歧。近年来，尼泊尔意图追求更多的独立性，大力发展与包括中国在内的其他国家的友好关系，以平衡印度的影响力。印度则在努力保持其在尼泊尔的影响力，同时通过经济和安全合作来维持双边关系的稳定。

六　印度与不丹的关系

印度和不丹之间的关系可以追溯到历史上的英国殖民时期。在19世纪，不丹与英国之间发生了冲突，最终不丹被迫签订了《杜阿尔斯条约》，割让了部分领土给英国，并接受了英国的年度津贴。随后，在1910年，不丹与英国签订了《普那卡条约》，不丹将外交权交给英国，成为英国的保护国。

1949年，随着印度独立，不丹与印度签订了《永久和平与友好条约》，印度继续支付津贴给不丹，并承诺不干涉不丹内政，但不丹的外交政策仍受到印度的"指导"。这一条约在2007年被修订，新条约允许不丹自主决定外交事务，不再接受印度的"指导"，并可以从其他国家购买非杀伤性武器装备而无须得到印度的许可。然而，新条约继续确保印不两国在重大国家利益上相互合作。

印度是不丹最大的贸易伙伴、援助国和债权国。两国实行开放边界，自由通商。印度对不丹的经济建设有着重要的影响，不丹的政府预算中有相当一部分由印度提供融资。此外，印度还负责训练、指导不丹军队，并在中国与不丹的边境地区进行巡逻。

总体而言，印度和不丹之间的关系密切，但也存在一定的变化。不丹正在寻求更多的外交自主性和经济发展动力，而印度则需要适应这种变化，同时保持与不丹的友好关系。未来两国关系的发展将取决于双方如何在尊重彼此利益和主权的基础上，找到合作与平衡的途径。

七　印度与斯里兰卡的关系

印度和斯里兰卡的关系可以追溯到古代，两国在种族、宗教、语言和文化上有着深厚的历史联系。近代以来，两国都经历了西方殖民统治，先是葡萄牙和荷兰，随后是英国。英国将斯里兰卡（当时称为锡兰）作为其殖民地，直到 1948 年斯里兰卡获得独立。

独立后，印度和斯里兰卡的关系经历了多次波折。在 20 世纪 80 年代的斯里兰卡内战中，印度曾试图介入并调停僧伽罗人和泰米尔人之间的冲突，但这一行动最终以失败告终，导致两国关系紧张。然而，随着时间的推移，两国关系逐渐回暖，特别是在经济合作和文化交往方面取得了显著进展。

进入 21 世纪，印度和斯里兰卡的关系进入了一个新的阶段。印度对斯里兰卡的投资和援助增加，两国在能源、港口建设、农业等领域展开合作。印度还积极支持斯里兰卡的债务重组工作，并在斯里兰卡遭遇经济危机时提供了大量援助。

近年来，印度和斯里兰卡的关系进一步加深，印度在斯里兰卡的经济和基础设施建设中扮演了重要角色。印度企业在斯里兰卡的投资项目包括风电项目、乳制品合资企业以及参与斯里兰卡国际机场的管理工作。此外，两国还在金融领域展开合作，印度推出了统一支付接口服务，印度卢比也成为斯里兰卡的指定货币之一。

在人文交流方面，印度鼓励民众前往斯里兰卡旅游，帮助后者恢复经济危机中受到打击的旅游业。两国政党之间的交流也逐渐密切，斯里兰卡的主要政党领导人多次访问印度，强调两国之间的紧密关系。

总体而言，印度和斯里兰卡的关系在经历了一段波折后，目前正处于一个相对友好和合作的时期。两国在经济、基础设施建设、金融以及人文交流等多个领域展开了广泛合作，显示出两国关系的紧密和发展潜力。同时，斯里兰卡也在努力平衡与印度的关系，以维护国家的独立性和发展利益。

八　印度与马尔代夫的关系

印度和马尔代夫隔海相望，文化和宗教上有许多共同点。长期以来，印度对马尔代夫有着重要的影响力，不仅在经济和文化方面，也在安全和军事领域。

近年来，马尔代夫的内政和外交政策发生了一些变化，这些变化对印马关系产生了显著影响。马尔代夫新任总统穆罕默德·穆伊兹上任后，他的政府采取了更为独立的外交政策，强调马尔代夫的主权和自主性。穆伊兹政府在上任初期就要求印度撤出在马尔代夫的军事人员，这一要求在马尔代夫国内得到了广泛的支持。

马尔代夫政府的这一立场与之前的政策形成了鲜明对比，此前马尔代夫与印度之间存在安全合作协议，允许印度在马尔代夫驻军。印度军队在马尔代夫的存在可以追溯到 1988 年，当时印度军队帮助马尔代夫挫败了一场未遂政变。然而，随着马尔代夫政府政策的转变，双方就撤军问题进行了谈判，并达成了协议。

在经济领域，马尔代夫正在寻求多元化的贸易伙伴，减少对印度的依赖。马尔代夫政府提出了从不同国家进口食品、药品和其他商品的计划，以提高国家的自给自足能力。此外，马尔代夫也在努力发展旅游业，吸引更多国际游客，减少对印度游客的依赖。

总体而言，印度和马尔代夫的关系正经历一段调整期。马尔代夫政府寻求更大的外交自主性和经济独立性，同时印度在适应这一变化的同时，也在谋求继续维持对马尔代夫的影响力。未来两国关系的发展将取决于双方如何在尊重彼此利益和主权的基础上，找到合作与平衡的途径。

九 印度与缅甸的关系

印度和缅甸的关系历史悠久，两国在地理上相邻，共享约 1600 公里的边界线，因此在战略、经济和文化上有着密切的联系。历史上，缅甸曾是英国殖民地的一部分，与印度一同经历了殖民统治时期，这段共同的历史经历为两国关系奠定了基础。

1948 年缅甸独立后，印度与缅甸的关系进入了蜜月期，两国领导人之间建立了亲密的私人关系，印度在缅甸面临困难时提供了援助。1951 年，两国签署了《印缅和平友好条约》，加强了高层互访和外交合作。在此后的几十年里，尽管两国关系有时会出现波折，但总体上保持了良好的邻里关系。

冷战结束后，印度调整了对缅政策，从 1993 年开始实施"向东看"政策，寻求与缅甸建立更紧密的经济和安全联系。印度强调不干涉内政原则，承认缅甸军政府的合法性，并在经济和军事领域与缅甸保持合作。

进入 21 世纪，印度的"东向行动"进一步推动了与缅甸的关系。印度视缅甸为进入东南亚的重要门户，加强了基础设施建设和投资合作。印度在缅甸的投资涵盖了多个领域，包括港口、公路、天然气项目等。两国还加强了军事合作，包括联合军演和军事援助。

近年来，印度和缅甸的关系面临新的挑战，尤其是缅甸国内政治形势的变化。印度在处理与缅甸的关系时，试图平衡与军政府、反对派和民族地方武装的关系。印度政府也关注缅甸难民问题，并采取措施加强边境管理。

总体而言，印度和缅甸的关系复杂多变，两国在战略合作、国防合作方面关系密切，同时也面临着政治变革、边境管理和难民问题等挑战。印度在维护与缅甸的关系中，既要考虑地缘政治的需要，也要应对缅甸国内政治变化带来的影响。未来两国关系的发展将取决于双方如何在尊重彼此利益和主权的基础上，找到合作与平衡的途径。

第四节 活跃频繁的多边外交

印度致力于增强自身的全球影响力，近年来在多边外交领域表现得尤为活跃。印度政府认识到，通过多边外交可以提升其国际地位，塑造有利的国际环境，并推动其国家利益的实现。2023 年，印度作为 G20 轮值主席国，在新德里举办了 G20 峰会。这是印度首次举行如此大规模的多边外交峰会，峰会设定了包括可持续发展、绿色发展、多边主义的开发银行改革、数字公共基础设施建设、性别平等与女性领导力等六大核心议题。

在多边外交场合，除了举办 G20 峰会外，印度历来重视与联合国的合作，并在多个国际组织中发挥着积极作用。印度还积极参与金砖国家、上海合作组织等多边机制，以推动全球治理和经济合作。

印度在多边外交中强调"改革的多边主义"，主张改革和完善全球治理体系，提升新兴经济体和发展中国家的话语权。印度总理莫迪在多个国际场合提出，印度愿意在全球治理议题上发挥领导性作用。但是，印度的多边外交策略体现了对冲性，即在不同议题和不同国家间寻求平衡，既参与以安全为议题的多边机制，如美日印澳"四方安全对话"，也参与以经济合作为主的金砖国家等机制。

通过多边外交活动，印度不仅在国际舞台上展现了其作为重要全球参与者的形象，也在推动其国内发展和国际地位提升方面取得了一定的成效。然而，印度的多边外交也面临着挑战，如在处理与主要大国的关系时需要平衡各种复杂的利益和矛盾，以及在全球治理中如何更有效地推动改革等问题。

一　印度与联合国的关系

印度与联合国的关系是多层面和长期的，印度作为联合国的创始会员国之一，一直在国际组织中发挥着积极的作用。印度与联合国的合作主要集中在可持续发展、和平与安全、人道主义援助、气候变化、健康和教育等领域。

可持续发展方面，印度与联合国合作推动国家可持续发展目标的实现。《联合国对印度可持续发展合作框架（2023—2027年）》是联合国驻印度国别小组与印度政府商定的合作文件，旨在支持印度实现其可持续发展目标，并加强双方在减贫、教育、卫生、性别平等等关键领域的合作。

和平与安全方面，印度在联合国和平与安全议程中扮演重要角色。印度意图成为联合国安理会的常任理事国，并一直支持联合国在维护国际和平与安全方面的努力。印度也参与了联合国的维和行动，并为这些行动提供了人员和资源。

气候变化方面，印度在《联合国气候变化框架公约》（UNFCCC）和《巴黎协定》下积极参与国际气候谈判。印度致力于减少温室气体排放，并推动清洁能源的发展。印度与联合国合作，通过技术共享、资金支持和能力建设来应对气候变化带来的挑战。

人道主义援助方面，印度在国际人道主义援助方面与联合国紧密合作。印度政府通过提供财政支持和派遣救援队伍等方式，参与了多个由联合国协调的国际救援行动。

健康和教育方面，印度与联合国机构合作，推动国内的健康和教育项目。例如，印度与世界卫生组织（WHO）合作，加强公共卫生系统，提高医疗服务的可及性和质量。在教育领域，印度与联合国儿童基金会（UNICEF）等机构合作，促进儿童教育和妇女赋权。

总体而言，印度与联合国的合作关系基于共同的价值观和目标，即推动全球和平、安全、发展和合作。印度不仅在国家层面上与联合国机构合作，还在多边论坛中与其他国家共同努力，以实现联合国的全球目标。

二 印度与欧盟的关系

印度与欧盟的关系在近年来呈现加速发展的趋势，尤其在政治、经济和安全等多个领域。双方在战略伙伴关系的框架下，不断加强合作，推动双边关系向前发展。

贸易与经济合作方面，印度与欧盟在贸易和经济领域有着密切的联系。欧盟是印度的重要贸易伙伴之一，双方在 2013 年曾尝试进行自由贸易协定（FTA）谈判，但由于在关税削减、专利保护等问题上的分歧，谈判一度陷入僵局。然而，近年来双方重启了 FTA 谈判，并在 2021 年 5 月举行了领导人会议，讨论了包括自由贸易协定在内的多项合作议题。此外，印度与欧洲四个国家（瑞士、冰岛、挪威和列支敦士登）签署了双边自由贸易协定，这标志着印度与欧洲自由贸易联盟（EFTA）国家之间经济合作进入了新阶段。

科技与数字化合作方面，印度与欧盟在科技和数字化转型领域也有着紧密的合作。双方致力于在 5G、人工智能等高科技领域进行合作，并推动全球数字标准的制定和实施。此外，双方还关注个人数据保护和隐私权的议题，致力于改善监管框架的融合。

地缘政治与安全合作方面，印度与欧盟共同关注"印太"地区的发展，并在海洋安全、反恐等议题上进行合作。欧盟的"印太战略"与印度的地区政策存在共识，双方都希望通过合作来应对地区安全挑战和促进地区的稳定与繁荣。

气候变化与可持续发展方面，印度与欧盟在气候变化和可持续发展方面也有着共同的目标和行动。双方承诺推动实现《巴黎协定》的目标，并在生物多样性保护、环境保护等领域进行合作。欧盟还对印度的可持续发展实践进行关注和支持，如通过欧洲投资银行在印度的投资项目支持印度可持续发展。

人文交流与合作方面，印度与欧盟在人文交流方面也有着丰富的合作内容，涵盖教育、文化、科研等领域。双方通过各种交流项目和平台，加强了人民之间的相互了解和友谊。

总体来看，印度与欧盟的关系在不断深化，双方在多个领域的合作为双边关系的发展提供了坚实的基础。未来，随着双方合作的进一步推进，印度与欧盟有望在全球事务中发挥更大的作用，共同应对各种挑战。

三　印度与东盟的关系

印度与东盟的关系是多维度和不断发展的。自冷战结束以来，印度开始实施"向东看"政策，随后发展为"向东进"，旨在加强与东南亚国家的政治、经济和安全合作。这一战略转换反映了印度意图在亚洲和更广泛的亚太地区扮演更重要的角色。

经济合作方面，印度与东盟的经济合作逐渐增强，双方签署了多项自由贸易协定，包括《印度－东盟货物自由贸易协定》（AITIGA）和服务贸易协定。这些协定旨在减少关税壁垒，促进商品、服务和投资的自由流动。尽管如此，印度与东盟的贸易额相比中国－东盟贸易额仍有较大差距。

安全合作方面，印度与东盟国家在海洋安全、反恐和防务领域合作日益密切。印度参与了多边军事演习，并与一些东盟国家如印度尼西亚和新加坡建立了战略伙伴关系。此外，印度还积极参与东盟地区论坛和其他多边安全对话。

"印太战略"方面，印度积极推动"印太战略"，并与东盟国家分享对印太地区和平、稳定与繁荣的共同愿景。东盟也发布了《东盟印太展望》，提出了自己的合作设想，印度对此表示欢迎，并寻求与东盟在印太合作上进行深入探讨和交流。

尽管印度与东盟的关系取得了进展，但仍面临一些挑战。其中包括印度与东盟在经济发展阶段、产业结构、外贸产品结构等方面存在竞争关系，互补性不强。此外，印度拒绝加入《区域全面经济伙伴关系协定》（RCEP），这在一定程度上影响了双方关系的深化。印度与东盟关系的未来将继续受到多方面因素的影响，包括全球政治经济格局的变化、区域安全形势的发展以及双方在"印太战略"下的合作进展。印度可能会继续寻求加强与东盟的合作，以提升自身在亚太地区的影响力，并作为平衡其他国家影响力的一个重要力量。总体而言，印度与东盟的关系是复杂而多层次的，涉及经济、安全、政治等多个方面。随着区域和全球形势的发展，双方的合作将继续演变，同时也需要解决存在的挑战和问题。

四　印度与 G20 的关系

印度与 G20 的关系体现在多个层面，特别是在 2023 年，印度担任了 G20 的轮值主席国，这为其在全球经济治理和国际合作中发挥更重要作用提供了机遇。总体来说，印度与 G20 的关系体现了其在全球经济合作和治理中扮演的积极角色，同时也展示了其在应对全球挑战和促进多边主义方面的努力。通过担任 G20 轮值主席国，印度不仅加强了与其他国家的合作，也提升了自身的国际地位和影响力。

首先，作为 G20 轮值主席国，印度在 2023 年策划和组织了一系列会议和活动，这些活动涉及多个领域，如青年、科技、创新、减债等，并特别关注绿色发展、气候变化、金融合作、包容增长、数字经济、公共基建、技术转型和妇女赋权等领域。这表明印度致力于推动 G20 在这些关键议题上取得进展，同时也展示了印度对全球南方和发展中国家关切的重视。

其次，印度在 G20 峰会期间提出了一些重要的倡议，如推动非洲联盟成为 G20 的正式成员，这是 G20 历史上的首次扩容。这一举措不仅增强了印度与非洲国家的联系，也为非洲国家在全球事务中发挥更大作用提供了机会。此外，印度在处理 G20 内部的分歧和挑战方面展现了外交智慧。在俄乌冲突这一敏感问题上，印度成功促成了一份没有任何异议的宣言，既避免了冒犯俄罗斯，又在一定程度上满足了西方政客的要求，体现了印度一贯的不结盟原则和"在大国间谋求平衡"的外交风格。

印度还利用 G20 平台提升自身的国际形象和声誉。通过峰会，印度展示了其在科技、数字、绿色等领域的成就和潜力，并通过文化交流等活动向世界传递了其文化魅力。然而，印度在 G20 中的活动也面临一些挑战。例如，在处理发展中国家议题时，印度的倡议和议程似乎并不总是包括中国，这可能反映出 G20 内部在某些问题上存在的分歧。

五 印度与上海合作组织的关系

印度与上海合作组织的关系经历了从观察员国到正式成员国的转变，并在此过程中不断深化和发展。印度对上合组织的认识和诉求是多方面的，包括希望通过加入上合组织介入中亚和阿富汗事务、打击恐怖主义、推进互联互通和维护能源安全等。

印度认同上合组织的基本精神，但同时也认为上合组织在效率上存在不足，经济合作方面进展缓慢。尽管如此，印度看重上合组织作为一个多边平台的潜在价值，尤其是其在中亚地区的影响力。印度希望通过上合组织加强与中亚国家的联系，并在地区安全和经济合作方面发挥更大作用。

在打击恐怖主义方面，印度认为上合组织的区域反恐机构和情报分享机制对于提升其反恐能力至关重要。此外，印度也希望通过上合组织平台改善与阿富汗的关系，并在该国的和平重建过程中发挥作用。

在互联互通方面，印度视上合组织为推进其"连接中亚"政策的重要途径，希望通过上合组织加强与中亚及阿富汗的联系，促进区域经济一体化和能源合作，如推进 TAPI（土库曼斯坦—阿富汗—巴基斯坦—印度）天然气管线项目。

印度对加入上合组织也存在一些担忧，包括担心在组织内受到中俄的挤压、巴基斯坦的掣肘，对加入上合组织可能影响印美合作的顾虑，以及对中国在南亚地区影响力扩大的担心等问题。总体而言，印度与上合组织的关系是复杂而多维的，既有合作的需求和意愿，也有对潜在挑战的顾虑。印度的加入为上合组织带来了新的活力和更广泛的国际影响力，同时也为印度自身在中亚及更广泛地区的地缘政治和经济合作中提供了新的机遇。

印度通过积极参与联合国等国际组织的活动，强化了与全球性重要国际组织的合作，如世界银行、国际货币基金组织和世界贸易组织。印度还通过修复和发展与欧美主要大国的关系，改善了自己在国际多边机制中的地位。此外，印度推动与发展中国家在多边机制内的交流与合作，如金砖国家合作、上海合作组织等，这些都有助于印度在国际事务中发挥更大的作用。印度的多边外交还体现在推动区域合作，如南亚区域合作联盟和环印度洋区域合作联盟（IOR-ARC），以及积极推动"东向政策"和"印太战略"，旨在加强与东南亚和亚太地区国家的关系，提升印度在这些地区的影响力。然而，印度的多边外交也面临一些挑战。首先，西方国家尤其是美国在某些全球性问题上的立场与印度存在分歧，这限制了印度在多边场合的影响力。其次，印度与一些邻国的关系紧张，如与巴基斯坦和中国存在边界争端，这些问题都对印度的多边外交产生了影响。此外，印度的多边外交还受其国内政治和国家实力的制约。

第五节 曲折发展的中印关系

中印关系自 20 世纪中叶以来经历了曲折而复杂的发展过程。两国在历史上有着悠久的文化交流和相互影响，但在现代国家间关系形成后，在边界问题上的争议，成为影响两国关系的重要因素。

一 中印关系的发展历程

中印两国于 1950 年 4 月 1 日正式建交。在建交初期，中印关系较为友好，双方同属"第三世界"国家，有着相似的反殖民和争取民族独立的历史背景。1954 年，两国总理实现互访，并共同提出了和平共处五项原则，成为两国关系的重要基石。由于历史遗留的边界问题，特别是"麦克马洪线"问题，中印关系逐渐紧张。1962 年，两国在边界问题上的分歧升级为武装冲突，即中印边境战争。战后，虽然双方进行了多次谈判，但边界问题至今悬而未决，对两国关系发展造成显著影响。

随着国际形势的变化和双边关系的调整，中印关系开始逐步缓和。1988 年，印度总理拉吉夫·甘地访华，双方同意建立副外长级联合工作小组，寻求解决边界问题的办法。进入 21 世纪以来，随着中印两国国力的同步发展壮大，中印关系进入了一个新的发展阶段。两国领导人进行了多次互访，签署了一系列合作协议，涉及经贸、科技、文化、教育等多个领域。2005 年，两国领导人提出建立面向 21 世纪的建设性合作伙伴关系。此后，中印关系在经贸、能源、农业、国防等领域的合作不断加强。中印关系的战略重要性凸显，不仅对两国自身，也对地区乃至全球的战略格局产生了重要影响。总体上两国在经济、技术上的合作逐步加强，同时也在战略上保持警惕和竞争。

二　莫迪执政以来的中印关系

自莫迪担任印度总理以来，中印关系经历了一系列发展和变化。莫迪政府的外交政策和战略进行了一定程度的调整，表现出更加明显的"两面性、进取性和果断性"。在对华关系上，印度展现出了一种"双轨"政策，即在经济方面寻求与中国的合作，同时在安全战略领域加强自身军事准备和与其他国家的战略合作。

经贸合作方面，中印两国的贸易额持续增长，中国成为印度的重要贸易伙伴。莫迪政府积极吸引外资，特别是中国的投资，以促进印度的制造业发展和基础设施建设。两国在工程承包、双向投资以及经贸关系制度化方面取得了积极进展。

在安全战略领域，中印两国在边界问题上存在争议，但双方都在努力通过沟通和对话来解决问题。两国建立了多个涉边磋商协调机制，以防止边界事件升级。此外，中印还在军事、安全领域展开了交流与合作，包括海军访问、军事代表团互访以及联合军事训练等。

人文交流方面，莫迪政府认识到人文交流对于两国关系的重要性，并采取了一系列措施来促进两国人民之间的相互理解和友谊，如推动旅游合作、青年互访、语言教学等领域的交流。

莫迪政府在对华战略牵制和防范方面也有所突出。在南亚和印度洋地区，印度加强了对中国的戒心，并在一些场合表现出对中国影响力增长的不满。印度还加强了边界地区的基础设施建设和军力部署，以增强自身的安全防御能力。

近年来，中印关系面临的挑战和机遇并存。两国在贸易、投资、文化交流等领域的合作迅速扩大，成为双边关系的压舱石。然而，边界争端、地缘政治竞争等问题仍然是两国关系中的敏感点。尽管存在分歧，中印两国领导人通过非正式会晤等方式，努力推动两国关系回到健康稳定的发展轨道。两国都认识到，和平相处、合作共赢是两国唯一正确的选择。[1]在未来，中印关系的发展将继续受到多方面因素的影响，包括两国的内政外交政策、国际地缘政治格局的变化等。两国需要通过对话和合作，妥善处理分歧，共同推动双边关系的稳定和发展。

---

[1] 《莫迪关于中印关系的这番话，耐人寻味》，《环球时报》2024 年 4 月 12 日，第 14 版。

第八章 南亚大象的军事实力

独立以来，印度在一定程度继承殖民主义遗产的基础上，制定了自己的国防政策和军事战略，确定了称雄南亚、控制印度洋、谋求"有声有色"世界大国地位的国家战略目标。不过，根据国际形势、本国综合国力以及周边安全环境等诸多因素的变化，印度的国防政策和军事战略也在其国家战略目标的指导下经历了一个历史演变过程。21世纪以来，印度对国家安全环境作出了新的判断，在保持国防政策与军事战略总体稳定的前提下，对军事战略部署进行新的谋划与调整，继续保持扩军备战的步伐，坚持国防科研和经济发展并重的方针，进一步深化发展对外军事合作。

第一节 安全环境的分析研判

对国家安全环境的评估，也即对自身在地缘政治中所处的地位以及对自身面临的重大安全问题的认知，是印度独立以来筹划和确立国家安全战略的基本前提，以及制定和实施安全战略举措的基本依据。进入21世纪，国际形势风云变幻，全球和地区安全格局都发生了重大变化。在新的形势下，印度政府高度重视对国家安全环境的评估，力求从全球、地区和国内三个层次展开全方位的分析研判。在此过程中，"两类邻居"的概念逐渐形成，这不仅是21世纪以来印度防务安全领域最重要的概念之一，而且也是印度分析研判其国家安全环境的独特视角。

一　"两类邻居"的概念提出

21 世纪以来，印度在对国家安全环境进行分析研判时，尤为重视"邻居"局势的变化对印度本土安全构成的威胁，并逐渐形成了"两类邻居"的概念，将对其国家安全环境产生影响的"邻居"划分为两类：一类叫作"周边的邻居"（immediate neighborhood），指与印度接壤或地理上比较靠近，且对其国家安全造成直接影响的近邻国家或邻近地区；另一类称为"扩展的邻居"（extended neighborhood），指与印度不直接接壤或相隔较远，但其安全局势的变化也会对印度的国家安全造成重大影响的国家或地区。以上述"两类邻居"为独特认知视角，印度在分析研判全球、地区和国内三个层次的安全形势的基础上，逐步构建起一种全方位、整体性、多层级的国家安全战略，并据此以军事战略的调整为重点，对国家安全的战略举措进行了一系列重塑。

二　日益明晰的国家安全目标

进入 21 世纪，印度国防部在世纪之初的两年间对国家安全目标进行了新的调整和界定，并最终确定为如下七个方面的具体内容：①保卫法律界定且载入宪法的国家边境；②保护本国居民的生命和财产免受战争、恐怖主义、核武器及军事行动的威胁；③保护本国免受源自邻国的不稳定以及宗教的和其他形式的激进主义和极端主义的威胁；④保护本国免受使用或威胁使用大规模杀伤性武器的威胁；⑤推动与印度安全息息相关的物资、装备和技术的发展，尤其是要通过本土化研究、开发和制造加强防御准备，重中之重则是要克服物资转移、装备转运和技术转让的种种限制；⑥深入推进印度与邻国的合作与谅解，并落实彼此同意的增信释疑举措；⑦继续开展与大国和重要伙伴的安全对话和战略对话。印度政府还强调，上述目标是基于印度核心价值观即民主、世俗化与和平共处，以及促进经济社会发展的国家目标而制定的，因此这些目标在本质上与其他民主国家的国家安全目标并无二致。[1]

印度政府认为，自 1947 年独立以来，印度在世俗化和民主化治理方面取得了令人羡慕的成绩。每当国家安全遭受威胁之际，爱国主义的强烈浪潮便随之出现。印度强调，在 21 世纪以来的复杂形势下，印方采取了全面安全举措，包括增强经济实力、促进技术进步以及增强对于实现国家意志而言必要的内部凝聚力。但是，考虑到印度面临的诸多安全挑战，印度必须维持制止任何侵略所要求的军事实力和战备，并且必须使本国能够为促进地区和平稳定做出积极贡献。

三 国家安全范围的认知特点

如果说对国家安全环境的分析研判是制定国家安全战略的基础的话，那么对影响国家安全的区域也即安全范围的认知则是进行分析研判的前提。

印度政府历来强调，印度的地缘战略位置异常关键，是连接亚洲大陆与印度洋地区的重要国家，尤其是印度半岛毗邻世界上最重要的海上航线，即从苏伊士运河和波斯湾至马六甲海峡这一承载了大量波斯湾石油向外运输的路线，因此对印度国家安全造成影响的地区不仅仅局限于南亚，而是囊括了"西起波斯湾、东至马六甲海峡、北靠中亚、南临赤道"的广阔区域，并认为这一广阔区域是印度的核心安全范围。

进一步而言，印度政府还认为，考虑本国的国土规模以及贸易利益等其他因素，还应把环印度洋地区以外与印度关系密切的其他国家

---

[1] Ministry of Defence, Government of India, *Annual Report 2002–2003*, New Delhi, 2003, p. 2.

和地区也纳入分析研判的范畴，以加强和深化对国家安全环境显著特征的判断。这样一来，美国、俄罗斯等主要大国以及欧洲、非洲及整个亚太地区，自然而然地成为印度在对国家安全环境做出判断时的认知对象，也即国家安全环境所涉及的地理范围。

联系印度军事战略的演变发展来看，21 世纪以来印度对国家安全环境所涉地理范围的认知，在思维上依旧延续印度独立后形成的以"印度中心论"和"安全圈构想"为代表的"点""圈"互佑的国家安全观。一方面，客观上依据印度所处的得天独厚的地理位置，以印度本国为中心，高度重视周边地区的形势变化及其对印度国家安全可能造成的影响；另一方面，承袭英属印度政府建立"缓冲区"的战略思维模式，将几乎整个环印度洋地区以及亚太地区都划入了本国的安全范围，可谓战略视野所及均是印度的安全边疆。

四　更加重视非传统安全挑战

最近几年，印度在对全球安全环境进行分析研判时，越来越重视来自非传统安全领域的威胁和挑战。在这一点上，印度国防部的各年度报告体现得尤为明显。印度国防部认为，虽然国家间发生大规模战争的可能性相较于 20 世纪有所降低，但新的威胁和冲突风险却明显上升，这就使得地区乃至全球的安全环境在某种程度上遭遇了更大挑战。[1]

印度国防部认为，"恐怖主义以及恐怖组织的活动或许是对和平与安全的最为严重的威胁"，而"少数国家将恐怖主义用作一种手段的政策加剧了国家内部以及国家之间的冲突"。此外，尽管国际社会努力对非国家行为体获得核材料加以预防，但"核恐怖主义的威胁仍是国际安全的重大关切"。[2]

---

[1] Ministry of Defence, Government of India, *Annual Report 2015–2016*, New Delhi, 2016, p. 1.

[2] Ministry of Defence, Government of India, *Annual Report 2015–2016*, New Delhi, 2016, p. 3.

印度国防部分析称，21世纪以来全球恐怖主义出现了以下新的发展趋向：一是恐怖组织运用新的技术手段尤其是网络技术进行跨国动员和思想渗透，特别是对青少年进行影响；二是恐怖组织继续从各种渠道，包括一些国家，获得后勤和经济支持，从而越来越有能力对远远超出其根据地范围的各个地区造成威胁；三是尽管更加邪恶的恐怖主义不断出现，但印度的近邻阿富汗和巴基斯坦一带仍是国际恐怖主义的策源地。鉴于上述趋向，印度高度重视且持续关注来自其"邻居"的恐怖主义威胁，以及这些地方恐怖组织始终保持的跨国联系。①

除恐怖主义之外，民族主义的兴起、自然资源争夺的加剧、跨国犯罪的增多、流行疾病的蔓延、网络安全风险的加大、武器装备的容易获得尤其是大规模杀伤性武器的扩散，以及人为或自然危机导致的移民剧增和难民涌入，也是印度较为关注的非传统安全问题。印度强调，上述这些问题使得世界范围内业已存在的诸多矛盾冲突更加趋于激化，而进一步加强"区域响应"（regional responses）也即地区合作则是提升对各类非传统安全挑战应对能力的有效途径。②

值得一提的还有，经济安全也受到印度的重视。印度国防部早在其2015—2016年度报告就已经指出，西方、日本以及其他国家的经济持续下滑，加之对诸如俄罗斯等主要石油出产国造成直接影响的能源价格的快速持续下跌，导致了全球经济形势陷入萧条。并且，通货波动、出口削减和直接投资流入减少等问题也对其他地区的经济造成了不利影响。③

---

① Ministry of Defence, Government of India, *Annual Report 2015–2016*, New Delhi, 2016, p. 3.

② Ministry of Defence, Government of India, *Annual Report 2015–2016*, New Delhi, 2016, p. 3.

③ Ministry of Defence, Government of India, *Annual Report 2015–2016*, New Delhi, 2016, p. 3.

第二节　各类兵种的军事部署

印度是南亚地区的军事大国，拥有一支作战经验丰富、武器装备现代化水平较高的庞大军队。21世纪以来，随着"东向政策"新阶段的不断推进，印度军事部署出现调整，军事实力持续提升。

一　动态调整的军事部署

过去，印度对各个战略方向的军事部署采取不同的方针，概括起来就是"西攻"、"北防"、"南进"和"中部机动"，即对西面的巴基斯坦采取积极进攻战略，以优势兵力始终保持对巴进攻态势，时刻准备同巴基斯坦打一场全面战争；对北面采取威慑防御战略，以核威慑为后盾，在北部边界建立起大纵深、立体化的防御体系，并力求保持相对军事优势；针对印度洋地区，采取积极扩张的策略，有效支持邻近小国海军，有效遏阻大国海军对印度洋的渗透，谋求最大限度地控制印度洋，将印度洋真正变成"印度之洋"；在印度中部战略纵深地区保持一定规模的战略机动力量，主要用于维护国内安全，使印度有足够力量应对国内突发事件，此外也要维持对西、北、南等各个战略方向实施快速机动支援以及向南亚、东南亚和印度洋沿岸国家进行快速部署的军事能力，确保印度进可攻、退可守。[①]21世纪以来，上述印军战略部署的传统发生了明显变化，防务重点由原来的主要针对巴基斯坦进行军事部署改变为推行中、巴并重的方针，着眼于能够同时打两场有限战争。

对于巴基斯坦，印度当前的作战理论是所谓的"冷启动"作战理论。"冷启动"作战理论于2004年4月被印度军方确立，要求印军

---

① 有关印军的战略部署思想可参见曹永胜、罗健、王京地《南亚大象：印度军事战略发展与现状》，解放军出版社，2002，第107—131页。

像电脑冷启动一样，"能够在毫无征兆的情况下迅速完成部队的集结和部署"，在印巴边境靠前配置的师级规模作战部队必须时刻保持待命状态，根据敌人的挑衅行动采取灵活处置措施，使得印军能够在第一时间发起先发制人的打击行动，具备同时打赢印巴、印中两场局部战争的能力。"冷启动"作战理论出炉的直接原因是 2001 年 12 月印度对巴基斯坦"帕拉克拉姆"行动（又称"勇气"行动）的失败。当时，印度在行动过程中装甲部队调动缓慢，使得巴基斯坦有时间在边境线上部署军队，从而使"帕拉克拉姆"行动失去了快速打击巴基斯坦的军事意义。印度学者指出，"冷启动"作战理论正是印军总结桑搭吉作战理论[①]在"帕拉克拉姆"行动中的失败教训后提出的，其目标是"于国际社会的斡旋实施之前，对巴基斯坦进行报复性常规军事打击，在严重削弱巴基斯坦的军事力量同时又不至于使伊斯兰堡认为冲突会逐步扩大到核战争级别"，因此该理论"显著提高了实施报复性常规打击威胁的可信程度"，创造性地提出了一种应对印度在西部边境地区遭遇的安全挑战的军事手段。[②]

相较于对巴基斯坦的军事部署主要体现为作战理论的更新，印度针对中国的战略意图更加明显，并且直接体现为大幅扩军、增兵中印边境、部署进攻型战略武器等频繁动作。2011 年 11 月，印度国防部出台了新的扩军政策，计划在未来 5 年内投入 6400 亿卢比

[①]　20 世纪 80 年代，克里什纳瓦米·桑搭吉（Krishnaswamy Sundarrajan）出任印度陆军总参谋长。在其主导下，印度陆军进行了结构性调整。根据桑搭吉制定的战略，印度陆军对巴基斯坦的防卫力量由 7 个防御军（hold Corps）构成，包括执行静态防御任务的步兵师、负责抵抗敌入侵行动的机械化师以及少量的装甲兵部队；对巴进攻力量则被编为 3 支装甲机动部队，每个打击军（strike corps）以装甲机械化步兵为主体，并配备相应炮兵部队进行火力支援。在桑搭吉作战理论下，印度对巴军事部署虽保持了优势，但进攻能力和机动能力有限。参见《桑搭吉作战理论在帕拉克拉姆行动中的失败教训》，搜狐军事频道，2010 年 12 月 31 日，http://mil.news.sohu.com/20101231/n278621526.shtml，最后访问时间：2024 年 6 月 26 日。

[②]　参见《"冷启动"作战理论》，搜狐军事频道，2010 年 12 月 31 日，http://mil.news.sohu.com/20101231/n278621563.shtml，最后访问时间：2024 年 6 月 26 日。

大幅提高军事实力，新招募九万余名士兵，新建两个山地打击军和两个独立旅，将兵力规模扩大近 7%。其中，大部分新组建的部队将部署在中印边境，而两个独立旅则将投入印控克什米尔地区。印军还将加快中印边境地区的机场和道路等重要战略设施的新建、扩建和改建工作。印度媒体在当时普遍认为，国防部的战略意图就是"戒备和威慑中国"，该计划一旦付诸实施，将是印军自 1962 年中印边界战争以来最大规模军事部署，更是印度有史以来最大一次军事扩张。[①]

二　稳步发展的印度陆军

印度陆军成立于 1947 年，是印度正规部队的主要组成部分，总司令由印度总统担任，主要任务是确保印度国家安全和防务，抵御外来侵略和威胁，维持印度国内和平和治安，打击克什米尔和东北地区等地的反政府叛乱，在印度国内发生自然灾害或其他灾难时也承担实行人道主义援救等任务，另外也参与国际维和和反恐行动。

印度陆军的总司令部设在首都新德里，下辖中、东、南、西、北、西南六个军区，各军区的防务职责分别是：中央军区负责中央各邦和喜马拉雅中部边境山区的防务，司令部设在北方邦的勒克瑙；东部军区负责印孟、印缅边境地区和印中边境东段的安全和防务，司令部设在西孟加拉邦首府加尔各答；南部军区负责印巴边境南段的安全与防务，司令部设在马哈拉施特拉邦的浦那（Pune）；西部军区负责印巴边境中段平原地区的安全和防务，司令部设在哈里亚纳邦的昌迪曼迪尔（Chandimandir）；北部军区负责克什米尔地区印巴边界北段与印中边界西段的安全和防务，司令部设在印控克什米尔地区的乌达姆普尔（Udhampur）；西南军区是印度在对当代国际导弹和核武器环

---

① 《印度缘何加快"东进战略"步伐》，新华网，2011 年 11 月 8 日，http://news.xinhuanet.com/world/2011-11/08/c_122240735.htm，最后访问时间：2024 年 6 月 26 日。

境作出新判断的基础上于 2005 年 4 月 15 日成立的陆军新军区，同年 8 月 15 日正式行使职能，司令部设在拉贾斯坦邦的斋普尔，负责从旁遮普邦的法兹尔卡至拉贾斯坦邦的甘地纳加尔（Gandhinagar）县和比坎内尔县之间重要区域的安全和防务。

　　除上述六大军区分别设立司令部以外，印度陆军还组建了一个训练司令部。训练司令部主要管理陆军部队官兵作战理论和作战技能的学习及培训，总部设在喜马偕尔邦的西姆拉。

三　走向远洋的印度海军

　　印度海军成立于 1947 年，前身是殖民统治时期的皇家印度海军（Royal Indian Navy）。1947 年 8 月 15 日印巴分治之际印度仅分得 20 多艘舰艇和 6500 名海军官兵。1950 年 1 月 26 日，皇家印度海军正式更名为印度海军。经过数十年的发展，印度海军的现代化水平不断提高，已经成为一支以航空母舰为核心，以驱护舰和潜艇为主力，具有近海、中海作战能力的区域性海上武装力量，随着"立足印度洋、挺进太平洋"的印度海上"东进战略"的逐步推进，印度海军军费在国防预算中的比重也有所增加。

　　印度海军的主要任务是，维护印度海岸线和平与安全，保障印度国家的海洋利益；与印度联邦其他武装力量协同配合，制止或打击对印度领海、国民或海事利益的威胁或侵犯；对印度关注的海上区域施加影响，促进印度国家政治、经济和安全目标的达成；与印度海岸警卫队合作，确保印度海上 200 海里内专属经济区的良好秩序和稳定；对印度海上邻近的区域或国家提供海事援助，包括赈灾援助。2007 年 6 月，印度时任国防部长 A. K. 安东尼（A. K. Antony）在第六届亚洲安全大会（Asia Security Conference）上指出，"为了世界更加美好，印度准备在'多元安全秩序'中扮演一个关键的角色"，包括印度参与打击索马里海盗等全球安全事务，实际上进一步明确了印度海军逐步由近海走向远洋的战略目标。①

　　印度海军按印度半岛的西、东、南部和安达曼 – 尼科巴群岛及附近海域划分为西部、东部、南部和远东四个海军司令部。其中，西部海军司令部的总部设在马哈拉施特拉邦首府孟买，主要负责毗邻印度传统对手巴基斯坦的北阿拉伯海的水域安全和防务，因而被誉为印度海军"右臂"（the sword arm），下辖由马哈拉施特拉水域舰队司令直接统帅的西部舰队（Western Fleet）。该舰队以孟买和卡尔瓦尔为其母港，是一个以"维克拉玛蒂亚"号（INS Vikramaditya）航空母舰为旗舰的航母战斗群，主力战舰包括印度半数以上的"德里"级（Delhi Class）驱逐舰、"塔尔瓦尔"级（Talwar Class）护卫舰和"辛杜格霍斯"级（Sindhughosh Class）常规动力潜艇，战斗机群包括若干"海猎鹰"（Sea Harrier）式攻击机和"卡莫夫"（Kamov）式预警直升机，海军航空兵主要使用"海猎鹰"式攻击机。此外，西部海军司令部还统辖若干印度西海岸的大型船舶工厂或公司，例如孟买的马扎冈船坞有限公司（Mazagon Dock Limited）、喀拉拉邦的果阿造船有限公司（Goa Shipyard Limited）以及喀拉拉邦另一个也是印度最大的辅助修理干船坞科钦有限公司（Cochin Shipyard Ltd.）等，均承担为西部舰队提供后勤保障的任务。

　　东部海军司令部主要负责孟加拉湾和印度东部沿海的安全和防务，总部设在安得拉邦的维沙卡帕特南，军港和基地主要有加尔各答港、维沙卡帕特南港、马德拉斯海军站和维尔巴胡潜艇基地等，现任总司令为阿尼尔·乔普拉（Anil Chopra）中将。近年来，印度为凸显东部海域在其国家安全战略中的地位，改变了海军现代化建设"重西轻东"的倾向，在东部海军司令部与东部舰队（Eastern Fleet）的升

---

① "India Prepared for Global Security Role: Antony," http://zeenews.india.com/news/nation/india-prepared-for-global-security-role-antony_374782.html，最后访问时间：2024 年 7 月 25 日。

级建设上大做文章，旨在增强印度海军在印度洋水域的控制能力和作战能力。在这种背景下，东部海军司令部下辖的东部舰队的主力舰艇部署情况也有变化。目前，东部舰队已经成为一个以"加拉希瓦"号（INS Jalashwa）两栖船坞运输舰为旗舰的两栖战斗群，配有若干潜艇修藏坞和维修工厂。

南部海军司令部的总部设在印度西南岸的科钦（Cochin），下设海军航空兵司令部，拥有一个海军航空港和一个海军船舶码头，除承担一定印度南部海域的防务任务外，南部海军司令部主要负责海军常规训练，设有海军将官海上训练部（Flag Officer Sea Training）、海军培训舰队、若干训练基地、地面部队和测量艇等。

除上述三大海军司令部外，印度政府还于 2001 年在布莱尔港（Port Blair）设有安达曼 - 尼科巴群岛海陆空三军联合司令部，负责保障印度在东南亚和马六甲海峡的战略利益，有十余艘水面舰艇停驻在布莱尔港基地。

四　作战能力提升的印度空军

印度空军的前身是英国殖民政府在 1932 年建立的皇家印度空军（Royal Indian Air Force），印度独立之际仅继承了 7 个战斗机中队、1 个运输机中队和 200 余架飞机。经过半个多世纪的发展，目前印度空军已经成为一支机种较为齐全、结构较为合理、骨干机种精良和战斗力较强的现代化空中力量，规模稳居世界第四位，作战能力号称世界第五，曾参与四次印巴战争、中印边界战争、维贾伊行动（Operation Vijay）、梅格多特行动（Operation Meghdoot）、仙人掌行动（Operation Cactus）和普马拉伊行动（Operation Poomalai）等印度对外重大战争和军事行动。[1]

---

① "2024 India Military Strength", http://www.globalfirepower.com/country-military-strength-detail.asp?country_id=India，最后访问时间：2024 年 7 月 25 日。

印度空军的主要任务是，捍卫印度领空，保障印度领土和国家利益的安全；在战争期间与其他兵种协同，对敌后方实施空袭，进行航空侦察和战略空运，为陆军地面战场的作战和海军海面战场的作战提供空中打击支援；在发生自然灾害的时期，与其他兵种配合，进行搜索、疏散和救援，对灾区空投救援物资；参与联合国反恐和维和行动。

印度空军分为西部、东部、中部、西南部、南部五个指挥司令部（Operational Commands）以及训练司令部（Training Command）和保养司令部（Maintenance Command）两个职能司令部（Functional Commands）。指挥司令部主要负责在其职责区域内使用飞机等空军武器进行军事行动，而职能司令部则负责空军战备状态的有效维持。

西部空军司令部的总部设在新德里的苏布罗托公园（Subroto Park），该司令部是印度空军最大也是最为重要的一个司令部，主要负责印控克什米尔至拉贾斯坦邦之间印度北部的空中安全与防务，辖区包括印控克什米尔、喜马偕尔邦、旁遮普邦、哈里亚纳邦、新德里和北方邦的一部分等地区。

东部空军司令部于 1962 年中印边界战争后成立，总部设在梅加拉亚邦首府西隆，辖区范围涉及 11 个邦，主要负责保障印度东部领空的安全，以及配合地面部队加强印度东部和东北地区的安全和防务，同时在发生自然灾害等特殊时期还承担对印度东北地区提供人员救援和空投物资等任务。

中部空军司令部主要负责自喜马拉雅边境至锡金邦的印度中北部地区的安全和防务，总部设在北方邦的阿拉哈巴德。同时，北至巴瑞里（Bareilly）—阿格拉、东至比塔（Bihta）—达尔班加（Darbhanga）以及北起印度尼泊尔边界、南至那格浦尔之间的区域领空安全与防务也划归中部空军司令部负责。

西南部空军司令部主要负责拉贾斯坦、古吉拉特、索拉什特拉

（Saurashtra）、卡奇（Kutch）和浦那等邦或地区的领空安全和防务，
另外原属南部空军司令部管辖的果阿地区领空防务也划归该司令部负
责，总部设在古吉拉特邦的甘地纳加尔，辖区覆盖印度整个西南部。

南部空军司令部成立于 1984 年 7 月，总部设在喀拉拉邦的特里
凡得琅（Trivandrum），主要负责印度南部领空安全，承担邻近斯里
兰卡、马尔代夫的沿海地区的防空任务，以及在印度洋海域提供战时
的空中支援和平时的空运和援救。

在两个职能司令部中，训练司令部主要负责印度空军官兵飞行
与作战的技能培训，总部设在卡纳塔克邦的班加罗尔，下辖贝岗佩
特（Begumpet）、比达尔（Bidar）、顿迪加尔（Dundigal）和哈基姆佩
特（Hakimpet）等 4 个空军基地和叶拉汉卡空军机场（Yelahanka Air
Force Station），另外设在海得拉巴的比甘姆比特空军机场（Begumpet
Air Force Station）的印度空军航空培训学校（Navigation Training
School）也归该司令部管辖。保养司令部主要负责印度空军各类战斗
机、直升机和其他武器装备的维修、检测和保养，总部设在马哈拉施
特拉邦的那格浦尔，下辖奥加尔（Ojhar）空军基地和那格浦尔空军机
场，另设有 7 个主要的维修基地（Base Repair Depot），其中一些维修
基地分工较为明确。以米格战斗机的检修为例，米格 -8、米格 -17、
米格 -25、米格 -35 等须送往昌迪加尔的第 3 维修基地进行检修，米
格 -21 的检修主要由加特浦尔的维修基地负责，而米格 -23、米格 -29
则须送往奥加尔的第 11 维修基地。

五 负责近岸防御的海岸警卫队

印度的海岸警卫队原属海军的一部分。1978 年 8 月 18 日印度通
过《海岸警卫队法案》（Coast Guard Act），正式组建了海岸警卫队这
支继陆海空三军后的印度第四支正规部队，不设预备役。

海岸警卫队在国防部的有效控制下与印度海军、印度海关、渔业

部（Department of Fisheries）、税收部（Department of Revenue）以及中央和各邦警察部门进行密切合作，主要负责印度沿海地区的安全与防务，重点对印度220万平方公里的海上专属经济区进行保护，协助地方政府开展缉私、侦察、监视、救援、污染控制等行动以及其他海上区域的任务。

海岸警卫队在甘地纳加尔、孟买、金奈（Chennai）和布莱尔港设有四个地区总部，在印度沿海诸邦和地区还设有12个县总部，下辖若干驻地、机场、航空点（Air Enclaves）和独立航空中队，拥有水面舰、水面船、非现役船只（non-commissoned boats/crafts）和海上搜救机等装备，主要负责印度海岸线附近的防务和搜救等任务。[1]2011年5月28日，印度在喀拉拉邦的阿兹克卡尔（Azhikkal）成立了海岸警卫队学院（Indian Coast Guard Academy），为海岸警卫队、海军、海岸警察等的官兵提供专门海事课程教育。

六　作为辅助力量的准军事部队

印度的准军事部队是正规部队不可或缺的辅助力量，平时主要维持国内治安，负责边防巡逻，进行情报侦察和执行特殊任务，战时配合正规部队进行作战或从事支援，具有"种类多样、规模庞大、驻地分散、隶属不同的部门"的特点。[2]

准军事部队主要由以下几支部队构成：国家步枪队（Rashtriya Rifles），隶属国防部管辖，主要负责应对印控克什米尔地区的恐怖、骚乱和暴力活动，完全由现役军人组成；阿萨姆步枪队（Assam Rifles），隶属内政部管辖，主要负责维护印度东北地区的安全与稳定，

---

[1]　Military of Defence, Government of India, *Annual Report 2011–12*, http://mod.nic.in/reports/AR-eng–2012.pdf, pp.51–52.

[2]　孙晓波、唐保东：《印度准军事部队的现状及建设措施》，《外国军事学术》2004年第8期。

具有较高训练和作战水平；边境安全部队（Border Security Force），隶属内政部管辖，主要负责保障印度边境安全，并经常执行反恐维稳、打击反政府武装等任务；中央工业安全部队（Central Industrial Security Force），隶属内政部管辖，主要保卫印度大中型工业企业和国营企业的安全；中央后备警察部队（Central Reserve Police Force），隶属内政部管辖，主要负责镇压印度国内有组织的骚乱活动；国防安全部队（Defence Security Corps），主要负责保卫国防部各机关部门和各单位驻地的安全；国家安全卫队（National Security Guards），隶属于印度内阁秘书处，即印度的反恐快速反应部队，兵力从正规部队、中央后备警察部队和边境安全部队当中抽调；铁路保护部队（Railway Protection Forces），隶属于铁道部，主要协助各邦警察共同承担保护铁路的任务；边境巡逻队（Sashastra Seema Bal），隶属内政部，主要保障印度与尼泊尔、印度与不丹边境地区的安全；特别保安组（Special Protection Group），主要保护政府要员和贵宾的安全；邦武装警察（State Armed Police），主要在各邦执行安保、维稳、反恐和镇压骚乱等任务；特种边防部队（Special Frontier Force），隶属于印度情报局，曾经主要负责在中印边境印度一侧从事隐蔽作战，如今职责转向反恐、情报收集和边防安全等。

第三节　进步明显的国防生产

印度独立之初，尼赫鲁政府在教派冲突、国内经济恢复、全国行政建制统一等方面面临大量棘手的难题需要解决，现实的情况不允许新的政府将大量资金投入国防军事建设当中，而只能实行"先经济后国防"的国防政策，即优先保障印度恢复经济所需的资金，严格控制国防预算，限制军队规模的扩大和武器装备的扩充，刻意忽视国防科技的发展和军工事业的建设。不过，印度的国防预算还是呈现逐年升高的趋势。特别是自 1964 年印度制定并实施第一个国防建设计划以来，一直坚持国防建设和国民经济发展并重的方针，国防费用与国民经济趋于同步增长，推动印度的国防生产取得了较为明显的进步发展。

一　持续增长的军费开支

冷战后，军费，即国家财政开支中被列为"国防开支"的那部分资金，主要被用于提高部队现代化作战能力，这是印度国防经济发展的一大特点。[①] 2006—2010 年，印度超过中国，成为世界上最大的武器进口国。在此情况下，印度国防部计划在 2015 年之前花费近 800 亿美元用于军队现代化建设，当时的一些分析家认为这一计划将使印度在下个十年走上世界最大防务客户的快车道。[②]

进入 21 世纪以来，印度军费开支占 GDP 的比重保持在 2.73% 左右，呈持续增长的势头，且增长速度较快，与中、日、俄相比虽然绝对规模并不大，但占本国 GDP 的比重却位居前列，仅次于俄罗斯。

印度国防预算尤其是军费开支的增长，从侧面证明了印度政府对军队现代化建设的重视程度日益提高的趋势。近年来，印度国防部把大约 40% 的预算资金用于国防基建投资和部队现代化建设，其中空军所获预算拨款最多。进一步而言，印度国防资本收购预算，即用于采购武器的资本预算也有增加。具体到陆海空三军，空军获得资本收购预算最多，主要用于战斗机的升级换代；陆军其次，主要用于主战坦克和火炮的换装；海军与陆军差距不大，主要用于巡逻舰等舰船的引进和海军基础设施的建设。

---

① 参见蒋一国、杨会春、于秀清《印度国防经济研究》，解放军出版社，2002，第 48—52 页。

② "India's Defense Spending and Military Modernization," *CISI Current Issue*, No. 24, March 29, 2011.

二　发展加快的国防科研

在国防费用与国民经济趋于同步增长的趋势下，印度加快国防科研的发展步伐，集中力量和资金谋求军事高科技产业的突破，建立了一个规模较为庞大的现代化国防工业体系和国防科研体系，并且还在美国和加拿大等国的帮助下，初步建立了一个比较完整的核工业体系。[1]

为实现国防生产独立自主的目标，印度于 1962 年专门成立了国防生产局（Department of Defence Production），领导国防工业体系的现代化发展。国防生产局隶属国防部，目前下辖军械厂董事会（Ordnance Factory Board，OFB）、若干国防公有企业（Defence Public Sector Undertakings，Defence PSUs）、质量保证总署（Directorate General of Quality Assurance，DGQA）、航空质量保证总署（Directorate General of Aeronautical Quality Assurance，DGAQA）、标准化署（Directorate of Standardisation，DOS）、计划与合作署（Directorate of Planning & Coordination，Dte. of P&C）、国家国防造船研究与发展协会（National Institute for Research & Development in Defence Shipbuilding，NIRDESH）等印度国防生产的重要机构。

其中，印度军械厂董事会设在加尔各答，管理着印度各地 39 家军械制造厂，负责为印度部队提供 70% 的战斗装备和 80% 的被服。印度的国防公有企业指的是除军械厂以外的其他印度国防经济公有部分的企业，包括印度斯坦航空有限公司（Hindustan Aeronautics Limited，HAL）、巴拉特电子工业有限公司（Bharat Electronics Limited，BEL）、贝姆勒有限公司（BEML Limited，BEML）、马扎冈船坞有限公司（Mazagon Dock Limited，MDL）、造船师和工程师研究园有限公司（Garden Reach Shipbuilders & Engineers Limited，GRSE）、果阿造船厂有限公司（Goa Shipyard Limited，GSL）、巴拉

---

[1]　参见蒋一国、杨会春、于秀清《印度国防经济研究》，解放军出版社，2002，第49—52页。

特动力有限公司（Bharat Dynamics Limited，BDL）、米达尼钢铁有限公司（Mishra Dhatu Nigam Limited，MIDHNI）以及印度斯坦造船厂有限公司（Hindustan Shipyard Limited，HSL）。印度国防部曾在其 2011—2012 年度报告中特别指出："过去几年，通过军械厂和国防公有企业，国防生产局建立了范围很广的生产设施。产品包括轻武器弹药、坦克、装甲车、重型车辆、战斗机和直升机、战舰、潜艇、导弹、电子设备、推土设备、特种合金及特种钢。"[1]

进入 21 世纪以来，无论是印度的军械厂还是国防公有企业，在武器制造方面均取得了一些新的进展。例如，从军械厂的情况来看，通过内部自主研发以及与国防研究和发展局合作，为军队制造了一批新型武器装备，其中比较重要的包括：印度首次自主研发和使用的 T-72 型主战坦克指挥官用热成像夜视仪、弹药厂（Ammunition Factory）交付海军的反潜战用 RGB-60 型火箭炮管（练习版）、地雷防护车 MHA 版和陆军版、空军米 -17 型直升机和海军"海王"式直升机均可使用的 105 毫米 LFG 型枪炮气举装置、崔奇（Trichy）军械厂研制的 40 毫米口径多用途榴弹发射器（此前均从南非进口且陆军装备有限）以及提鲁奇拉帕尔里（Tiruchirapalli）军械厂研制的 7.62 毫米口径自动步枪（用于替换中央和各邦警察部队现役 AK-47 型步枪）等。[2]

值得注意的还有，印度历来重视国防科技事业，致力于提高国防科研的独立自主能力和技术水平，力求构建一个现代化的国防科研体系，最终目标是实现先进武器装备的自给自足。为了保证国防科研的正常开展，印度长期实行国防科研费与国防费同步增长的政策。

---

[1] Military of Defence, Government of India, *Annual Report 2011-12,* http://mod.nic.in/reports/AR-eng-2012.pdf, p. 58.

[2] 参见 Military of Defence, Government of India, *Annual Report 2011-12,* http://mod.nic.in/reports/AR-eng-2012.pdf, pp. 61-62; Military of Defence, Government of India, *Annual Report 2011-12,* http://mod.nic.in/reports/AR-eng-2011.pdf, pp. 57-58.

从国防科研的体制上看，印度建立了双重国防科研体系，实行"两条腿走路"的国防科研发展策略。一种是以国防部为主导，以国防部下属的国防研究和发展局为主导，52个国防科研机构为主体的国防科研体系，是印度国防科研的主要力量，主要从事重点装备项目的设计、研发和制造；另一种是各类国防公有企业内部的科研体系，主要以开发新型武器装备为目标，对企业生产活动提供技术支持。在这样的双重体系下，印度政府对国防科研实施由国防部集中领导，民用部门进行配合，以军为主、军民结合的国防科研生产管理体制。

在国防生产取得进展的情况下，印度国防部为进一步实现武器装备高度自主的设计、研发和制造，还在2011年1月13日发布了《国防生产政策》（Defence Production Policy）。该文件的内容要点包括：第一，在国防采办中优先选择本国企业和机构；第二，鼓励私有部门更多地参与国防装备的设计、研发和制造；第三，"渐进式"地研制复杂装备和高技术装备；第四，设立独立的资金以便支持国有部门、私有部门、大型企业和中小型企业的国防科研活动，并号召军事院校和各类科研机构为国防建设做出更大的贡献。作为印度历史上制定的第一份国防生产政策，该文件特别强调印度国防生产的独立自主的研发和制造，以及今后国防采办过程中对印度国产武器装备的优先考虑，同时鼓励私有部门参与国防建设，强调国防建设需要整合印度国内多方力量。

第九章　千姿百态的社会生活

2017 年，一部《摔跤吧！爸爸》为很多中国人打开了认识印度的一扇窗。走近一看，原来印度这个神奇的国度还有那么多值得我们深入了解的地方。这里有神秘的种姓制度，有自成一脉的乡村自治机制，有在规模上排名世界第二的高等教育体系，还有覆盖最广的全民免费医疗。此外，印度运动员在国际赛场的出色表现更是让我们看到了这个国家在全方位发展。

第一节　延续千年的种姓制度

提起印度，种姓制度是绕不开的话题。它是一种严格的等级制度，也是一种社会秩序。从最初的以肤色论贵贱，到后来的以职业分工来划分群体，种姓已经深深融入印度社会数千年之久。虽然现代印度有意削弱种姓的影响，但其根深蒂固程度远超我们想象，很难从根本上被废除。

一　从瓦尔纳到卡斯特

印度种姓制度由来已久，延续 3000 多年历史，与印度文明史并续至今。"种姓"一词是中国古代的汉译名称。虽然种姓及其内部分化和演变很复杂，但在中国古代文献中均统称为"种姓"，一直沿用至今。在印地语中，"种姓"的称谓有两种，在奴隶制时代称为"瓦尔纳"（varna），特指婆罗门、刹帝利、吠舍、首陀罗四大种姓；在封建社会叫作"迦提"（jati，意为出生、家庭），专指封建时代的小种姓集团。瓦尔纳和迦提并不是同一事物的不同称谓，本质差别很大。16世纪葡萄牙人入侵印度后，把"迦提"误称为"卡斯塔"（casta），英文的"卡斯特"（Caste）也由此而来。现在英语世界通用 caste 来表示种姓。

二　肤色是最初划分依据

从公元前 1500 年开始，雅利安人大规模地翻过印度西北部兴都库什山脉的开伯尔山口，逐渐进入印度次大陆（今天的阿富汗、巴基斯坦、印度、孟加拉国等地），并打败了当地原住民达罗毗荼人，把达罗毗荼人掳为奴隶，称他们为"达萨"（意为敌人）。

印度最初的种姓区别也在这时候出现，分为两个阶层，征服者雅利安人和被征服者达罗毗荼人。这时候的阶层划分叫作"瓦尔纳"，原意为"色"，主要指皮肤的颜色。可以看出，在那时，肤色应该是种姓区分的一种外在标志。雅利安人皮肤白皙，自视为高等种姓；被征服的达罗毗荼人肤色黝黑，则被视作低等种姓。可见，最初的种姓制度，是种族或族群划分的一种具体形式。

三　社会分工的产物

后来，由于生产生活的需要，出现了更细的社会分工。雅利安人内部分化出不同的职业，有的是脑力劳动者，有的是体力劳动者，有的则是管理者。也因为这样的社会分工，出现了对应的种姓分化。从高到低，出现三个种姓，最高一个等级的种姓是我们经常听到的"婆罗门"，他们是知识精英，从事宗教事务；第二个等级被称作"刹帝利"，他们是管理者或者治理者，手中握有行政权力和军事权力，往往是一个国家的国王、大臣、将军等世俗贵族；第三个等级就是从事各种生产活动的平民，被称作"吠舍"，也就是普通的劳动人民。这三个雅利安人内部的种姓，连同被征服的本土原住民达萨，即此时已被称为"首陀罗"的另一个种姓，共同构成了印度社会的四大种姓。[①]

婆罗门、刹帝利和吠舍三个种姓都是雅利安人，信奉同一个宗教。他们自称为"再生族"。这里的"再生"指的是宗教和精神意义上的"再生"。达到一定年龄的孩子只要接受了一种名为"再生礼"的宗教仪式洗礼，就算"再生"了。显而易见，婆罗门和刹帝利是特权阶层，是不参与生产的剥削阶层；吠舍和首陀罗是低种姓阶层，属于社会的劳动者。但是，高种姓中也会有穷人，低种姓中也会有富人。而不算作雅利安人自己人的首陀罗，因大都属于被雅利安人征服的达罗毗荼人或其他族群，信奉不同宗教，则被认为是"宗教不救的人"，因此被排除在"再生族"之外，只能从事最低贱的工作。

数千年下来，由于社会分工的发展和族群的长期交流，以肤色为依据的传统四大种姓逐渐变成以职业和家族为依据、数量众多的迦提。这里的"迦提"就是种姓，可以将其理解为"亚种姓"。其中，等级较低的吠舍和首陀罗是种姓分化的主体，主要是因为这两个种姓是社会中的劳动阶层。社会分工越细，所分化出来的职业也就越多，从事相同职业的人往往抱团取暖，形成自己的小圈子和小团体，还会形成保护这个圈子利益的一些规矩。经过时间的沉淀，这样的小圈子小团体就会演化为各自世袭职业和名称的迦提。

孔雀王朝之后，瓦尔纳与迦提相结合的种姓体系在乡村层面稳定延续下来。[②]从事不同职业的集团又形成不同的小种姓，发展到现在，

---

① 欧东明：《印度教与印度种姓制度》，《南亚研究季刊》2002年第3期，第64—69页。

② 陈王龙诗：《古代印度村社司法中的潘查亚特及其现代影响》，《南亚研究季刊》2018年第4期，第108—123页。

整个印度已有3500多个大大小小、各式各样的种姓。[①]

值得注意的是，在传统印度村落里，通常会存在一些占有更多土地资源的支配种姓。[②]一般情况下，占有更多生产资源的支配种姓会雇用其他更低种姓的人来帮忙，类似地主家的长工、短工或者佃农，这些低种姓劳工会获得一些粮食作为报酬。这就形成了一种生存依附关系，且这种依附关系世代相传，长期固定。换句话说，村里的每个高种姓家庭都会有为其提供长期服务的低种姓及贱民群体。进一步讲，低种姓对高种姓的依附关系甚至"不是一个种姓集体对另一个种姓集体的关系，而是一家一户对一家一户的世传关系"。[③]时至今日，在印度农村地区，这种基于生产资源的种姓依附关系依然存在。

四 地位低下的贱民

不要以为首陀罗就是印度社会最底层的人。最起码，首陀罗还被认为是一个种姓。四大种姓之外，还有一个阶层，叫作"不可接触者"（达利特）或"贱民"。这些人位于社会最底层，是没有被纳入种姓制度的人，或者曾经是某个种姓的人，但是因为违反了种姓的相关规定而被踢出局。"贱民"往往从事最污秽的工作。

贱民地位非常低，被认为是"不洁之人"。在有些偏远乡村里，贱民在经过上层种姓的房屋时必须脱掉鞋子，甚至还经常被禁止从大家共用的水井里取水。高种姓者还会无端殴打贱民，贱民需要随身用

---

① 汪建武：《试论印度种姓制度的演变及其特征》，《湖北师范学院学报（哲学社会科学版）》1999年第3期，第86—90页。印度种姓非常复杂且还在不断分化，很难精确统计数量，也有说法认为印度的种姓数量在两千个到六千个之间，甚至更多。

② 支配种姓，印度早期的基层统治，是基于种姓制度的占据支配地位的种姓对其他群体的领导或统治。

③ 陈洪进、黄思骏：《南印度农村社会——坦贾伍尔县典型的剖析》，《南亚研究》1979年第1期，第11—17页。

树枝扫清自己脚印以防止自己脚印污染他人。在学校里，贱民仍经常坐在地上。高种姓人认为触碰到贱民是一种仪式性的不洁甚至耻辱，必须通过宗教行为来赎罪。[①]

现如今，贱民的生活状况有了一些变化。因为现代化发展带来很多"公共领域"，在这些"公共领域"，已经很难再严格执行"不可触碰"的规矩。以古吉拉特邦为例，除了禁止贱民进入寺庙、高种姓房屋和共用理发服务外，其他很多领域已经比较宽松了。在住房方面，在以前，高种姓是绝对不会和贱民比邻而居的。但是现在，情况有了很大改变，贱民的聚居区不再像以前那么孤立，有些村民修建的新房子已经很靠近贱民的居住地了，还有贱民购买高种姓聚居区房子的情况。

五 宪法明确废除种姓制度

在印度独立前后，部分知识分子和政治家们，如大文豪泰戈尔、圣雄甘地和国父尼赫鲁等人士都主张减小或者消除种姓的影响。以泰戈尔为例，他出生于商人兼地主家庭，属婆罗门种姓的亚种姓，即低等婆罗门。以高种姓自诩的纯正婆罗门不愿与其联姻，因而在婚姻问题上能够选择的对象极为有限，且很难找到心仪的女孩。最终，在父亲的安排下，泰戈尔只能无奈地娶了一个陌生的刚满十一岁且没有接受过教育的姑娘为妻。[②]从泰戈尔的文学作品中可以明确感受到他对种姓制度的不满和批判。

但是种姓制度在印度社会根深蒂固，政府也无法找出一套非种姓的机制和运作手段。1950 年，印度宪法正式在官方层面上废除种姓制

---

① 〔印度〕苏林德·约德卡：《当代印度的种姓制度（第 2 版）》，徐梦洁译，中信出版集团，2023，第 11 页。

② 张舒晴：《泰戈尔对印度种姓制度的批判》，《语文教学通讯·D 刊》（学术刊）2013 年第 3 期，第 95—96 页。

度，尤其是要对"不可接触者"提供保护和特殊照顾。[①]例如，在中央和地方立法机构的下院中为这些人保留席位，下议院543个席位中有专门名额给予低种姓的群体。在政府工作岗位中也会专门保留一定的配额给他们。在教育系统里也有类似特殊照顾。这些人的生活状况的确比以前好了很多。很多低种姓者能够获得比以往更多的机会去提升自己的财富和权力。现如今，印度很多富豪都是出身低种姓，有的甚至是出身贱民。例如，印度首富高塔姆·阿达尼无种姓，第二富豪穆克什·安巴尼出身吠舍，第三富豪希夫·纳达尔出身贱民。

六　种姓制度是否会消亡？

关于种姓是否会消亡，印度国内也有不同的声音。对居住在城市的绝大多数主流中产阶级来说，种姓制度是个天生不合法的话题。在新兴的现代化和民主化的印度，种姓制度理应没有容身之地。[②]但是，种姓制度要消亡也很困难。毕竟延续了数千年，影响力之大如甘地、尼赫鲁都未能幸免，可见这个制度在印度社会的渗透程度之深。很多深受传统思想影响的人或那些种姓制度的既得利益者们还严格遵循种姓制度的相关规定。没有什么迹象表明种姓制度会消亡。

可以这么说，在印度社会，仅仅有一小部分印度人是按"现代"方式来思想和行动的。对大多数印度人说来，社会生活中的各种规则、惯例和习俗，很早以前就已固定下来，即便这些规则不公平，也不会有或者不敢有去强行改变它们的想法。反过来，在进入21世纪以后，种姓制度变得更有生命力了。这种现象在选举政治中尤为突出。

① 张振亚：《甘地之后的印度种姓制度的再现》，《世界经济与政治论坛》1991年第12期，第38—41页。

② 〔印度〕苏林德·约德卡：《当代印度的种姓制度（第2版）》，徐梦洁译，中信出版集团，2023，序言，第xix页。

七　选票赋予种姓另类价值

现代社会普及人人平等的政治观念，印度也实行全民选举。由于低种姓和贱民的人数庞大，在选举政治中成为印度政治不可忽视的一股力量。据不完全统计，从 1947 年独立至今，历任总统或总理多为高种姓出身。尤其是掌握实权的总理一职，多为婆罗门，但也有如莫迪一样吠舍出身的人出任总理的情况。值得一提的是，虽然印度贱民阶层至今不曾执掌国家权力，但已有 3 任总统是达利特（贱民）或部落地区出身。[①]虽然总统是虚职，让贱民出任总统也有塑造政治形象的目的，但是也能在一定程度上说明种姓制度已经出现新的变化。

在现代印度，不论什么种姓，在理论上都同其他人一样拥有选举权和被选举权，于是就出现参选人捆绑与自己相同种姓群体的情况。进一步而言，随着民主选举制度的推行和实施，种姓的含义及其价值也随之发生变化：从一个强调种姓优越的体制变为实行政治分肥的体制。种姓身份这种标签在某种意义上不仅没有消亡，反而得到强化。

第二节　乡村自治的潘查亚特

印度民族的延续，其脉络是村落而非国家。潘查亚特（Panchayat）是维护乡村稳定和文明延续的重要机构。因为有了潘查亚特，所以印度传统村落内部高度自治，自古就和国家、王朝等政权没有太大联系。现在，潘查亚特总体上还是朝着基层自治组织的方向发展，但在某种程度上，已经逐渐转变为国家在基层的治理工具。

---

① 1997 年当选的科切里尔·拉曼·纳拉亚南贱民出身；2017 年当选印度总统的拉姆·纳特·考文德贱民出身；2022 年当选的德拉帕迪·莫尔穆部落地区出身。

一 古老的村落自治制度

潘查亚特是南亚次大陆延续数千年的村落自治机制或村落管理机构。其字面意思是"五老会"、"五人会"或"五人长老会"，[①]是由村落选举出的声望最高的五位年长者组成的管理机构，往往由村落首长、家族长老、家长所组成，又称"评议会"，可以将其理解为村级议会。

印度乡村往往由以家长为首脑的大家庭组成。大家庭又包括若干小家庭。大家庭内部的事务管理以及成员之间的纠纷解决由家长负责。日常管理工作一般由村落头人负责，涉及不同家庭的纠纷则由各类潘查亚特处理。[②]除了调解纠纷之外，潘查亚特的职能还包括征税、文书记载、商业监督等。在一定程度上既能够维护社会秩序，还发挥了基层政府的功能。

中国人比较熟知的圣雄甘地一直非常推崇自给自足的乡村生产生活，他也非常主张乡村自治。在他的设想中，每一个村庄应该是一个小小共和国，资源和物资能自给自足。建立现代国家之后，潘查亚特也要继续发挥管理职能，上至行政、立法、司法，下至乡村卫生、教育、医药等，都由村里自己管理。甘地还建议潘查亚特增加女性管理者，这在当时的印度是非常先进的思想。他坚信，只要农村治理好了，印度的现代化建设也就成了。甘地的思想影响很大，直接影响了独立后的新建政府把建立村潘查亚特的决议写进了印度第一部宪法。

时至今日，潘查亚特还保留着"成员由选举产生"和"遇事商议"的特点。尤其在进行决策或判定纠纷时，会采取集体协商的形式，权力的掌控者不是个人而是潘查亚特成员集体。这点一直被印度

---

① "五人"在印地语中的表达是 Pancha，这就是 Panchayat 这一名字的由来。

② 陈王龙诗：《古代印度村社司法中的潘查亚特及其现代影响》，《南亚研究季刊》2018 年第 4 期，第 108—123 页。

人津津乐道，他们认为村落的这种自治性和民主评议是印度的骄傲，潘查亚特因而被视为印度民主政治的本土渊源。

二 印度村社的封闭状况

古代印度，农村公社遍布各地。这些村落内部秩序井然，分工明确，除了潘查亚特或村长的管理决策外，还有如记账、守卫、送信等公职人员。[①]一个村就是一个封闭的圆圈，几乎是一个自给自足的粮食生产单位和其他必需品的生产单位，而印度就是被无数个这样的圆圈所覆盖。成千上万的村落就如同一个个独立、封闭的小小共和国。"这些集团自我管理，不需要国家帮忙组织"，"它们抵抗国家的渗透和控制"。[②]

更为重要的是，村落的司法系统也能独立运行。这种高度自治的农村维持着印度基层社会的长期稳定，一波又一波的外来种族入侵都没有破坏掉农村社会的稳固结构，其稳定性也保证了印度文明的千年延续。

三 与种姓制度互为表里

南亚次大陆自古就处于一个松散状态，没有大一统的中央政府，更没有专门机构或组织传播政府意志。列国时期以前，村落之上主要是部落；列国时期以后，村落之上主要是政体不同、大小不一的王国。这些数量庞大的王国之间不断征战，分多合少，王朝不断更迭，但村落仍日复一日、年复一年地有着不变的秩序和生活。即便在王权达到极致的孔雀王朝、笈多王朝、莫卧儿王朝等准统一时期，国王对

---

① 刘筱红：《分散与整合的递归：印度村庄潘查亚特组织的演化——基于长周期政治与现场主义双重视角》，《中国农村研究》2021年第1期，第293—311页。
② 〔美〕弗朗西斯·福山：《政治秩序的起源：从前人类时代到法国大革命》，毛俊杰译，广西师范大学出版社，2012，第164页。

乡村也力不从心。这些统治者多只满足于征收田赋，基本不干涉村里的事务。

如此松散的古代印度能生存和传承下来，靠的就是基层村落和种姓制度，以及在此基础上运行的潘查亚特自治机构，能够离开国家而自主解决共同体内部事务。[①] 因此，古代印度农村大都是以血统等级制为基础的小圈子。这种所谓的血统等级制度，其实就是种姓制度。村里有高种姓者、低种姓者和不可接触者，也存在种姓之间的依附关系。高种姓地位高，低种姓负责劳作、提供生产生活服务；高种姓世世代代都是享受服务的上层人士，低种姓世世代代都是提供服务的下层人士，村民的阶层已经固化和永久化。所以，种姓制度和潘查亚特形成事实上的共存共生关系，维持农村的基本运行和稳定。

若村里有某一个种姓占有大部分土地或居于明显的支配地位，那么这个支配种姓的潘查亚特就相当于整个村的潘查亚特，[②] 具有很大的话语权和决定权。村里的支配种姓并不一定是婆罗门，刹帝利和吠舍也可以是村里的支配种姓，只要他们所占有的资源够多。

四　当代印度的基层治理机制

从 1950 年建立共和国到 1992 年印度再次通过宪法明确潘查亚特的定位，这个村一级的自治制度经历了很多波折。目前，重新建立起来的村级潘查亚特，虽然还是这个名字，也还是那套"外壳"或者"形式"，但是其本质已经发生了巨大变化。

很多人觉得，潘查亚特和中国的村委会很像，也有人直接将其翻译成"村委会"或者"村公所"，因为从所承担的任务、所组成的

---

① 刘筱红：《分散与整合的递归：印度村庄潘查亚特组织的演化——基于长周期政治与现场主义双重视角》，《中国农村研究》2021 年第 1 期，第 293—311 页。

② 陈王龙诗：《古代印度村社司法中的潘查亚特及其现代影响》，《南亚研究季刊》2018 年第 4 期，第 108—123 页。

人员、内部职能结构以及和村民关系来看，潘查亚特都和村委会太像
了。但是，严格意义上，我们不能直接称潘查亚特为印度农村的村委
会，毕竟二者的产生环境和本质属性是完全不同的。我们只能结合村
委会的部分职能和处理乡村关系的逻辑来理解潘查亚特。

如今，印度政府一直想要强化潘查亚特的乡村自治功能，但也在
插手甚至主导其制度设计和运行安排。虽然潘查亚特总体上是朝着基
层自治组织的方向发展，但在某种程度上，潘查亚特已经逐渐转变为
国家在基层的治理工具。

第三节 特色鲜明的教育制度

古代的印度教育具有明显的宗教色彩，只有少数贵族有权利接受教
育。独立后的印度非常重视教育，尽可能地向 14 岁以下的孩子普及和实
施免费义务教育。如今，印度的现代教育已经取得了很多进展，越来越
多的低种姓孩子有机会接受相对系统的教育，高等教育的发展也可圈
可点。现在，这个人口大国的教育愿景是成为全球知识超级大国。

一 古代教育以宗教为平台

古代的印度教育离不开宗教，教书的是宗教人员，学习的内容也
和宗教有关。公元 6 世纪以前的印度教育是以家庭教育为主的婆罗门
教育。这个时候的教育是一种特权，只属于高种姓群体，并没有普及
到所有人。婆罗门这个掌管宗教事务和知识生产的阶层自然而然地也
扮演着"教育者"的角色，所使用的"教材"是吠陀经，而且是以口
耳相传的方式进行，并没有涉及太多的书写内容。后来，有些婆罗门
会在自己家中办学校，学生们可以聚集在一起学习。

进入列国时代以后，佛教发展起来，佛教教育也随之发展起来，
寺院就成了那个时候的学校。相较于婆罗门教育的排他性，佛教教育主

张四种姓平等。那个时候的印度，佛教兴盛，很多人家都愿意把孩子送到寺院里学习。中国人熟知的唐僧玄奘历经"九九八十一难"前往"取经"的地方就是当时闻名世界的佛教大学——笈多王朝时期的那烂陀寺。它也是佛教在当时的最高学府和学术中心。

二 独立后不断提高的教育普及率

独立以来，印度政府历来重视教育。1950 年 1 月 26 日生效的《印度宪法》第 45 条规定：国家应该努力在自本法生效之日起十年内对印度公民普及免费义务教育，直到他们满 14 岁为止。[①] 70 多年来，印度现代教育取得了很多进展。2018 年，印度成人识字率达到74%，6—14 岁儿童毛入学率为 93%—95%。虽然辍学率依然较高，全国小学平均辍学率高达 31%，[②] 但和过去相比，已经取得了明显的进步。

为了解决人口素质问题，印度政府一直试图通过改革教育制度来为所有印度人提供"包容与公平"的优质教育。2020 年 7 月 29 日，印度人力资源开发部（现印度教育部）发布《国家教育政策 2020》（National Education Policy 2020，NEP2020）。这个新政策的主题为"通过高质量教育促进学生和教师的全面发展"。这是继 1968 年和 1986 年政策之后的第三份国家教育政策。

新的教育政策主要依据联合国教科文组织的《教育 2030 行动框架》而制定，以"终身教育"为总体指导思想，最大愿景是把印度建设成为"全球知识超级大国"。印度教育部在政府中的地位也被提高到史无前例的位置。如果印度政府能够很好地将这个新教育政策的指

---

① 刘来兵，余江涛：《印度"新教育体系"的愿景、框架与启示——以〈国家教育政策2020〉为中心的考察》，《教育导刊》2022 年第 6 期，第 88—96 页。

② 商务部国际贸易经济合作研究院、中国驻印度大使馆经济商务处、商务部对外投资和经济合作司：《对外投资合作国别（地区）指南：印度》（2022 年版），2023 年 3 月，第 8 页。

导思想和发展规划付诸实践，印度教育可能会脱胎换骨，打造出一个高素质、高品质、高技能的全新印度。

三　"5+3+3+4"的中小学教育体系

长久以来，外界对印度教育的基本认识是"薄弱的基础教育和强悍的高等教育"，这多少能说明印度基础教育的状况。2020年新出台的教育政策把过去长期实行的"10+2"学制调整为"5+3+3+4"的15年学制，年龄覆盖3—18岁。这个新政策最大的特点之一就是把学习年龄往前推到了3岁，3—6岁年龄段的幼儿保育和教育也被包含在内。[①]课程与教学框架包括基础阶段（3—8岁，5年，以活动和游戏为主）、预备阶段（8—11岁，3年，以阅读、写作、体育、语言、艺术、科学、数学为主）、初中阶段（11—14岁，3年，增加专业科目、职业技能和印度语言）、高中阶段（14—18岁，4年，跨学科学习，强调深度批判思维）。

在中小学教师能力提升和支持保障方面，新政策提出到2030年，印度所有学校教师的最低资格标准是四年制综合学士学位。此外，新政策还明确在教师的继续教育、资金、技术培训和能力提升方面给予支持。

四　规模世界第二的高等教育体系

相比起不那么拿得出手的基础教育，印度高等教育就风光得多。从大学数量和学生人数来看，印度高等教育的"量"非常可观，其规模已经超越美国，成为仅次于中国的世界第二大高等教育体系。[②]

[①]　刘来兵，余江涛：《印度"新教育体系"的愿景、框架与启示——以〈国家教育政策2020〉为中心的考察》，《教育导刊》2022年第6期，第88—96页。

[②]　王小栋，王战军，于妍：《印度研究生教育发展现状、问题及改进方向》，《学位与研究生教育》2020年第6期，第70—77页。

印度全国现有 20 所国立大学、215 所邦属大学、100 所自治大学及其他很多学院，此外还有各类职业技术教育、成人教育等非正规教育。著名学府有尼赫鲁大学、德里大学、印度理工学院、印度管理学院等。[①]

和中国的大学学制不太一样，印度的高等教育学制共 10 年，3 年本科、2 年硕士、2 年副博士和 3 年博士。但是，这并不代表一个人进了印度的大学就要满满地学习 10 年，而是指完成不同阶段学习所需要的基本时长。比如，中国的本科学习需要 4 年，学成以后就可以获得学士学位，而在印度，3 年就可以拿到相应的学位。

五　数量众多的民办高校

2001 年后，印度的高等教育规模大幅扩张，高等教育的入学人数增长近四倍。这么大规模的增长，主要是民办高校在发挥很大的作用。仅 2011—2017 年，印度私立高等教育机构就增加了 6000 多所，学生总人数增加了 600 万。截至 2019 年，印度私立高校占全国高校总量的 77.8%，而公立院校数量的占比则仅为 22.2%。[②]

过度扩充式发展虽然带来了规模上的巨大变化，但高等教育机构的质量堪忧。私立学校占高等教育的大半壁江山，入学人数占总入学人数的 2/3 以上。同时，印度高等教育还存在专业结构严重失衡的问题，学校教育与社会需求严重脱节，造成大量毕业生无法就业。2014年，时任印度人力资源开发部部长沙什·塔鲁尔（Shashi Tharoor）曾形容称，印度高等教育就是由"漂浮在平庸之海中的卓越之岛"组成。可见，虽然数量多、规模大，但印度高等教育整体水平比较一

---

① 商务部国际贸易经济合作研究院、中国驻印度大使馆经济商务处、商务部对外投资和经济合作司：《对外投资合作国别（地区）指南·印度》（2022 年版），2023 年 3 月，第 7 页。

② Ministry of Human Resource Development, Government of India, *All India Survey on Higher Education 2018-2019*, 2019.

般，除了几所世界名校外，绝大部分印度高等机构仍处于粗放式发展状态。

六 国际化、数字化的发展方向

印度高等教育目标很宏大，早在 2014 年印度就把高等教育作为"软实力"纳入它的大国发展战略。在国际化方面，虽然通用英语，但是印度主要还是扮演着留学生输出国的角色。目前有几十万印度学生在其他国家留学，而印度接纳的外国留学生不足十万人，且大部分学生来自尼泊尔、阿富汗等邻国和一些非洲国家。但这不影响印度有一个远大目标。这个远大目标就是要把印度打造为面向全球的留学目的地。为了实现这个宏伟目标，印度不仅要大力发展自己的高等学府，还要吸引世界名校前来合作，甚至直接在印度办分校。印度的这些举措，目的就是吸引更多留学生，同时留住印度本土的精英。

提到教育改革，数字化一定是不能被忘记的，尤其在印度这个软件产业和电子信息产业发展较好的国家。根据《国家教育政策 2020》的设想，数字大学是印度在 2030 年前实现 50% 的高等教育毛入学率、提高学生就业能力的重要一环。2023 年，印度高等教育迎来两大发展——启动印度第一所数字大学和成立印度高等教育委员会。根据正在实施的计划，国家数字大学将为有志于接受高等教育的学生提供获得学位的灵活选择，他们既可以选择常规高等院校，也可以选择数字大学。符合资格条件的印度公立和私立大学都可以通过国家数字大学提供在线课程。

七 备受重视的职业教育

2020—2040 年，印度 15—59 岁人口将从 8.85 亿增加到 10.8 亿。未来 10 年，印度新增劳动力人口将占到整个亚洲劳动力增幅的一半以上。[①]目前，印度高达 66% 的人口是 15—59 岁的劳动人口。[②]但在这些人中，很多都存在受教育程度低、缺乏正规劳动培训的情况。

事实上，早在 1968 年，印度的第一个国家教育政策就已经明确提出要发展职业教育，并设定了到 1986 年实现 50% 的高中学生、20% 的初中学生接受职业教育的目标。[③]然而，实际情况是这个目标的 10% 都没有实现，直到 2023 年也没有完成 50% 的目标。

虽然这么多目标都没有实现，但不妨碍印度政府一直把职业教育作为重点来打造。2020 年的新政策还是延续了 1968 年的老目标，也就是截至 2025 年，至少有 50% 的学生接受职业教育。[④]为了实现这一目标，印度政府把职业教育提升为主流教育，想让整个印度社会改变对职业教育的固有认知。

当然，发展职业教育不能仅限于在官方文件里提高它的地位，更重要的是要有完善且符合当下及未来需求的教学规划和实践体系。印度也明确提出在接下来的 10 年内，要将职业教育分阶段地纳入所有中等教育，搭建由中学、理工学院、工业企业所组成的三位一体的教育合作体系，打通职业教育人才的输入和输出网络。

[①] 殷怡·德勤：《印度未来十年劳动力人口将大增 创造就业仍是挑战》，"第一财经"网站，2020 年 12 月 3 日，https://www.yicai.com/news/5347041.html，最后访问时间：2023 年 8 月 4 日。

[②] 王静：《职业教育优先：联合国教科文组织〈印度 2020 年职业教育报告〉解读》，《中国职业技术教育》2021 年第 21 期，第 65—73 页。

[③] Department of Education, Government of India, "New Delhi, National Policy on Education," 1968, December 3, 2020, https://www.educationgov.in/sites/upload_files/mhrd/fles/document-reports/NPE-1968.pdf，最后访问时间：2023 年 8 月 4 日。

[④] Ministry of Education, Government of India, "Web Resources for NSS/NCC/NYKS/UBA Vol-Unteers for Dissemination of Information on National Education Policy 2020," September 7, 2020，https://www.education.gov.in/shikshakparv/docs/ WEBINAR BOOK.pdf，最后访问时间：2023 年 8 月 5 日。

第四节 公私并立的医疗体系

在古代印度，医学技术被视为神圣的、神秘的技能，只被一些神秘的医生所掌握。医学教育也被视为一项神圣的任务，只有那些具有出色医疗技术和高尚道德品质的人才能从事这一职业。医生的职业地位非常高，被尊为"医之神"。现代印度已经建立了相对完整的医疗体系，公立医疗号称全民免费，私立医疗系统发达先进，更有吸引四大洲患者的医疗旅游服务体系。

一 传统医学阿育吠陀

印度医学的起源可以追溯到公元前 2000 年左右。在古印度传统医疗体系中，阿育吠陀学（Ayur Veda）、悉达医学、尤纳尼医学和瑜伽是四大内容。其中，阿育吠陀学是最为系统、传播时间最长、影响力最大的学科，至今都在医学界占有举足轻重的地位。

和中医相似，阿育吠陀就是印度的"印医"。在古印度的神话传说里，阿育吠陀由创世者梵天为保护人类而创造，再通过神祇传授给人们。"Ayur"是"生命"的意思，"Veda"是"知识"的意思，所以，阿育吠陀是关于生命的科学。它把人体看作一个内部所有元素相互作用的系统工程，综合考虑患者的身体构成、情绪、精神状态和其他可能影响身体和精神的因素。其治疗方式包括饮食、草药、按摩、清洁术、生活方式管理、瑜伽锻炼和冥想等，这些都和中医的理念和疗法非常接近。

二 难产的医保机制

在独立后的几十年里，印度的决策者希望建立一个由政府主导的医疗保健系统，即由地方初级卫生保健中心、区级社区保健中心和大城市专科医院三级医疗机构共同构建的网络。但由于缺乏资金、经营不善、人员长期缺勤、缺少基本医疗用品和设备等，这一规划至今未能实现。

2008 年，印度中央政府曾启动一项全国健康保险计划，用于减轻无法承担医疗费用人口的医疗负担，计划向被认证为贫困的家庭提供每年最高 3 万卢比（约 400 美元）的免费服务。但是，由于福利水平太低，且遭到了拥有自己健康保险方案的邦政府的抵制，这项计划成效有限。

印度政府在 2018 年又推出了一项名为 PM-JAY（Pradhan Mantri-Jan Arogya Yojana）的计划，为 1.1 亿印度最贫困家庭提供医疗保险。这是迄今为止印度政府实施的最复杂的改革之一。该项目的主要特点是设计上较为复杂，而且，它能否成功取决于政府部门之间的协调，政府与私营保险公司、供应商间的合作，以及复杂的问责机制能否有效实施。至于这项政策能发挥出多大的作用，我们只能拭目以待。

三　低水平的全民免费医疗

"全民免费医疗"是印度的重要名片。印度 1950 年的第一部宪法中就明确承诺"所有国民都享受免费医疗"。截至目前，印度也确实建立了覆盖面非常广的全民免费医疗体系。对于那些处于社会底层的贫困人口而言，这样的免费医疗确实意义重大。但也并不是所有患者都能受到免费的优待，如果病情比较严重，患者还是得自己承担一部分费用。这个所谓的全民免费医疗只是针对很简单的基础疾病。

提供免费医疗服务的主要是社区卫生服务中心、初级卫生中心、保健站以及大城市的公立医院等。印度有国家级、邦级、地区级、县级和乡级等五个公立医疗体系。农村则建立了"三级医疗保障网络"，也就是由医疗保健站、初级医疗保健中心和社区健康中心所组成的农村医疗体系。公立医院接待的基本是低收入人群，他们对医疗条件要求不高，只要少花钱能治病就行，因而公立医院正好起到了救助贫弱的"稳定器"作用

但是，由于财政收入有限，印度政府用于医疗的公共支出处于较低水平，仅占 GDP 的 1% 左右。很显然，这样的公共卫生支出在世界上是非常低的，甚至低于一些低收入国家。

四　风生水起的私立医疗

上面提到，印度有全民免费的公立医疗体系，但这一体系并不完善。所以，真正能提供高质量医疗服务的是私立医院。除了那些实在没钱看病的穷人会选择免费的公立医院外，大量中产阶级和富裕阶层往往更倾向于去私立医院。

印度私立医院和诊疗机构的数量远大于公立医院，而且，其门诊量和接待量也远大于公立医院。在印度独立之初，私立医疗机构在全国所有医疗机构中的占比不到 8%，加上 5% 的非政府组织的机构，也只占 13%，而到 20 世纪 90 年代初，这一数字已接近 60%。[①]私立医院的医生数量占全印度所有医生数量的 80%~85%。根据当前的发展趋势，这一数据还在上升。

富人有钱去私立医院看病，那生了大病的穷人怎么办？事实上，穷人一旦重病，也没有其他选择，也只能去私立医院，但那费用实在太高，很多人只能望而却步。也有一些面向穷人的类似诊所之类的私营医疗机构，目前很多穷人会选择去这些小诊所看病。对于生活在偏远乡村的农民而言，情况会更糟糕，他们只能接受不合格和不正规的私人医疗服务。

---

① Ismail Radwan, "Private Health Services for the Poor May," Global Development Network, 2009, p.23.

五　风靡全球的医疗旅游

虽然国内普通民众仍停留在看病难的阶段，但印度又确实是全球发展速度最快的国际医疗旅游目的地，位居全球五大国际医疗旅游目的地国家之列。

其实，印度传统的瑜伽和阿育吠陀医学自古就名扬海外，国际医疗旅游古已有之。现如今，大量来自美国、欧洲、中东、非洲、东亚等国家和地区的民众也乐于前往印度学习瑜伽和接受阿育吠陀医疗服务。俄罗斯人也喜欢到印度寻医问药。除了传统医学的历史积淀外，印度的现代医学也非常发达，尤其在仿制药行业的加持下，国际医疗旅游发展水到渠成。技术无忧、费用低廉、服务周到、设施完备，外加特色医疗项目……这都是比较优势。

当然，开展医疗旅游服务的只能是私立医疗机构。印度有很多顶尖私立医院，不论在设施设备还是医护人员素质方面，都可以和发达国家的医院媲美。难怪会有那么多欧美国家的人愿意前往印度治疗，既安全实惠地看了病，还能顺便观赏风景。目前，全印度至少有20家超大型私立医疗机构可为患者提供国际先进的医疗手术。其中，全印医学科学研究院、阿波罗医院、孟买亚洲心血管医院等机构的主营业务就是国际医疗旅游。这些医疗机构主要集中在新德里、班加罗尔、孟买、金奈等大城市。其中，金奈被称为"印度医疗旅游之都"。

第五节　印度特色的体育项目

对绝大多数中国人而言，除了瑜伽，印度好像没什么拿得出手的体育项目。事实上，印度体育有自己的赛道，印度的板球联赛竟然比足球世界杯还流行。印度也有很多传统优势项目，比如摔跤、曲棍球、羽毛球等。从印度运动员在国际赛场的出色表现也可以看出，印度体育正在崛起。

一　风靡印度的板球运动

板球是什么？板球是棒球的鼻祖，13世纪时起源于英国，最早是一项贵族运动，后来随着殖民活动传播至全球，盛行于英联邦国家。南亚次大陆、澳大利亚、新西兰、东非、南非、西印度群岛等地区的水平最高。对印度来说，板球世界杯的价值仅次于奥运会和足球世界杯。

印度板球运动可以追溯到18世纪早期，当时英国殖民者将板球带到了印度。最早的板球比赛可以追溯到1792年，当时印度的加尔各答举行了一场板球比赛，被视为印度板球的起源。从那时起，板球在印度迅速传播，并成为国民运动。

板球对于印度的意义，堪比足球之于战后的德国。在殖民时期，板球是印度人表达民族精神、反抗殖民的一种载体。1932年，印度板球队首次参加国际板球比赛，对阵宗主国英格兰队。从那时起，印度板球队就开始在国际舞台上崭露头角，多次获得世界冠军，其中就包括两次世界杯冠军，其世界排名长期名列前茅。

印度板球队在世界比赛的亮眼成绩还不能说明板球这项运动的火爆程度。印度板球超级联赛才是惊人的存在。成立于2008年的年轻的印度板球超级联赛（IPL），当前是全球观众增长速度最快，且商业价值第二高的体育联赛，超过了NBA、奥运会和足球世界杯，仅次于美国职业橄榄球大联盟（NFL）。2021年，当古吉拉特泰坦队被英国股权投资公司CVC资本收购时，成交额已经达到了惊人的7.4亿美元。[①]全球资本也纷纷入局，即便是脸书（Facebook）这样的互联网

---

① Maryam Farooqui, "IPL: All You Need to Know about the Controversy around CVC Capital's Ownership of Gujarat Titans," Money Control, February 10, 2022, https://www.moneycontrol.com/news/trends/sports-trends/ipl-all-you-need-to-know-about-the-controversy-around-cvc-capitals-ownership-of-gujarat-titans–8071751.html，最后访问时间：2023年8月4日。

企业，也在高昂的冠名权竞价中败下阵来。

印度人均收入比较低，但庞大的群众基础是印度板球超级联赛迅速冲上世界之巅的最重要原因。每年的 3 月到 5 月，无数板球爱好者为之疯狂，甚至为了抢球票发生踩踏事件。这种参与程度，比我国的乒乓球、美国的橄榄球、日本的棒球都要高。

中国企业在 IPL 也有很高的存在感。2016 年，vivo 抢下了 IPL 的冠名席位，并连续冠名 2017 年、2018 年、2019 年和 2021 年等赛季。仅在 2020 年，腾讯入股的印度游戏公司 Dream11 挤掉 vivo 成为赞助商。值得一提的是，在 IPL 那几年的冠名竞价中，vivo 的头号竞争对手不是别人，正是自己的"本家兄弟"OPPO。OPPO 同时也是印度板球国家队的赞助商，印度板球男子、女子以及青年队的装备和球衣上印的都是 OPPO 的标志。中国的家电品牌 TCL 也一直紧盯着印度板球，除了在 2019 年赞助印度板球队外，还是 2016 年冠军球队朝阳海得拉巴队的赞助商。2023 年赛季，TCL 依然是朝阳海得拉巴队的赞助商之一。

二 全面开花的印度体育

2022 年 5 月，印度羽毛球男队 3∶0 横扫印尼，捧走了代表当今羽毛球男子最高水平的汤姆斯杯，创造了印度体育历史。偶尔观看世界羽毛球比赛的中国观众会很好奇："印度羽毛球什么时候这么强了？"事实上，印度羽毛球已蛰伏 20 年，现在到了破茧成蝶的时候。

20 世纪 80 年代，印度也出过普拉卡什这样的全英赛冠军。但一枝独秀并不能代表印度是羽毛球强国。2001 年全英公开赛决赛中，戈比昌德力克中国名将陈宏，时隔 20 年再夺全英赛冠军。2012 年伦敦奥运会，印度女将内维尔摘下女单铜牌，为印度羽毛球实现了奥运奖牌"零的突破"。2016 年里约奥运会，印度女单选手辛杜一路"爆冷"杀进决赛，将奖牌颜色换成了银色。自此，印度成为世界羽毛球的新生力量。

羽毛球在印度的崛起不仅在于运动员的出色成绩，还体现在印度国内对羽毛球这项运动的商业化运作。2013年，印度羽毛球超级联赛诞生。通过高度的商业化运作，这个联赛被打造成了"羽毛球全明星大战"。虽然赛程只有三周，但奖金收入却比世界羽联一年的比赛奖金都多。超高的奖金收入吸引了来自全世界各地的羽毛球顶级名将，其中就包括大家耳熟能详的蔡赟、田厚威、安塞龙、马林、李龙大等一众世界冠军。像NBA选秀一样，印度羽超采用独特的"竞拍制"。2019年的印度羽超，中国台湾名将戴资颖和印度名将辛杜成为"标王"。

在2023年举办的杭州亚运会上，印度体育代表团历史性地进入奖牌榜前四，获得超过100枚奖牌。不仅奖牌数量多，印度还在所有小项上均有一定的体育人才储备，步枪、手枪等射击项目的成绩已经达到世界领先水平。

三　乏善可陈的奥运成绩

相对于印度世界第一人口总量和世界第五经济总量的地位，印度体育在奥运会上的表现乏善可陈。事实上，印度是亚洲第一个参加夏季奥运会的国家，那还得追溯到1900年在巴黎举办的第二届夏季奥运会，[1]也算是奥运会的元老了。在奥运会项目中，印度的相对优势项目是曲棍球、摔跤、拳击、田径、羽毛球等。其男子曲棍球队在1928至1980年的十二届奥运会[2]中斩获8金2铜1银，成绩斐然。但其余项目都没有太大建树，且男子曲棍球此后也没有往日雄风，没有再登顶奥运赛场。

---

① 张剑威、汤卫东：《从历届奥运会窥探印度"奥运奖牌荒"现象及其原因探析》，《南京体育学院学报（自然科学版）》2017年第2期，第82—86页。

② 1940年和1944年奥运会由于第二次世界大战的影响而停办。

　　大多数喜欢观看奥运比赛的中国人应该对 2008 年北京奥运会上那位战胜中国神枪手朱启南夺得男子 10 米气步枪金牌的印度运动员有印象。那枚金牌对印度体育可谓举足轻重。因为那是印度 108 年奥运会历史上的首枚个人单项金牌。夺得金牌的印度名将宾德拉也荣耀满身，被载入史册。

　　相对而言，印度体育代表团在 2021 年东京奥运会上的表现已经称得上非常出色，总共获得 1 金 2 银 4 铜。其中，除了标枪获得历史性突破外，传统优势项目摔跤获 1 枚银牌和 1 枚铜牌，举重项目获 1 枚银牌，曲棍球、女子羽毛球、拳击各获 1 枚铜牌。

第十章　五彩斑斓的文明文化

印度的文化是一幅丰富多彩的画卷，以其复杂多样的语言、博大精深的文学传统、独特多样的生活习俗以及其他不断演变的文化元素而闻名于世。这一独特的文化面貌形成了一种独特的文明，为我们全方位了解印度提供了一扇窗口。在这个多元的国度，人们可以感受到来自各个方向的文化涌流，每一个地区都有其独特的贡献，构成了印度这个文化大熔炉的精彩图景。

第一节　极度复杂的语言文字

提起印度人的语言，我们印象最深的可能是他们那股"咖喱味"的英语。然而，英语也仅仅是印度的官方语言之一。据宪法规定，印地语是印度目前的主要官方语言，英语则为第二官方语言。在这片神奇的土地上，人们信仰着不同的宗教，说着各式各样的语言。由于其语言文字体系异常复杂，所以印度坐拥"语言博物馆"的称号。

一　印度语言文字的历史沿革

印度次大陆历史上长期受外族入侵，国家统一历程艰难复杂，导致其语言文字体系庞杂多样，语言发展的历史源远流长。印度语言文化的传统形成和发展，大致经历了三次重大的演变：梵语文化时期——波斯、阿拉伯语言文化并存时期——英语文化时期。

　　公元前 2000 年至公元 13 世纪初，梵语文化在印度地区盛行。梵语属于印欧语系中的印度 – 雅利安语支，是印欧语系最古老的语言之一，同时对汉藏语系有很大的影响。"梵语"一词本指"纯洁、神圣"之意，是一种经过语法规范修饰、高深典雅的书面语言。公元前 2000 年时，只有僧侣和学者懂得梵语，雅利安人称之为"天语"。而雅利安人所说的梵语其实是一种俗语，跟书面梵语有一定的距离，主要流行于印度西北地区。[①] 在伊斯兰教传入之前，梵语一直是印度次大陆的主流语言。

　　13 世纪初至 19 世纪中叶，波斯 – 阿拉伯语言文化与梵语文化并存。16 世纪初，穆斯林建立的莫卧儿帝国几乎一统印度，其使用的波斯语也就成为印度的日常用语，也是当时的官方语言，无论是在政界还是在商界，抑或文坛，波斯语都有绝对的话语权。宗教领域则一律都用阿拉伯语。当然，波斯–阿拉伯语言文化多用于官方与上层阶级，民间依旧保留着使用梵语的习惯。

　　19 世纪中叶至 20 世纪中叶，由于英国殖民统治，英语语言文字成为印度社会的主流。而这一时期的印度文明文化状态正如马克思 1853 年所言，"印度失掉了它的旧世界而没有获得一个新世界……并且使大不列颠统治下的印度斯坦同自己的全部古代传统，同自己的全部历史断绝了联系"。[②] 与此同时，随着英国殖民统治的巩固，英国的文化渗入印度社会的方方面面。这时，英语不仅成为印度高校的授课语言，也成为人们获取政府各机构职位的必要条件之一。在这样的环境下，印度的传统语言文化受到了极大的挑战。

　　在这样的历史背景下，印度的语言文字体系演化出一种极度复杂

---

① 周庆生：《印度语言政策与语言文化》，《中国社会科学院研究生院学报》2010 年第 6 期，第 103 页。

② 马克思：《不列颠在印度的统治》，《马克思恩格斯选集》第 2 卷，人民出版社，1972，第 64 页。

的态势，这也引发了很多现实问题。1947 年 7 月，英国公布了《蒙巴顿方案》，把印度次大陆分为印度和巴基斯坦两个自治领。8 月 15 日，印巴分治。印度独立后，当政者开始研究最适合本国国情的语言政策。1949 年 11 月 26 日，印度制宪会议通过了《印度宪法》，规定联邦的官方语言是印地语（以"天城体"字母书写），并且规定从 1950 年起正式实施的 15 年后，即 1965 年起，计划完全用印地语取代英语。这一规定的发布在印度社会引起了轩然大波，除印度中北部的印地语区，其他非印地语区的语言冲突不断爆发。此外，巴基斯坦独立后，其官方语言确立为乌尔都语，这就刺激了印度的乌尔都语人口，导致他们与印地语人口之间爆发激烈的械斗。时至今日，语言分歧仍是印度各地区、各民族之间交往的障碍之一，语言问题也仍会引发不同群体之间的冲突和纷争，对印度社会的整合与发展构成了很大阻碍。①

二 庞杂的语系和分布不均的语言人口

印度的语言文字大体上有两个特点：一是语言种类多，二是各个语种的使用人口非常不均衡。

印度的语言可总体划分为四大语系：印欧语系、达罗毗荼（Dravidian）语系、南亚语系以及汉藏语系。印度的大部分地区都分布着印欧语系的使用人口，印欧语系也是印度现存的最大语系。该语系在印度境内共有三个语支，分别是伊朗语支、日耳曼语支、印度 – 雅利安语支。2011 年印度人口普查数据显示，其中使用人口最多的是印度 – 雅利安语支，共有 9.45 亿人口属于这一语支，占总人口的 78% 以上。而在印度 – 雅利安语支中，又以印地语（印度官方第一用语）的使用人口为首，主要分布在北部和中部地区。超过 1000 万使用人口的其他语种还有孟加拉语、马拉地语、乌尔都语、

---

① 姜玉洪：《印度传统文化特征论略》，《北方论丛》2004 年第 4 期，第 73 页。

旁遮普语、阿萨姆语等。其中，孟加拉语的使用人口在印度排第二，主要分布在东部和东北部地区。马拉地语则是印度第三大使用语言，主要分布在西南地区。

达罗毗荼语系是印度的第二大语系，拥有大约 2.37 亿使用人口，占印度人口总数比重近 20%。该语系人口主要分布于印度南部、中部以及东部的一些地区。这一语系中比较重要的语言有：卡纳达语、泰米尔语、泰卢固语、马拉雅姆语。这四种语言同时也是印度宪法第八附表的表列语言（scheduled languages）。①

南亚语系位列第三，只有约 1.11% 的印度人口（1340 万左右）使用南亚语系语言。南亚语系主要随着移民迁入印度，分蒙达语族和卡西语支。其中，桑塔利语是唯一被列入宪法第八附表的南亚语系语言。值得注意的是，印度地区的南亚语系语言很多都处于濒危状态。②

汉藏语系的使用人口排名第四，主要分布在喜马拉雅地区，占总人口比例 1.01%（1220 万人左右）。该语系的众多语支中，只有曼尼普尔语和波多语属于印度宪法第八附表的表列语言。

除上述四种主要语系，印度还存在其他一些语系，如亚非语系、壮侗语系、安达曼语系。

需要提及的是，除了印地语和英语之外，还有其他 21 种地方语言具有印度各邦的官方语言地位。这些语言包括：阿萨姆语、孟加拉语、波多语、道格利语、古吉拉特语、卡纳达语、克什米尔语、孔卡尼语、迈提利语、马拉雅拉姆语、曼尼普尔语、马拉提语、尼泊尔语、奥里亚语、旁遮普语、梵语、桑塔利语、信德语、泰米尔语、泰

---

① 印度宪法第八附表中的表列语言是联邦认可的主要民族语言，可作为相应邦和地区的官方语言。

② Moseley Christopher, *Encyclopedia of the World's Endangered Languages*, London: Routledge, 2008，pp.456–457.

卢固语和乌尔都语。①其中，卡纳达语、马拉雅拉姆语、奥里亚语、梵语、泰米尔语和泰卢固语是印度官方认定的六种古典语言。这些语言在印度的历史和文化传统中扮演着非常重要的角色，对印度文化的传承和发展产生了深远的影响。

第二节　著称于世的印度文学

印度文学历史悠久，多种语言所体现出的多元文化思想引人入胜。事实上，印度有着"以诗代史"的文化传统，因此，作为印度文学的重要组成部分——印度诗歌也是对印度历史的书写。由于学界对印度文学各时期的划分还存在争议，本节将印度文学分为古代、中古代、近现代三个主要时期依次进行介绍。

一　恢宏巨制的两大史诗

公元前 15 世纪至公元 4 世纪是古代印度文学时期，这一时期产生了最著名的两大史诗，分别是《摩诃婆罗多》和《罗摩衍那》。这两大史诗被誉为"古代印度的百科全书"，不仅详细记录了古代印度的社会生活，也是古代印度文学成就的杰出代表，在印度文学史上具有举足轻重的地位。

《摩诃婆罗多》是世界上最长的诗，在古代印度被称为"历史传说"，其内容是关于古印度列国时代（相当于中国古代春秋战国时期）纷争的长篇故事。此时的印度次大陆上，一众小国林立，各王国为了称雄一方，你征我战。《摩诃婆罗多》的核心故事以印度列国时代的历史纷争为背景，讲述了婆罗多族的两支后裔——俱卢族和般度

---

① 康迪：《多语言背景下的印度语言教育发展策略——基于对〈国家教育政策 2020〉的分析》，《郑州师范教育》2022 年第 6 期，第 68 页。

族之间为争夺王位继承权而爆发的复杂矛盾和系列战争，主要表达了对以般度族首领坚战为代表的正义力量的颂扬，以及对以俱卢族首领难敌为代表的邪恶势力的谴责。由于成书时间漫长，历经了从公元前4世纪至公元4世纪的前后八百余年，《摩诃婆罗多》的内容不断扩充，不仅包含了大量神话故事、民间传说，还有不少寓言、童话以及宗教、哲学等其他方面的内容，使得其最终的篇幅规模约为《罗摩衍那》的四倍，被印度人视为囊括了人世间的一切，对印度后世文学及文化发展产生了深远影响，堪称"印度的灵魂"，也被称为继吠陀时代四部圣典之后的"第五吠陀"。

《罗摩衍那》具有诗的特征，是"最初的诗"，① 季羡林写道："《罗摩衍那》的道德论是封建社会的道德论。……（它）的道德论已经超过了奴隶制，它代表的是封建道德。"② 《罗摩衍那》全诗共有七篇，以罗摩和妻子悉多的艰难历险为主线。第一篇是罗摩与悉多的结合；第二篇是罗摩被父亲的小王后胁迫流放十四年，主角团开始"升级打怪"；第三篇描绘了罗摩一行人在森林中的历险经历，悉多被魔王劫走，罗摩寻求与猴王联盟，共同营救悉多；第四篇中罗摩来到猴国，与猴王达成合作；第五篇中猴王座下第一神猴哈奴曼（Hanuman）潜入魔王老巢，并亲眼见到了悉多坚贞不屈的情景；第六篇堪称全诗最华丽的一篇，罗摩率领猴王大军与魔王展开了激烈搏斗，主角团受了重伤之后幸得神猴相助，终于救出悉多，夫妻团圆；而第七篇中，罗摩从受难者蜕变为封建专制统治者，他怀疑悉多不贞，为了自证清白，悉多一跃而入地母的怀抱，最终升入天国。

有趣的是，《罗摩衍那》中描绘的神猴哈奴曼的形象与我们《西游记》里的孙悟空相似，学界对两者的关系问题一直存在争议。季羡

---

① 曾琼：《印度文学在中国：百年译介与传播》，商务印书馆，2021，第70页。
② 季羡林：《罗摩衍那初探》，外国文学出版社，1979，第70页。

林先生翻译了《罗摩衍那》，他坚持认为哈奴曼就是孙悟空的原型。[①]例如，哈奴曼大闹楞伽城、通过变换身体大小戏弄蛇母，与《西游记》中孙悟空大闹天宫、三借芭蕉扇有异曲同工之妙。刘安武对《西游记》中朱紫国国王救妻的故事和《罗摩衍那》中罗摩失妻救妻的故事进行了对比分析，认为前者有借鉴罗摩故事的痕迹。[②]

二 大放异彩的地方文学

在各种地方语言文学中，孟加拉语文学、印地语文学、乌尔都语文学等脱颖而出。尽管它们在发展程度上有所不同，但大多延续了前代梵语史诗文学和梵语古典文学的传统。一方面，这些文学传统汲取了古代神话、史诗以及经典名著中的灵感，运用其中的情节和人物进行创作，保留了浓厚的神话色彩。另一方面，它们也广泛吸收了民间口语和口头文学的养分，使得作品更加贴近现实生活，更具有生动活泼的特点。这种融合传统与现实的创作方式，为这些地方语言文学赋予了丰富多彩的表现力，也反映了印度当地文化的丰富多样性。

孟加拉语文学曾一度是印度近现代史上最丰富、最多产的语种文学，而其中的拉宾德拉纳特·泰戈尔更是孟加拉语文学中最耀眼的明星。泰戈尔凭借作品《吉檀迦利》在1913年获得诺贝尔文学奖，使他成为第一位获得诺贝尔奖的亚洲人。与此同时，他的作品和思想也对中国现代文学的转型产生了重要影响。他于1924年访问中国，引发了我国20世纪20年代的"泰戈尔热"。《吉檀迦利》一直是泰戈尔诗歌研究的焦点之一，这部诗集表达了泰戈尔的宗教哲学思想，寄托了他对崇高精神境界的执着追求和对理想社会的热烈向往。诗集中的"神"实质上是以博爱为核心的人道主义思想的象征。泰戈尔另一部

---

① 赵国华：《论孙悟空神猴形象的来历》（下），《南亚研究》1986年第2期，第53页。
② 曾琼：《印度文学在中国：百年译介与传播》，商务印书馆，2021，第83页。

作品《戈拉》也对世界文学发展产生了重要影响，该长篇小说描写了19世纪七八十年代印度爱国主义运动中的教派纷争，并批评了保守的印度教思想。除此之外，《飞鸟集》《园丁集》《新月集》等泰戈尔的代表作也广为人知，他的诗作还为印度和孟加拉国的国歌所借鉴，彰显了他在文学史上的不朽地位。

印地语新文学的产生与印度民族解放运动的开展密切相关。帕勒登杜·赫里谢金德尔（Bharatendu Harishchandra，1850—1885年）是这一时期的启蒙者和开创者，他的代表作——六幕剧《印度惨状》是印地语文学中第一部爱国主义作品。普列姆昌德（Premchand，1880—1936年）则是与我国的鲁迅同处一个时代的"印地语小说之王"，也是较早走向世界的印度现代小说家之一。普列姆昌德的作品通过对印度社会现实的揭示，以及对人性、道德和社会问题的深刻探讨，引起了中国读者的共鸣和关注。他的作品在中国的传播不仅加深了中国读者对印度文学的了解，也促进了中印文化交流与理解。我国早期的汉译印地语文学作品以普列姆昌德的作品为主，他也是继泰戈尔之后最受中国读者喜爱的印度作家。

1993年，中国社会科学出版社出版了《乌尔都语文学史》，全面介绍了乌尔都语文学的发展与现状，这也是我国第一部乌尔都语文学方面的文学史。[①] 目前我国对印度著名的乌尔都语小说家克里山·钱达尔（Krishan Chandar，1914—1977年）的文学作品翻译较多，其汉译作品有《婚事》《火焰与花》《黑太阳》《一棵倒长的树》《我不能死》《失败》等，作品风格带有浓厚的浪漫主义色彩，重在描写下层人民生活，反映人民生活悲剧但又充满光明理想。[②]

---

① 曾琼：《印度文学在中国：百年译介与传播》，商务印书馆，2021，第237页。
② 曾琼：《印度文学在中国：百年译介与传播》，商务印书馆，2021，第240页。

三　走向世界的英语文学

由于历史和现实的原因，英语已成为当今印度的主要语言之一。这一现象使得西方文化在印度逐渐被接受，不仅促进了印度文学的现代化进程，也推动了印度走向世界的过程。继泰戈尔之后，印度出现了许多斩获世界级文学奖项的作家。英语在印度的普及使得印度作家有机会将自己的作品推向国际舞台。这些作家通过使用英语这一全球性的语言，将印度文化、历史和社会问题呈现给世界各地的读者。他们的作品深刻反映了印度社会的多样性、变迁和挑战，引起了国际读者的广泛关注和共鸣。这些作家的作品不仅在文学领域获得了广泛的赞誉和认可，还为印度的文化软实力和国际形象的塑造作出了重要贡献。他们的作品展现了印度文学的独特魅力和丰富内涵，为世界文学的发展增添了新的色彩和声音。

在众多现代印度英语作家中，中国对安纳德与纳拉扬的作品进行了较多的译介。穆尔克·拉吉·安纳德（Mulk Raj Anand，1905—2004年）以其深刻的洞察力和对社会议题的敏锐触及而闻名。她主要关注印度社会的"低等人"，谴责印度的种姓制度，表现出很强的现实主义倾向。[①]作品涉及广泛的主题，包括性别、阶级、政治和环境等，深刻地反映了当代印度社会的多样性和挑战。她的代表作品有《鞋匠和机器》《两叶一芽》《不可接触的贱民》《村庄》《黑水洋彼岸》《剑与镰》等。中国读者对安纳德的作品颇感兴趣，因为她的作品能够引发深刻的思考，并展现出对人类生活和社会问题的关注。R.K. 纳拉扬（Rasipuram Krishnaswami Narayan，1906—2001年）则以其幽默风趣和独特的叙事风格而备受推崇。他的小说描绘了印度小镇生活的丰富细节和人物形象，让读者感受到了印度文化的独特魅力。此外，他的作品多描述普通人的生活和印

---

① 曾琼：《印度文学在中国：百年译介与传播》，商务印书馆，2021，第274页。

度风俗习惯，具有浓厚的民族特色，[①] 具体作品有《男向导的奇遇》《瞎子的那只狗》《一匹马和两头山羊》《殉难者之隅》《斯瓦密和朋友们》《文学士》等。中国读者对纳拉扬的作品情有独钟，因为他的作品不仅具有普遍的人性关怀，还能够让人在轻松愉快的阅读中领略印度文化的独特魅力。通过译介安纳德与纳拉扬的作品，中国读者得以深入了解现代印度文学的风采与内涵，促进了中印文化交流与理解。

著名英国籍印度裔英语小说家萨尔曼·拉什迪（Salman Rushdie，1947—）被誉为"后殖民小说教父"，他的作品《午夜的孩子》在世界范围内产生了重要影响，是印度文学走向世界的标志性作品之一。

英国印度裔作家 V.S. 奈保尔（Vidiadhar Surajprasad Naipaul，1932—2018 年）获得了 2001 年的诺贝尔文学奖，他的作品中也带有印度文化的痕迹。当代英语小说界最重要的布克奖获奖名单中，印度英语文学作家也占据显著地位。阿兰达蒂·罗易（Arundhati Roy，1961— ）、基兰·德赛（Kiran Desai，1971— ）和阿拉文德·阿迪加（Aravind Adiga，1974— ）都是其中的代表人物，他们的作品《卑微的神灵》《微物之神》《失落》《白老虎》《两次暗杀之间》等，不仅在国际文坛上获得了广泛赞誉，也为印度英语文学的发展增添了新的光彩。

维卡斯·斯瓦鲁普（Vikas Swarup，1961— ）不仅是印度外交官，同时也是当代印度著名作家。他的作品《Q&A》不仅引起文学界的关注，更因改编成电影《贫民窟的百万富翁》而与电影界产生了跨界联动。这部电影在 2008 年横扫多项奥斯卡大奖，也让斯瓦鲁普的作品在国际舞台上获得了巨大的关注和认可，展现了印度文学在全球范围内的影响力和魅力。

---

① 曾琼：《印度文学在中国：百年译介与传播》，商务印书馆，2021，第 280 页。

第三节 殊方异俗的生活习惯

印度国内存在许多独特的生活习惯，这些习惯贯穿着印度人的物质和精神生活。在物质生活中，特殊习俗主要体现在日常穿着和饮食方面；而在精神生活中，则主要表现为宗教习俗。穿着方面，印度头巾和纱丽是具有代表性的服饰，它们不仅是一种传统，更是印度文化和宗教信仰的象征；在饮食方面，印度的咖喱和用手进食的习惯是闻名于世的，咖喱以其丰富的香料和独特的口味而闻名，而用手进食则体现了印度人对于食物的亲近与尊重。至于宗教习俗，恒河沐浴被视为一种精神净化的仪式，每年成千上万的信徒前往恒河边沐浴，以洗净罪孽和获得神圣的力量；而阿洪姆人的风俗文化也是独具特色，他们以对自然的崇敬和对生活的简朴而闻名，其生活方式和传统令人叹为观止。这些生活习俗不仅丰富了印度文化的多样性，也体现了印度人民对于传统的尊重和信仰的虔诚。

一 包头巾的印度习俗

受宗教信仰影响，印度许多地区都有包头巾的传统习俗。其中，锡克族男性从小到大都必须留长头发、蓄胡须，并包头巾。人们对印度头巾的普遍印象主要源自锡克教的头巾，然而，这并不意味着头巾是锡克教的专属标志。在印度，佩戴头巾最普遍的地区是拉贾斯坦邦。由于该邦地处沙漠，风沙肆虐，头巾成为人们避暑防沙的首选。加上历史和宗教的因素，各地区各阶层的头巾佩戴方式各不相同。然而，随着遮阳替代品种类的增加以及环保措施的实施，许多地区的风沙也逐渐减少，因此，许多印度人不再把头巾视为必备的服饰。

传统的印度头巾在特征方面各异。除了锡克教头巾形制较为统一外，其他类型的头巾大都通过颜色、质地以及用料的多少来展示佩戴者的社会地位和阶级身份。因此，头巾在印度社会中既是一种装饰，也是一种身份的象征。随着时代的变迁和生活方式的改变，头巾在印度文化中的地位也逐渐演变，但其作为传统的象征仍然在一定程度上被人们保留和尊重。

二　印度妇女不可或缺的纱丽

在印度，妇女的传统服饰是纱丽，被称为"能裹出女性所有美态的服装"。实际上，纱丽一般是一块长 4~9 米的布料，穿着时以披裹的方式缠绕在身上。许多印度妇女会根据不同场合来选择合适的纱丽，因此家中往往备有几十甚至上百套颜色花样无一重复的纱丽，家境越富裕，纱丽越多样。结婚时，新娘子往往穿着大红或明黄等配有金线绣花的艳色纱丽，以显富贵华丽；出席晚宴、庆典等社交活动时，她们往往穿着质地高档、手工绣花并配有专门花边的纱丽，以表现高贵典雅；休闲时，她们多穿着质地轻柔、便于打理的纱丽，以增添轻松浪漫的情调；工作时，职业妇女一般会穿着单色或暗花面料的纱丽，以显示庄重大方；演员则爱用鲜亮色彩的纱丽，以吸引观众目光。

人们往往可以通过不同的纱丽披裹方式辨别穿着者的身份。一般来说，未婚女子会将纱丽卷至腰部，而已婚妇女则将纱丽从头披到脚，不过两者的共同之处是大多数情况下都会露出肚脐。在印度教神话中，创造之神梵天是从毗湿奴的肚脐中长出的莲花里降生的，因此，肚脐在印度被视为生命和创造力的源泉。由此，妇女在穿着纱丽时往往会露出腹部，以表达这种神圣的象征意义。这种习俗不仅展现了对传统的尊重，也象征着女性身份和地位的转变，从未婚到已婚的过渡，以及生命与创造之间的神秘联系。

穿着漂亮的纱丽，佩戴相应的首饰，这也是印度人日常生活中不可或缺的一部分。在印度，即便是家境清贫的妇女，也会佩戴一些价值不高的塑料或金属首饰，因为佩戴首饰是印度妇女的传统习俗。自古以来，印度人就将向女性赠送首饰视为男性的义务之一，而女性也将首饰视为一种装饰，以展现自己的魅力与美丽。因此，首饰在印度文化中扮演着重要的角色，既是一种礼物的象征，也是女性自我表达的方式。

三 喜食素食与咖喱

有一半以上的印度人是素食主义者，这与印度教和佛教等宗教信仰有关，而且，社会地位越高的人越忌食荤腥。从社会阶层上来讲，对社会地位低下、食不果腹的穷人来说，肉类是一种廉价优质的蛋白质来源。低种姓的穷人吃肉要多于高种姓的富人，因此，吃肉无形中跟贫穷和肮脏联系在一起，种姓等级越高，越严格遵守素食传统。

根据教规，印度教徒和锡克教徒不允许吃牛肉，伊斯兰教徒不允许吃猪肉，耆那教徒则既忌杀生，又忌肉食，而佛教徒的教规是最严格的：不可杀生，不可食肉，不可食用"五辛"（大葱、洋葱、大蒜、韭菜、兴渠）。因此，丰富多样的宗教文化造就了印度异常丰富的素食文化，素菜做法花样繁多，各个地区都有自己的特色素菜。

从地域分布上看，南北印度对于素食的态度截然不同。北印度大多数的印度教徒都是纯素食者，但在南印度，相当一部分印度教徒肉类照吃不误，肉的种类也更多，因为这里的基督教徒没有任何宗教上的饮食禁忌。

在人们的印象中，印度是个"咖喱大国"。印度人非常擅长使用香料，尤其是辛辣类香料，家庭厨房常备十几种不同的佐料，如咖喱、大蒜、丁香、辣椒、肉桂、黑胡椒等。咖喱由各种各样的蔬菜、香料混合而成。咖喱本身并不辣，只有加了辣椒的咖喱才会辣，但是这种辣味又比较特别，即使是中国能吃辣地区的湖南、四川游客也需要经过一段时间的适应，毕竟咖喱味不同于辣椒味。

在印度，比咖喱更广泛的存在其实是玛萨拉（Masala）。玛萨拉是印度当地对混合香料的一种泛称，换言之，玛萨拉并没有固定的配方。印度人日常饮食离不开玛萨拉，万物皆可玛萨拉：玛萨拉薯片、玛萨拉牛奶、玛萨拉水果……玛萨拉甜茶是印度人的每日必饮，这种混合了香料的甜茶是印度文化的重要组成部分。据说，印度菜所用调料之多堪称"世界之最"，每道菜的调料不下10种，即使是简单的街边小吃，其调料瓶也如画家的颜料罐一般细致多样。印度人在日复一日的烹饪中练就了一身熟练使用各种调料的好本领，由此也造就了印度菜丰富而多变的独特味道。

传统的印度菜吃法是直接用右手把食物往嘴里送，不使用任何餐具，不但吃米饭用手抓，就连稀粥也能用手抓入口中，但是印度人的手只会抓自己盘子里的东西，绝不会触碰菜盆。因此，印度有饭前饭后洗手的习惯。由于这种独特的饮食习惯，中国的游客在印度饮食要格外小心，建议选择较有规模的餐馆就餐，路边的小食一般吃不得。如果吃印度抓饭，一定要把手洗干净。而且，与印度人接触时，切忌用左手递东西给他们。因为他们认为左手肮脏，右手干净，左手不能用于送饭入口。

四　恒河沐浴的独特文化

恒河是印度最为神圣的河流，被尊奉为"母亲河"。它不仅是印度次大陆的主要河流，也是印度教信徒心中的"圣河"，被认为具有洗净罪恶、赐予灵性净化的力量。恒河源自喜马拉雅山脉的冰川，流经印度北部和孟加拉国，最终注入孟加拉湾。恒河全长约2525公里，流域范围广阔，覆盖了印度的大片土地，以及尼泊尔和孟加拉国的部分地区。

在印度人虔诚的宗教信仰里，恒河被视为"圣河"，是女神（Ganga）的化身，印度教教徒都应该沐浴一次圣水来洗刷自己一生的罪孽。许多印度人把火葬后的骨灰直接撒入恒河，甘地的骨灰便被撒进了河中，甚至有浮尸在恒河里随波逐流。据印度教神话传说，恒河是天上女神的化身，她应人间国王的请求，下凡冲洗国王祖先的罪孽。[①] 大水净化了国王祖先的灵魂，因此，恒河水成为印度教教徒心目中洗涤罪恶的圣水，能造福人类；如果在恒河岸边寿终正寝，无论是火葬还是水葬者，来世将享福无穷，并随恒河女神升天。

湿婆迎恒河水下凡的瓦拉纳西，也因此成为印度教教徒朝圣的圣地，每天都有数万的印度教徒到恒河沐浴和举行宗教仪式。恒河右岸的城市哈特瓦，更是有着数百年历史的宗教朝圣圣地，这里每隔12年都会举行盛大的宗教节日。节日期间，数百万的印度教徒赶到恒河沐浴圣水，祈求能够洗刷罪孽、超度灵魂。

不过，在宗教节日期间前往恒河沐浴的人数庞大，常常导致河水污染严重，甚至发生拥挤踩踏事件和溺水事故。

第四节　丰富多彩的节日庆典

由于印度宗教复杂多样，传统节日也因此而丰富多彩。一些节日庆典是全国性的，一些则是地方性的，也有民俗性的，但多数是宗教性的节日庆典，极富民族特色。以下仅介绍几个比较重要的印度节日。

一　喜庆的宗教节日

洒红节又叫胡里节（Holi），每年2月或3月举行，处于印度冬去春来、春季收获的季节，因此也被称为春节，庆祝春天开始。该节日最初是为了纪念印度教中一个名叫帕拉达（Prahlada）的王子，他

---

① 王永刚、王旭、董大伟：《浅谈印度水环境问题与其文化因素关系》，《资源节约与环保》2019年第11期，第138页。

是毗湿奴的虔诚信徒。洒红节是印度教最重要的节日之一。据说，在洒红节期间，众神会睁一只眼闭一只眼，这对于虔诚的印度教徒来说是难得的放纵机会。节日期间，人们点燃篝火，互相涂抹古拉尔（Gulal，洒红节中用于抛洒祈福的彩色粉末）和彩色颜料水，吃着甜食，载歌载舞，非常喜庆。

十胜节是印度教三大节日之一，源于史诗《罗摩衍那》中英雄罗摩与魔王罗波那的大战，最终罗摩战胜了魔王，节日便是为了纪念正义的胜利而设。由于大战持续了十天，十胜节也会一连庆祝十天，一般于九十月举行。节日期间，不论是乡下还是市区，都会热火朝天地准备庆祝活动，重头戏在于各地在街头演出罗摩从降生到最后打败罗波那的表演，演艺队伍被信徒所簇拥，盛装的牛车、象车跟随人流前进。到了盛会的第十天晚间，纸扎的魔王罗波那被推上街头，胜利的最后一刻终于到来，罗摩的扮演者将火箭射向罗波那，瞬时引燃了纸人内部的烟花爆竹，顿时焰火冲天，火树银花下只听取喝彩声一片。

排灯节（Diwali）是印度教和锡克教的传统节日，又叫万灯节或屠妖节。排灯节的本质是"正义之光战胜黑暗之力"，人们相信通过点亮灯光能够驱除邪恶，迎接新一年的来临。排灯节之于印度人犹如圣诞节之于基督徒，在每年的10月下旬或11月上旬举行，持续5天，其中第三天是节日的高潮，堪称印度最盛大的节日，其热闹程度不亚于中国的春节。在排灯节期间，最重要的仪式就是点灯，特别是到了晚上，家家户户张灯结彩，充满喜气。

杜尔迦（Durga）节是印度教徒拜杜尔迦女神的节日。加尔各答地区每年的杜尔迦节自10月2日开始，至6日结束，共计5天。杜尔迦女神是印度教女神，拥有十个手臂。据《往世书》记载，有个可怕的凶神叫摩西沙，他变成野牛折磨众神，这时众神向梵天祈祷，寻求湿婆和毗湿奴的援助。湿婆和毗湿奴得知摩西沙暴虐凶残，怒发冲冠,于是喷出一种特别的火焰,先照射到大地与整个宇宙,然后变成一位漂亮的女神,这就是杜尔迦女神的诞生。[1]杜尔伽在与摩西沙的激战中砍下了他的头,彻底战胜了恶魔。杜尔迦节便是印度教徒为了感谢杜尔迦女神驱邪扶正的功绩而设立的。

二 多样的全国性节日

每年 1 月 26 日是印度的"共和国日",是为庆祝《印度宪法》的诞生而专门设立的节日。从 1950 年起,印度每年都在国家大道上举行阅兵和花车游行活动,一般历时两个多小时,旨在充分展现现代印度的国威军容和丰富多彩的民族特色。可以说,共和国日是印度展示国家军事实力和文化多样性的一场盛会。有趣的是,阅兵式上会有印度军队的摩托车特技表演,这在世界军事范围内是印度仅有的项目。印度士兵在摩托车上上演"叠罗汉"的技能,犹如杂技表演。然而,在印度人看来,摩托车特技不是所谓的"杂技",而是从印度教苦行修道的动作演化出来的一种特别的技巧表演,并且已经成为印度阅兵式的表演文化传统。一般来说,摩托车表演由印度边防部队的摩托车队"Janbaz"(印地语中意为冒险家)负责呈现,表演所使用的摩托车均为印度产的皇家恩菲尔德摩托车。排量 500CC 的恩菲尔德摩托车曾创下一车承载 54 人的纪录。这看似另类幽默的摩托车技能展示背后也蕴含着深刻的军事意义。由于交通状况不佳,印度的摩托车非常普及,摩托车可以让士兵在短时间内迅速部署和调动,提高机动性,有效应对突发事件。

每年的 8 月 15 日是印度的独立日,是为庆祝印度 1947 年摆脱英国殖民统治并成为独立主权国家而设立的节日。这一天是印度的国家法定假日,庆祝活动的主会场设在首都新德里。每年独立日,印度总

---

① 李珉:《印度民间的杜尔迦崇拜》,《南亚研究季刊》2006 年第 3 期,第 112 页。

理都会在红堡举行升国旗仪式，并发表全国电视讲话。

印度将每年10月2日设为国庆日之一，纪念印度国父、圣雄甘地的诞辰。甘地出生于1869年，是印度民族独立运动领袖、印度国大党的创始人。他曾于20世纪40年代领导了非暴力不合作运动，他的非暴力思想深入人心，使印度摆脱了英国殖民统治而获得独立。而且，联合国大会还于2007年6月15日通过决议，将10月2日当天定为国际非暴力日。纪念日当天，印度全国都会举行祈祷和纪念活动，多个城市的大学、地方政府机构和社会政治机构都会举行祷告会和纪念仪式。学生和社区都会举办绘画和散文比赛，宣扬非暴力生活理念，纪念甘地在印度独立运动中的突出贡献。

与我国的新年不同，印度的新年是从每年的10月31日起，共5天时间，其中的第四天为印度的元旦。新年第一天，谁也不许在这一天对他人生气或乱发脾气。有些地区的人们以禁食一天一夜来迎接新的一年，从元旦凌晨开始，直到午夜止。由于这种怪异的过节习俗，印度的元旦还被人称为"痛哭元旦""禁食元旦"。

三 有趣的民俗性节日

兄妹节又叫"保护节""佩镯节"。节日当天，家里的女性会早起梳洗打扮，然后做可口的饭菜给兄弟们吃，并在他们的手腕上系一个"拉基"（丝线编织成的绳子和花朵），这样做的目的，可以保佑兄弟们平安、发财，同时也是希望兄弟们在自己遇到困难时施以援手。得到祝福的兄弟也会回赠一件小礼物。

大壶节的名称源自印度古老的神话传说，又称为圣水沐浴节、全壶节，是世界上参加庆祝人数最多的节日之一。大壶节的举办日期根据黄道木星、太阳和月亮的位置而定，主要参照印度历，在印度的四座城市（阿拉哈巴德、赫尔德瓦尔、乌贾恩、纳西克）平均每三年轮一次来庆祝大壶节，2021年的大壶节在赫尔德瓦尔举行。

第五节　别具一格的歌舞影视

如果仅从数量上看，印度是世界上最大的故事片生产国，每年的影片产量在 800~1000 部。作为印度最大也是最著名的影视生产基地，宝莱坞每年更是不断拍摄和发行大量印地语影片，并以其特色鲜明的"唱跳"风格享誉世界，成为印度文化传播的重要载体。

一　从宝莱坞走向世界

宝莱坞，作为印度充满活力的电影产业基地，被誉为"印度电影之都"。这一地区成为印度电影制作的中心，不仅汇聚了顶尖的电影制作人、导演和演员，也见证了无数经典印度电影的诞生。宝莱坞这个名字的来源颇具趣味，印度人将"好莱坞"（Hollywood）的"H"替换为孟买（Bombay）的"B"，于是"宝莱坞"（Bollywood）成了印度孟买电影基地的别名。这一创意巧妙的命名反映了印度电影工业与好莱坞的紧密联系，同时也凸显了其独特的文化身份。

宝莱坞以制作印地语电影为主，其中商业娱乐歌舞片是最为独特且受欢迎的类型之一。这些电影深受印度广大中下层民众的欢迎，成为他们生活中不可或缺的一部分。宝莱坞的歌舞场景不仅是为了娱乐，更是为了表达情感，推动故事情节的发展。

如今，宝莱坞已经成为全球最大的电影生产基地之一，其电影年产量占据了印度电影总产量的显著比例。这标志着宝莱坞在国际舞台上的巨大影响力，其制作水平、创新性以及对多元文化的贡献备受肯定。

宝莱坞电影的历史可以追溯到 20 世纪初期，当时以卓越的制作水平和独特的艺术表达方式而闻名国际。如今，宝莱坞电影不仅是一种娱乐形式，更成为印度文化和社会的使者，展示着印度人民的信仰、情感和价值观。通过镜头背后的故事，宝莱坞电影已经超越了单纯的娱乐作用，成为超越国界的文化使者，向全世界传递着印度独特而多元的魅力。

二　以歌舞闻名的影视风格

印度电影以其丰富的歌舞表演而出名，可谓"一言不合就跳舞"。这种独特的表演形式也已经成为宝莱坞电影的标志性元素，与其他国家电影形成了鲜明的对比。歌舞在宝莱坞电影中的融合不仅是简单的演出，更是一种完美的艺术融合，塑造了独具魅力的印度电影。这种融合不仅是为了娱乐，更是为了推动故事情节的发展，表达角色情感，使整个电影更加生动和具有情感共鸣。

宝莱坞电影的歌舞表演通常以浪漫主义的故事情节为基础，场面宏伟壮观，充满了艺术感和创造力。演员们在这些场景中身着华美服饰，通过精湛的舞蹈和动人的歌唱，共同演绎激情四溢的歌舞，为观众呈现一场场视觉和听觉的盛宴。

这些歌舞场景绝非导演的即兴创作，相反，它们往往成为整部电影的亮点，通过艺术的手法将影片中的情感和故事情节表达得淋漓尽致。这种创作手法不仅提升了电影的观赏性，也使宝莱坞电影在国际舞台上独树一帜。为什么宝莱坞电影中充斥着如此多的歌舞情节呢？这一切源自印度深厚的宗教崇拜传统。

其实不论在哪个国家，最早的电影都是以歌舞打斗为卖点，例如中国早期电影中必含戏剧或武打场面，对印度电影来说，歌舞是所有影片类型必须具备的元素。在印度文化中，舞蹈被视为神圣的表达形式，而歌唱更是一种虔诚的宗教活动。因此，将歌舞融入电影中，不仅是为了传递故事，更是为了传承印度丰富的宗教文化，以及对生活、爱情和情感的独特诠释。这使得宝莱坞电影不仅是一种艺术形式，更是印度文化和宗教的传承者。

印度人大多信奉印度教。湿婆是印度教中的三大神之一。在印度教的信仰中，湿婆神被视为舞蹈的化身，因此，印度人把内心对湿婆神的敬仰崇拜外在表现为对舞蹈的深深热爱。对于印度人民来说，舞蹈不仅是一种艺术形式，更象征着他们生命中的热情和忠诚。[①] 在日常生活中，无论是聚会还是婚礼等大大小小各种活动，印度人都习惯用歌舞的方式表达情感。这种独特的文化传统赋予印度的庆典和社交场合活力和欢快的氛围。在这些场合中，舞蹈成为人们沟通、表达喜悦和共享情感的重要媒介，不仅弘扬了印度文化，也传递着人们对生活的热爱。

作为一个多民族多宗教的国家，印度的音乐展现出丰富的民族风情和浓厚的宗教色彩。印度人深信，音乐中的回旋代表着轮回，而音乐的变奏则被看作解脱，音乐被视为神创造的艺术之珍。印度音乐中，节奏和节拍的运动总是以一种相对固定的模式不断循环，这种模式被称为"塔拉"，象征着律动中的神圣循环。许多印度音乐作品持续数小时，这并非偶然，而是印度人普遍认为，音乐作品的时长越长，越能够真实展现出表演者的虔诚和投入。[②] 这种音乐的宏伟规模不仅是一场演出，更是一场心灵的沉浸，通过音符的律动，传递着人们对神性的敬仰和对生命的深刻体验。印度音乐成为一种超越语言和文化的媒介，以其独特的形式在世界范围内传扬开来，成为国际舞台上的瑰宝。

电影中的歌舞元素能够巧妙推动整个电影的情节，使情节更跌宕起伏，生动地表达电影中各个角色的强烈情感。在歌舞中，演员的肢体语言起到了主要的表达和叙事效果，通过面部表情、肢体动作、真挚的感情以及优美的舞姿，表达对神圣爱情的赞美，描绘诗人的精神

---

① 彭影、朱佑宝：《印度歌舞电影中的舞蹈元素》，《电影文学》2013 年第 11 期，第 147 页。

② 梁晓雪、赵浩楠：《从印度音乐透视其文化的三重性质》，《戏剧之家》2021 年第 14 期，第 74 页。

意象，讴歌正义梦想等。印度电影的歌舞桥段不仅经常用来呈现美丽的爱情故事，还具有谴责和批判传统旧习的意味，同时歌颂那些追逐希望和未来的力量。这种多重性不仅让印度电影的歌舞成为故事情节的重要推动力，同时也是对社会观念的深刻反思。

此外，大量的歌舞元素也是为了规避印度严格的电影审查制度。自印度电影诞生以来，在相当长的一段时期内，其审查制度十分严格，尤其是对色情元素的管制堪称严厉。然而，印度的其他艺术表现形式，如雕刻、绘画等，则能够大胆表现情欲。所以，为了表达内心正常的本能冲动，避免和审查制度发生冲突，印度电影人最终选择了舞蹈这一元素，暧昧游离的秋波、欲说还休的语言、若隐若现的肢体、似迎还拒的接触等，这一切都十分独特而巧妙地宣泄和满足了印度人对电影中艳情元素的本能期待。

三　以影视为载体的印度文化国际传播

印度电影在国际传播方面采用了独特的文化策略，取得了显著的成就。这些电影巧妙地融入了国际人文关怀，将文化视野从本土范畴扩大到关注全球性问题。例如，《小萝莉的猴神大叔》通过其故事表达了不同宗教间的和谐相处，而《神秘巨星》引起了全球对家庭暴力的反思，《摔跤吧！爸爸》展现了女性觉醒的主题，《一个母亲的复仇》展示了印度司法系统对女性的漠视，《三傻大闹宝莱坞》则呈现了另类教育的观念，这些作品都是新世纪印度电影在国际人文关怀方面的杰出代表。

时至今日，印度电影业以每年 1000 部的速度向全世界输出自己的价值观，印度电影不仅善于借鉴好莱坞的叙事风格和剪辑手法，其特有的歌舞段落也不断突破传统，甚至引入摇滚、说唱等新颖的音乐元素。更可贵的是，每一部影片背后都蕴含深刻的意义。

其中，《贫民窟的百万富翁》以天真善良的贫民小子贾马尔的成长经历为背景，在回答节目问题的过程中向观众展示了以贾马尔为代表的贫民的悲惨生活，与孟买市中心的纸醉金迷形成鲜明对比，然而，贾马尔对初恋的那颗永不言弃的真心、哥哥对贾马尔的舍命相护，成为在黑暗中闪耀的充满希望与理想的人性之光。

2018 年的印度社交媒体上掀起了一股奇怪的风潮：网友手拿一片洁白的卫生巾，面带微笑与其合影，公认的"男神"阿米尔·汗也参与了这场活动。而这场活动正与《印度合伙人》的上映有关。在印度，女性生理期被视为耻辱、肮脏和不祥的象征，男主人公为了让心爱的妻子用上干净便宜的卫生巾，进行了一次又一次试验，尽管因此被视为"变态"，他仍然坚持制作出了生产卫生巾的机器，他在影片中曾言"权势之人、强壮之人不会让国家变强，女性强大、母亲强大、姐妹强大，国家才会强大"。这部电影以印度草根企业家的创业故事为原型，杂糅了爱情、励志等多种元素，内在直指女性地位问题，用最基础的关怀呼唤了对女性的尊重与平等之爱，现实中更是有超过 110 个落后发展中国家和地区引进了这样的卫生巾制造机。

《宝莱坞生死恋》这部作品向观众呈现了对种姓制度的控诉。这部影片与《芝加哥》《红磨坊》一同被美国电影杂志列为 21 世纪影史上最绚丽的三大歌舞片。[①] 通过强烈的歌舞元素，影片巧妙地表达了对社会不公的反抗，呼吁人们关注和反思社会中存在的问题。

电影《我的名字叫可汗》以反对种族歧视为主题，于 2010 年入围第 60 届柏林电影节展映单元。在宝莱坞电影史上，该片的周票房纪录位居第三位，首周国内票房超过 995 万美元，高居宝莱坞电影榜首。此外，该片在海外也极受欢迎，成为宝莱坞历史上在英国最卖座的影片之一。

[①] 焦玲玲：《印度影片〈宝莱坞生死恋〉之悲剧成因探究》，《电影文学》2014 年第 11 期，第 105 页。

另一部反思宗教信仰的电影《我滴个神啊》，在上映两周内吸引了全球众多目光，曾一度登上票房榜首座。尽管一些印度教会认为该片有伤宗教情感，甚至有领导人呼吁禁止，但最高法院未予支持。该片获得的良好反响为那些印度政府官员敲响了一记响亮的警钟。

电影《三傻大闹宝莱坞》则是一部反思教育体制的作品，豆瓣评分高达 9.1，并斩获国际印度电影协会最佳影片、最佳导演、最佳剧情、最佳摄影等 16 项极具含金量的国际大奖。该片上映后，对印度高等教育产生深远的影响，推动了教育体制的改革。

通过深刻的主题和引人入胜的表达方式，印度电影吸引了全球观众的目光，促使人们深入思考文化多样性和社会变革。这种独特的价值观和深刻的内涵，使得印度电影在国际舞台上独树一帜，成为世界电影领域中不可忽视的存在。

第六节　走向世界的瑜伽文化

瑜伽起源于 5000 多年前的古印度，是一种古老的印度体式（Indian Physical Practice），涵盖了身体、心理和精神层面的修炼，目前已经在全球传播开来，成为人们的锻炼方式之一。众所周知，坚持练习瑜伽不仅能够帮助人们保持身体健康，还能够促进内心的平静。

一　历史悠久的瑜伽文化

在吠陀时代早期，雅利安人阳刚、威猛，士兵英勇善战，重视体育及竞技运动，也注重在不同氏族中开展体育娱乐活动。进入吠陀时代后期，随着社会等级制度的出现和强化，体育活动呈现等级性。人们认为通过祭祀、修行等行为与神沟通更重要，健康与否取决于冥想，不需要通过较多的体育运动就可以拥有良好的身体。于是，人们找到了一个很好的锻炼方式，即进行调息和冥想打坐。虽然这种控制呼吸的静默练习宗教意义更浓，但也被视为一种体育锻炼，成为现在瑜伽保健术的雏形。

"瑜伽"这个词在《瑜伽经》中的定义就是"对心的控制作用"。有些学者认为，我国古代的《易筋经》《天竺按摩法》《婆罗门导引法》等，都与从印度传入我国的瑜伽术有着密切关系。如今，不用赘述瑜伽在全世界的受欢迎程度，这种注重调息控心的锻炼方式确实有其独到之处。

二　承托梦想的瑜伽战略

2023 年 6 月 21 日，莫迪总理访美间隙，带领多个国家的人们在联合国草坪练习瑜伽，不仅向世界展示了印度独特的文化，也向人们传递了瑜伽的精神内涵和生活方式。每年的 6 月 21 日是联合国确立的"国际瑜伽日"，莫迪此举呼应了这一天的重要性。

莫迪对瑜伽情有独钟，也是国际有名的"瑜伽推销员"，在他个人的社交账号上，莫迪不仅与网友交流瑜伽修习的要领，也在 2015 年的首届国际瑜伽日上带领数万名瑜伽爱好者一同修习瑜伽。作为瑜伽的狂热推崇者，莫迪不止一次在公开场合宣传瑜伽的益处，也曾在联合国大会上宣称瑜伽对于应对气候变化有着良好的作用，在新冠疫情时期声称做瑜伽有助于抵御病毒。

对于莫迪来说，推广瑜伽也是印度实现大国梦想的一种文化战略，印度甚至专门成立了"瑜伽部"以负责瑜伽的国内外推广和管理，主管该部的第一部长奈克认为，印度人修习瑜伽将会清除殖民列强遗留的西方生活方式的印记。如今，莫迪政府将瑜伽打造成国家软实力的核心内容，正如印度前外长斯瓦拉杰所言："瑜伽是印度的软实力，借助这一软实力，整个世界可以成为一个全球村。"①

---

① 《瑜伽如何托起印度大国梦？》，新华网，2015 年 6 月 28 日，http://xinhuanet.com/politics/2015–06/28/c_127958233.htm，最后访问时间：2024 年 4 月 10 日。

　　为了顺应现代生活节奏，如今的瑜伽与印度古典瑜伽相比已经发生了巨大的改变。大多数现代人对瑜伽的刻板印象就是那些千奇百怪的体式，体式在现代瑜伽中被大量地使用，其对身体柔韧性的要求比较高，有些人一味地追求体式的标准，反而导致了身体的损伤，与瑜伽的理念完全相悖。实际上，瑜伽是一门修行，是宗教、哲学，也是艺术，唯独不该仅仅是一种体育锻炼。现代人所称的瑜伽涵盖了一系列的修身养性方法，包括调身的体位法、调息的呼吸法、调心的冥想法等，以达至身心的合一。相比于高难度的动作，练习瑜伽更重要的是达到内心的平静。

主要参考文献

一 英文文献

Boland-Crewe, *Tara & David Lea, The Territories and States of India*, London and New York: Taylor & Francis e-Library, 2005.

Mukherjee, Pranab, *The Dramatic Decade: The Indira Gandhi Years*, New Delhi: Rupa Publications India Pvt. Ltd, 2015.

Palshikar, Suhas, K. C. Suri & Yogendra Yadav eds., *Party Competition in Indian States: Electoral Politics in Post-Congress Polity*, New York: Oxford University Press, 2006.

Shastri, Sandeep, K. C. Suri & Yogendra Yadav eds., *Electoral Politics in Indian States: Lok Sabha Elections in 2004 and Beyond*, New York: Oxford University Press, 2010.

Majeed, Akhtar, *Cloud over Federalism: The Real Working of the Indian Polity*, New Delhi: Manak Publicaitons Pvt. Ltd., 2010.

二 中文文献

〔印〕B. 辛格:《尼赫鲁家族与印度政治》, 王红生译, 北京大学出版社, 2011。

〔印〕D. P. 辛加尔:《印度与世界文明》(上下卷), 庄万友等译, 商务印书馆, 2015。

〔美〕芭芭拉·D.梅特卡夫、〔美〕托马斯·R.梅特卡夫:《剑桥现代印度史》,李亚兰、周袁、任筱可译,新星出版社,2019。

陈峰君:《印度社会与文化》,北京大学出版社,2013。

〔印〕贾瓦哈拉尔·尼赫鲁:《印度的发现》(全2册),齐文译,世界知识出版社,2017。

林承节:《独立后的印度史》,北京大学出版社,2005。

林承节:《印度政坛新格局》,社会科学文献出版社,2020。

林承节:《殖民统治时期的印度史》,北京大学出版社,2004。

林承节主编《印度现代化的发展道路》,北京大学出版社,2001。

刘国楠、王树英:《印度各邦历史文化》,中国社会科学出版社,1982。

刘健、朱明忠、葛维钧:《印度文明》,中国社会科学出版社,2004。

培伦主编《印度通史》,黑龙江人民出版社,1990。

邱永辉:《现代印度的种姓制度》,四川人民出版社,1996。

任佳、李丽编著《列国志·印度》,社会科学文献出版社,2016。

商务部国际贸易经济合作研究院、中国驻印度大使馆经济商务处、商务部对外投资和经济合作司编:《对外投资合作国别(地区)指南:印度(2022版)》。

尚会鹏:《印度文化史》,浙江大学出版社,2016。

〔印〕斯迪芬·麦勒迪斯·爱德华兹、赫伯特·利奥纳德·奥富雷·加勒特:《莫卧儿帝国》,尚劝余译,青海人民出版社,2009。

孙士海主编《印度的发展及其对外战略》,中国社会科学出版社,2000。

袁永平、毛世昌编著《印度文化与旅游》,社会科学文献出版社,2021。

张文镝、吕增奎主编《世界主要政党规章制度文献(印度)》,中央编译出版社,2016。

三　网络文献

印度共和国驻中华人民共和国大使馆网站,www.indianembassy.org.cn。

印度内政部官方网站，http://www.mha.nic.in。

印度中央政府官方网站，https://www.india.gov.in。

中华人民共和国驻印度共和国大使馆经济商务参赞处网站，http://in.
　　mofcom.gov.cn。

中华人民共和国驻印度共和国大使馆网站，http://in.china-embassy.gov.cn。

后　记

本书坚持以事实为基础，在重点突出普及性和可读性的基础上，对印度自然地理、历史变迁、政治制度、经济发展、民族宗教、社会文化、外交政策等方面的情况，进行了简明扼要的介绍，旨在为想要了解印度基本国情的读者提供一部可供参考的入门书。

本书编写工作由中国（昆明）南亚东南亚研究院印度研究所所长、副研究员林延明主持，负责写作提纲的拟定和全书的统稿。参与本书写作的人员及各章分工情况为：中国（昆明）南亚东南亚研究院缅甸研究所研究实习员苏昱参与撰写第一、第三和第四章，院办公室助理研究员杨再山参与撰写第五章，机关党委办公室助理研究员李洋参与撰写第六和第八章，印度研究所副研究员李鑫参与撰写第九章；云南财经大学硕士研究生宁琳参与撰写第一、第二、第十章，万智敏参与撰写第二章，张婷参与撰写第三章，李炯乐参与撰写第六章；桂林电子科技大学马克思主义学院教授俞家海参与撰写第七章；安庆师范大学外国语学院副研究员杜娟参与撰写第十章。此外，中国（昆明）南亚东南亚研究院孟加拉国研究所副研究员郭穗彦提供了在印度拍摄的大量珍贵照片，为本书增色不少。社会科学文献出版社编辑在精心校阅和编辑书稿的同时，提出了不少修改意见，使书稿质量得以提高，帮助本书最终问世。

本书编撰完成之际正值中印建交75周年，我们衷心希望本书的出版能够有益于中印文明交流互鉴，增进中印两国人民的相互了解和民心相通。鉴于本书编撰团队主要由中青年科研人员构成，限于学识和撰稿水平，书中难免存在疏漏和不足之处，恳请广大读者批评指正。

编著者

2025 年 4 月于云南昆明

图书在版编目（CIP）数据

印度：不可思议的孔雀之国 / 林延明等编著 .

北京：社会科学文献出版社，2025.6. --（区域国别研究）. -- ISBN 978-7-5228-5002-3

Ⅰ . D735.1

中国国家版本馆 CIP 数据核字第 2025SC0036 号

区域国别研究 · 通识系列

印度：不可思议的孔雀之国

编　著 / 林延明 等

出　版　人 / 冀祥德
组稿编辑 / 张晓莉
责任编辑 / 常玉迪　宋　祺
责任印制 / 岳　阳

出　　版 / 社会科学文献出版社 · 区域国别学分社 （010）59367078
　　　　　地址：北京市北三环中路甲29号院华龙大厦　邮编：100029
　　　　　网址：www. ssap. com. cn
发　　行 / 社会科学文献出版社 （010）59367028
印　　装 / 三河市龙林印务有限公司

规　　格 / 开　本：787mm×1092mm　1/16
　　　　　印　张：17.75　插　页：0.75　字　数：230千字
版　　次 / 2025年6月第1版　2025年6月第1次印刷
书　　号 / ISBN 978-7-5228-5002-3
定　　价 / 89.00元

读者服务电话：4008918866

▲ 版权所有 翻印必究